Staatl. Realschule Kitzingen

Nr.	Name	Klasse
17/16	Jakob Röllinger	10a

Biologie 10

Realschule Bayern

Cornelsen

Biologie 10

Realschule Bayern

Entwickelt von der Redaktion Biologie Berlin

Autoren:
Dr. Udo Hampl, Pfaffenhofen a. d. Ilm
Dr. Peter Pondorf, Puchheim
Reinhold Rehbach, Baldham
Rüdiger Wieber, München
Dr. Horst Wisniewski, Bockhorn
Josef Johannes Zitzmann, Erding

Hannelore Breslawsky, Potsdam
Ingrid Scharping, Hamburg
Gabriele Teutloff, Berlin
Prof. Ulrich Weber, Süßen

Redaktion:
Christine Braun
Maren Glindemann
Kathrin Kretschmer (Bildbeschaffung)
Jutta Waldow
Andrea Weber

Umschlaggestaltung: Knut Waisznor
Layoutkonzept: Erwin Poell, Heidelberg
Technische Umsetzung und Layout: Christian Seifert

www.cornelsen.de

Dieses Werk berücksichtigt die Regeln der reformierten Rechtschreibung und Zeichensetzung 2006.

1. Auflage, 3. Druck 2006/06

Alle Drucke dieser Auflage sind inhaltlich unverändert und können im Unterricht nebeneinander verwendet werden.

© 2005 Cornelsen Verlag, Berlin

Das Werk und seine Teile sind urheberrechtlich geschützt. Jede Nutzung in anderen als den gesetzlich zugelassenen Fällen bedarf der vorherigen schriftlichen Einwilligung des Verlages.
Hinweis zu § 52 a UrhG:
Weder das Werk noch seine Teile dürfen ohne eine solche Einwilligung eingescannt und in ein Netzwerk eingestellt werden. Dies gilt auch für Intranets von Schulen und sonstigen Bildungseinrichtungen.

Druck: CS-Druck CornelsenStürtz, Berlin

ISBN-13: 978-3-464-17051-9
ISBN-10: 3-464-17051-9

 Inhalt gedruckt auf säurefreiem Papier aus nachhaltiger Forstwirtschaft.

Waldkauz (Strix aluco)
Das weiße Tier ist ein Albino. Beim Albinismus fehlen Pigmente (Melanin) in Haut, Haaren bzw. Federn und Augen. Haare oder Federn erscheinen dadurch weiß, die Haut sehr hell und die Augen infolge durchscheinender Blutgefäße rot. Alle Formen von Albinismus beruhen auf Genmutationen.
Der vollständige Albinismus wird autosomal rezessiv vererbt.
Der weiße Waldkauz würde in freier Wildbahn wahrscheinlich nicht überleben, denn seine Beutetiere sehen ihn bereits beim Anflug. Auch von seinen Feinden, wie z.B. größeren Greifvögeln, ist er sehr leicht zu entdecken.

Inhalt

Aktuell! Neuigkeiten aus der Biologie! 6

Grundlagen der Vererbung 8
    Der Zellkern – Speicher des Erbguts 10
    Die Chromosomen 11
    Chromosomen untersuchen 12
    PRAKTIKUM: Chromosomen 13
    Die Mitose 14
    Die Meiose 16
    Vielfalt durch Meiose 18
    Vererbung des Geschlechts 19
    PRAKTIKUM: Untersuchung der Erbsubstanz ... 20
    Die DNA trägt die Erbinformation 21
    DNA – der Stoff, aus dem die Gene sind 22
    AUS DER GESCHICHTE: Watson und Crick 24
    Medikamente gegen Aids 25
    Vom Gen zum Merkmal 26
    Merkmale sind veränderlich: Modifikation 28
    PRAKTIKUM: Modifikationen 29
    Polymerase-Kettenreaktion 30
    Das Human-Genom-Projekt 31

    Teste dein Grundwissen ...
    ... Grundlagen der Vererbung 32

Gesetzmäßigkeiten der Vererbung 34
    Mendels Versuche führen zu
        Vererbungsregeln 36
    Die mendelschen Regeln 37
    ... und ihre Erklärung 39
    AUS DER GESCHICHTE: Gregor Mendel 40
    PRAKTIKUM: Mendeln am Computer 41
    Erforschung der Vererbung beim Menschen ... 42
    Vererbung der Blutgruppen und des
        Rhesusfaktors 43
    Mutationen 44
    Fehler bei der Chromosomenverteilung 46
    Dominant vererbte Krankheiten 48
    Rezessiv vererbte Krankheiten 49
    X-chromosomal-rezessiv vererbte
        Krankheiten 50
    Pränatale Diagnostik 52
    Genetische Beratung 53
    ZUR DISKUSSION: Erblich behindert 54
    ZUR DISKUSSION: L(l)ebens-W(w)ert? 55

    Teste dein Grundwissen ...
    ... Gesetzmäßigkeiten der Vererbung 56

Angewandte Genetik 58
    Pflanzenzucht und 60
    ... Tierzucht 61
    Klassische und neue Methoden
        des Klonens 62
    ZUR DISKUSSION:
        Klonen beim Menschen 63
    NACHGEHAKT:
        Neue Züchtungstechniken 64
    Gefahren und Grenzen der Züchtung 65
    Gentechnik 66
    Transgene Pflanzen 68
    Transgene Tiere 69
    ZUR DISKUSSION: Gentechnisch
        veränderte Lebensmittel 70
    Der genetische Fingerabdruck 71
    Der DNA-Chip 72
    ZUR DISKUSSION:
        Gentechnik – pro und kontra 73

    Teste dein Grundwissen ...
    ... Angewandte Genetik 74

Verantwortliche Elternschaft 76
    Biologische Hintergründe zur Partnerwahl 78
    Sexualität und Befruchtung 80
    Familienplanung und
        Empfängnisverhütung 81
    Vorgeburtliche Entwicklung 82
    Menschliches Leben – Wann beginnt es? 84
    ZUR DISKUSSION:
        Schwangerschaftsabbruch 85
    Schwangerschaft 86
    Einflüsse auf das Kind im Mutterleib 87
    Die Geburt 88
    Eltern und Kind 89
    Reproduktionsmedizin 90
    ZUR DISKUSSION: Reproduktionsmedizin ... 92
    NACHGEHAKT: Stammzellen 93
    Ein Menschenleben 94
    Gene und Umwelt 95
    Eltern-Kind-Beziehung 96
    Die ersten Lebensjahre 98

    Teste dein Grundwissen ...
    ... Verantwortliche Elternschaft 100

Inhalt

Stammesgeschichte des Menschen **102**
    Der Mensch … 104
    … und seine „Verwandtschaft" 105
    Mensch und Menschenaffen: Weitere
        Hinweise auf Verwandtschaft 106
    ■ PRAKTIKUM: Verhaltensbeobachtungen an
        Primaten 107
    Ostafrika – … 108
    … die Wiege des Menschen 109
    ■ AUS DER GESCHICHTE: Donald Johanson 110
    Neandertaler – der erste Hinweis für
        die Evolution des Menschen 111
    Homo sapiens: Der moderne Mensch 112
    Übersicht: Meilensteine der Menschwerdung . . 113
    Geschichte der Evolutionstheorien 114

    Teste dein Grundwissen …
    … Stammesgeschichte des Menschen 116

Die kulturelle Evolution **118**
    Die kulturelle Evolution 120
    Entwicklung von Sprache und Schrift 122
    Wohin geht die Menschheit? 123
→ Vielfalt der Menschen heute 124
    ■ ZUR DISKUSSION: „… gleich an Würde und
        Rechten …" 125
    Die weiteren Aussichten … 126
    … sind ungewiss 127
    Wie verändert sich die Atmosphäre? 128
    Ohne Energie läuft nichts 129
    … bis zum letzten Tropfen? 130
    Artenschutz 131

    Teste dein Grundwissen …
    … Die kulturelle Evolution 132

    ■ PROJEKT: Nachhaltige Tage 134

Verzeichnis wichtiger Fachbegriffe **138**

Register **141**

Verzeichnis der Bildquellen **144**

Inhalte, die selbsttätige Arbeit unterstützen, aktuelle Bezüge herstellen oder Hintergründe erhellen, sind durch ein farbiges Rechteck ■/■/■/■/■/■ markiert.

Inhalte, die über die Anforderungen des Lehrplans hinausgehen und der Vertiefung oder Wiederholung dienen, sind durch einen blauen Pfeil → markiert.

Sich informieren, untersuchen, experimentieren

Dieses Buch ist *Informationsbuch*, *Arbeitsbuch* und *Lernbuch* zugleich. Daher enthält es ganz unterschiedlich gestaltete und gekennzeichnete Seiten. Man sieht also immer, welche Aufgabe eine Seite hat.

◁ **Einstieg**
Jedes Kapitel beginnt mit einer Bildseite, die neugierig machen soll. Sie ist mit Aussagen, Tabellen, Bildern und Fragen verknüpft, die in das Thema einführen.

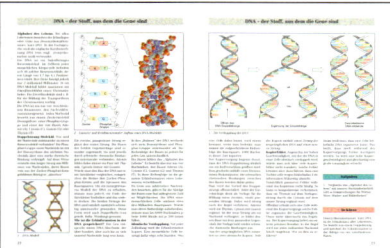

◁ **Informationsseiten**
Hier kannst du dich informieren. Auf diesen Seiten werden neue Begriffe eingeführt und Zusammenhänge erklärt. **Aufgaben** helfen das erworbene Wissen zu überprüfen. **In Kürze** fasst alles Wesentliche zusammen.

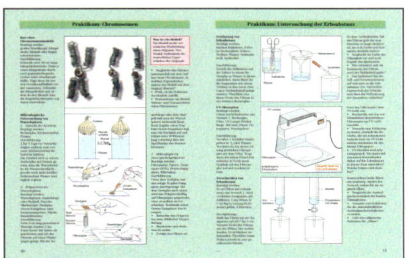

◁ **Praktikum**
Untersuchungen und Versuche spielen in der Biologie eine wichtige Rolle. Mit den Anleitungen auf diesen Seiten kann jeder selbst zum Forscher werden. Die Ergebnisse vermitteln wichtige Einblicke in das Thema. Du lernst bei den Praktikumsseiten aber auch, wie Untersuchungen durchgeführt werden und wie man zu aussagekräftigen Ergebnissen kommt.

Nachgehakt

◁ **Nachgehakt**
„Neue Züchtungstechniken" – „Stammzellen": Diese Seiten greifen Themen auf, die im Blickpunkt des Interesses stehen.

Zur Diskussion

◁ **Zur Diskussion**
„Reproduktionsmedizin" – „Gentechnik – pro und kontra": Auf den „Diskussionsseiten" sind Bilder und Berichte zu Themen abgedruckt, die heute diskutiert werden. Bilde dir selbst ein Urteil darüber.

Aus der Geschichte

◁ **Aus der Geschichte**
Hier kommen Forscher zu Wort, denen wir bahnbrechende Beobachtungen, Überlegungen, Untersuchungen und Experimente verdanken.

Teste dein Grundwissen

◁ **Teste dein Grundwissen**
Am Ende der einzelnen Kapitel sind die wichtigsten Aussagen noch einmal zusammenfassend **Auf den Punkt gebracht**. Anhand von zahlreichen **Aufgaben** kann außerdem jeder prüfen, ob er das Thema wirklich „im Griff" hat.

Aktuell! Neuigkeiten aus der Biologie

Berufswahl. Neben der Abschlussprüfung steht in diesem Schuljahr die Wahl des Ausbildungsberufs an, sofern du sie noch nicht getroffen hast. Wer aber überlegt seinen Beruf wählen will, muss erst einmal checken, welche Berufe es gibt, die sich mit seinen Interessen und Begabungen decken.

Tätigkeiten, für die in der Berufsausbildung naturwissenschaftliche Kenntnisse und Fertigkeiten erworben werden müssen, gibt es z. B. in den Bereichen Gesundheitswesen, Nahrungsmittelprüfung und -produktion, Pflanzen und Tiere, biologische und chemische Forschung und Umweltschutz.

In vielen Fällen überschneiden sich die Ausbildungsinhalte von Berufen, die in den genannten Tätigkeitsfeldern angesiedelt sind. So verlangen etwa Laborberufe ein gewisses Know-how über die Planung und Durchführung von Experimenten, die genaue Dokumentation von Vorgehensweisen und Ergebnissen oder über den Umgang mit Chemikalien. Das heißt, dass bei deiner Wahl des Berufes die Art der späteren Tätigkeit ein größeres Gewicht haben sollte als die Ausbildungsinhalte.

Ein weiterer wichtiger Aspekt sind die Möglichkeiten der beruflichen Weiterentwicklung, die dir ein Beruf bietet.

Orientierung und Information. Welche Orientierungsmöglichkeiten kann dir der Biologieunterricht für deine Berufsentscheidung bieten? Ein erster Einstieg kann eine Recherche im Internet sein. Unter www.berufenet.de findest du nach Tätigkeitsfeldern gegliederte Berufsbeschreibungen. Um weitere Details über „biologische" Berufe zu erfahren, kann deine Klasse nach Absprache mit der Schulleitung einen Berater von der Agentur für Arbeit oder von der Industrie- und Handelskammer einladen. Er kann Modalitäten der Ausbildung wie Dauer oder Fördermaßnahmen erläutern. Bei Interesse an einem ganz bestimmten Beruf empfiehlt sich ein Gespräch mit jemandem, der diesen Beruf ausübt.

Es ist zudem durchaus möglich, im Rahmen des Unterrichts Unternehmen, Behörden oder andere Institutionen zu besuchen, um Informationen über die dort ausgeübten Berufe zu erhalten.

Biologie/Chemie/Physik

Forschen	Produzieren	Untersuchen und Messen	Beraten und Verkaufen
Technische/r Assistent/in (naturkundliche Museen/Forschungsinstitute)	Pharmakant/in	Biologielaborant/in	Pharmazeutisch-technische/r Assistent/in
Mikrotechnologe/-technologin	Chemikant/in	Chemisch-technische/r Assistent/in	
		Physikalisch-technische/r Assistent/in	

Umweltschutz

Planen und Versorgen	Pflegen und Schützen	Entsorgen
Umweltschutztechnische/r Assistent/in	Forstwirt/in	Fachkraft für Wasserentsorgung
Techniker/in Umweltschutztechnik*	Wasserbauer/in	Fachkraft für Rekultivierung*

Gesundheitswesen/Ernährung

Medizinische Technik	Beraten und Verkaufen	Organisieren und Verwalten	Pflegen/Betreuen/Heilen
Augenoptiker/in	Diätassistent/in	Medizinische/r Dokumentar/in	Physiotherapeut/in
Hörgeräteakustiker/in	Orthopädiemechaniker/in und Bandagistin		Heilerziehungspfleger/in
Medizinisch-technische/r Assistent/in für Funktionsdiagnostik	Ernährungsberater/in*		Heilpädagoge/Heilpädagogin*
Zahntechniker/in			Ergotherapeut/in
Lebensmitteltechnische/r Assistent/in			

Pflanzen und Tiere

Gartenbau und Landespflege	Tierzucht und Tierhaltung	Labor und Forschung
Gärtner/in	Tierarzthelfer/in	Biologisch-technische/r Assistent/in
Landwirtschaftlich-technische/r Assistent/in	Tierpfleger/in	Veterinärmedizinisch-techn. Assistent/in
Fachagrarwirt*		
Natur- und Landschaftspfleger*		

* Weiterbildung oder zusätzliche Qualifikation erforderlich

1 Berufe mit naturwissenschaftlichem Bezug: eine Auswahl

Aktuell! Neuigkeiten aus der Biologie

Biologisch-technische/r Assistent/Assistentin:
Die Arbeitsgebiete von Biologisch-technischen Assistenten und Assistentinnen reichen von der Biochemie, Mikrobiologie über Botanik, Zoologie und Ökologie bis in die Medizin. Sie führen Versuche an und mit Tieren, Pflanzen, Zellkulturen sowie Mikroorganismen durch, aber auch mit isolierten biochemischen Stoffen aus Organismen. Zu ihren Aufgaben gehört die Berechnung der notwendigen Chemikalien, die fachgerechte Handhabung der verschiedensten Messgeräte, eine exakte Protokollführung und die Auswertung der Ergebnisse mithilfe von Computern.
Biologisch-technische Assistenten und Assistentinnen arbeiten häufig in der Grundlagenforschung an Universitäten, in der pharmazeutischen Industrie und anderen Forschungseinrichtungen (z. B. der Tier- und Pflanzenzucht). Sie können in staatlichen Prüf- und Untersuchungsämtern, in gewerblichen Labors oder in Lebensmittelbetrieben tätig sein.
Bei ökologischen Studien, Untersuchungen im Rahmen der Umweltüberwachung oder bei Forschungsaufgaben im Bereich der Pflanzenzucht arbeiten sie auch im Freiland.

Umweltschutztechnische/r Assistent/Assistentin:
Umweltschutztechnische Assistenten und Assistentinnen spüren Umweltverschmutzungen auf, indem sie Boden, Wasser, Abwasser und Luft untersuchen. Sie entnehmen Proben und führen chemische und biologische Untersuchungen durch, bei denen sie moderne, meist EDV-gestützte Analysegeräte verwenden. Auch die Beobachtung von Gewässerlebewesen, die als so genannte Bioindikatoren dienen, kann ihnen Aufschluss über die Wasserqualität eines Gewässers liefern.
Die Ergebnisse ihrer Untersuchungen halten sie in Arbeitsprotokollen fest, werten sie selbst aus oder legen sie Ingenieuren und Wissenschaftlern zur Auswertung vor. Auch Lärm-, Strahlenschutz- und Abfalluntersuchungen gehören zu ihren Aufgaben.
Beschäftigungsmöglichkeiten für Umweltschutztechnische Assistenten und Assistentinnen gibt es im Bereich des Umweltschutzes in öffentlichen und privaten Laboratorien und Forschungsabteilungen von Unternehmen und öffentlichen Einrichtungen. Sie können z. B. in den Bereichen der Wasserwirtschaft, Abfallbeseitigung oder Luftreinhaltung tätig sein.

Lebensmitteltechnische/r Assistent/Assistentin:
Industriell hergestellte Nahrungsmittel werden meist in großen Mengen produziert. Mängel in den Ausgangsstoffen oder bei der Verarbeitung können zu großen wirtschaftlichen Schäden führen. Lebensmitteltechnische Assistenten und Assistentinnen wirken bei der Überwachung und Qualitätssicherung mit. Sie untersuchen fertige Nahrungsmittel und Rohstoffe, die für die Lebensmittelproduktion verwendet werden. Sie nehmen Proben und führen im Labor biochemische, mikrobiologische und messtechnische Untersuchungen durch.
Die Analysen, z. B. zu Fettgehaltsbestimmungen, aber auch zur Schadstoffbelastung von Rohstoffen, werden protokolliert.
Sowohl bei den Untersuchungen als auch bei der Dokumentation der Ergebnisse spielt die elektronische Datenverarbeitung eine wichtige Rolle. Die Arbeitsplätze Lebensmitteltechnischer Assistenten und Assistentinnen sind so unterschiedlich wie ihre Aufgabengebiete. Sie arbeiten in Auftrags- und Betriebslaboratorien, in Forschungsinstituten, Produktions- und Fertigungshallen und in Büros der Nahrungs- und Genussmittelherstellung.

1 Biologisch-technische Assistentin

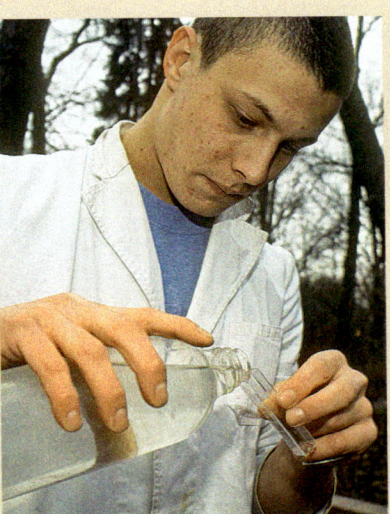

2 Umweltschutztechnischer Assistent

3 Lebensmitteltechnische Assistentin

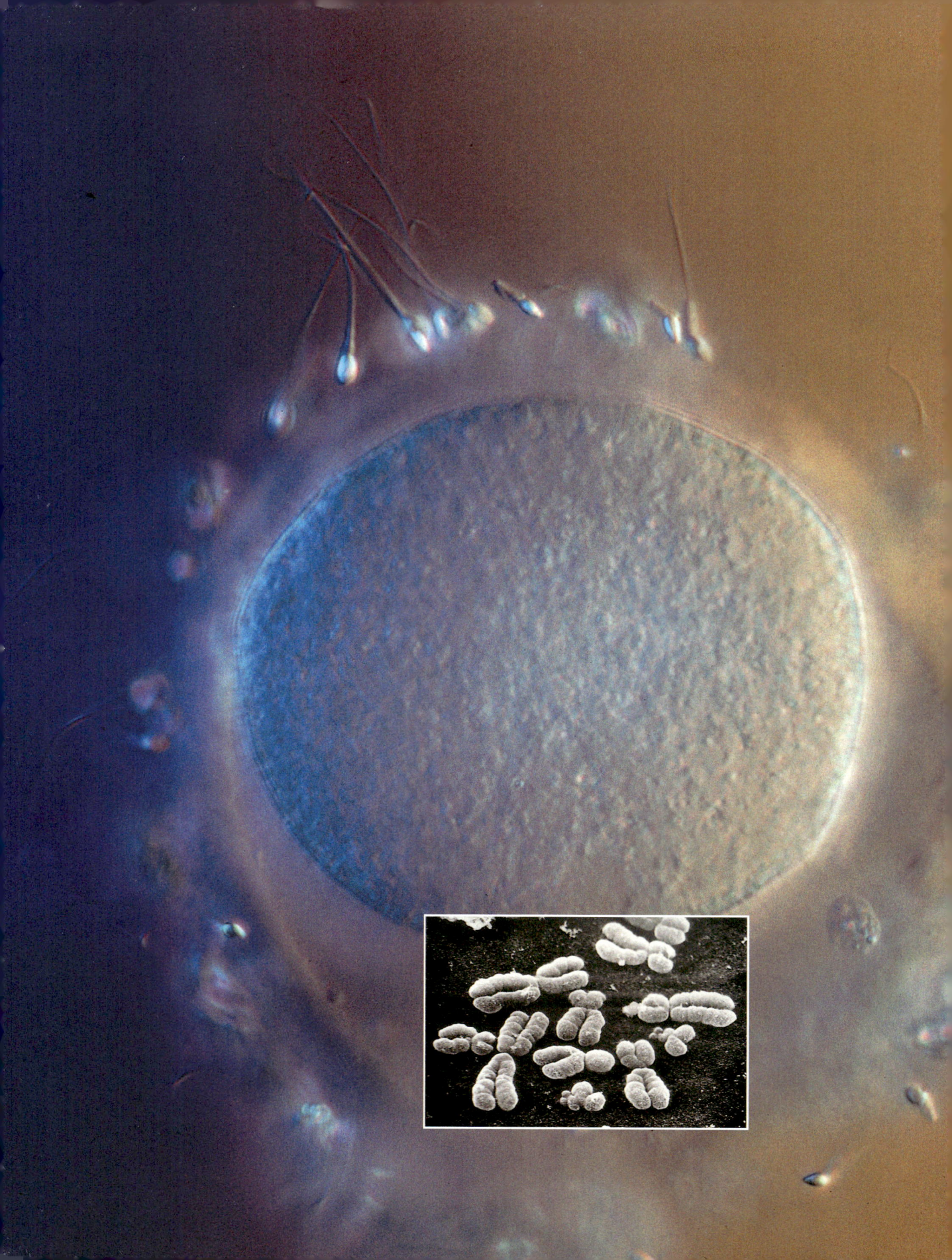

Grundlagen der Vererbung

Nach einem Geschlechtsverkehr machen sich etwa 300 Millionen Spermien auf die Reise durch Muttermund und Gebärmutter. Sie alle haben ein gemeinsames Ziel: Im Eileiter wartet bereits eine Eizelle. Nur eine Spermienzelle kann mit ihr verschmelzen und ihre wertvolle Fracht mit dem Erbgut der Eizelle zu einem neuen Ganzen vereinen. Von diesem Moment an ist der Bauplan für einen neuen Menschen fertig und eine Vielzahl späterer Eigenschaften, etwa ob Mädchen oder Junge, ist bereits festgelegt. „Der Apfel fällt nicht weit vom Stamm", das wissen die Eltern. Aber in welchen Eigenschaften des Kindes sie sich wieder erkennen werden, wird sich erst zeigen, wenn die Erbanlagen ihre Ausprägung in den Merkmalen finden.

Ähnlichkeit und Verwandtschaft. „Wie aus dem Gesicht geschnitten", eine Redewendung, die oftmals gebraucht wird, wenn die augenfällige Ähnlichkeit eines Kindes mit einem nahen Verwandten ausgedrückt werden soll. Diese auffälligen Parallelen in den äußeren Merkmalen zwischen engen Verwandten sind kein Zufall. Die moderne Genetik hat die zugrunde liegenden biologischen Prinzipien weitgehend verstanden. Allerdings war dazu ein langer Weg der Erkenntnis notwendig.

Schon bevor es die wissenschaftliche Fachrichtung der Genetik gab, befassten sich Menschen mit Ähnlichkeiten, Verwandtschaft und der Weitergabe von Merkmalen bei Lebewesen. Der griechische Philosoph Aristoteles (384–322 v. Chr.) etwa beobachtete, dass Delfine mit Landsäugetieren mehr Gemeinsamkeiten haben als mit Fischen. Er hielt es dieser Ähnlichkeit wegen für notwendig, die Gruppe der Wale (Wale, Delfine) mit den Landtieren und nicht mit den Fischen in einer Klasse zu ordnen. Darin war er seiner Zeit um 2000 Jahre voraus, denn die Wale wurden noch im Mittelalter zu den Fischen gerechnet.

Dem von Aristoteles beobachteten Zusammenhang zwischen Ähnlichkeit und Verwandtschaft begegnen wir im Alltag sehr oft. Etwa gelingt es uns meist erstaunlich leicht, auf Fotos zu erkennen, welche Personen miteinander verwandt sind.

Zeitgenossen des Aristoteles suchten nach einer Erklärung für diese beobachtete Familienähnlichkeit. Sie entwickelten verschiedene Vorstellungen zur Zeugung und Vererbung. Eine davon war die *Präformationslehre* des Anaxagoras. Sie besagt, dass im Samen des Vaters alle kindlichen Merkmale vorgeformt, also präformiert sind. Im mütterlichen Körper sollte sich der Samen nur entwickeln. Diese Theorie wirkte lange nach. Als Gelehrte im 17. Jahrhundert erstmals Spermienzellen im Mikroskop sahen, glaubten sie präformierte Lebewesen zu erkennen und zeichneten sie auch so.

Merkmale und Erbanlagen. Bessere Mikroskope und Untersuchungsmethoden haben die Präformationslehre bald widerlegt. Für uns ist heute selbstverständlich, dass die Ähnlichkeit zwischen Eltern und Nachkommen auf *Vererbung* beruht. Dabei werden nicht die *Merkmale*, wie etwa die Form der Nase, weitergegeben, sondern *Erbanlagen*. Diese steuern die Ausbildung von Merkmalen bei den Nachkommen und werden von einer Generation zur nachfolgenden vererbt. Wie diese Weitergabe von Erbanlagen geschieht und welchen Regeln sie folgt, untersucht die Genetik.

Erbanlagen verändern. Bahnbrechende Entdeckungen in der Mitte des letzten Jahrhunderts veränderten die Genetik grundlegend. Die Moleküle, die die Erbinformationen tragen, wurden entdeckt und ihr Aufbau entschlüsselt. Nach und nach entwickelte sich ein neuer Teilbereich der Genetik, die *Gentechnik*.

Fortan war es das Bestreben der Wissenschaftler, Merkmale nicht nur zu beschreiben, sondern deren Erbanlagen zu finden, zu entschlüsseln und Techniken zu entwickeln, um diese verändern zu können. Heute ist man in der Lage, Eigenschaften von Lebewesen gezielt zu verändern. Die Möglichkeiten der Gentechnik bergen große Chancen. Im medizinischen Bereich konnten bereits enorme Fortschritte gemacht werden.

Die neuen Kenntnisse können jedoch auch eine Gefahr bedeuten, wenn sie missbraucht werden.

1 Zeichnung menschlicher Spermien von Antony van Leeuwenhoek und Jan Ham, 1677 (aus „Opera omnia", 1722)

Aufgaben

1 „Wenn Wissenschaftler unsere Erbanlagen optimieren, werden wir bessere Menschen." Trifft diese Aussage zu?

Der Zellkern – Speicher des Erbguts

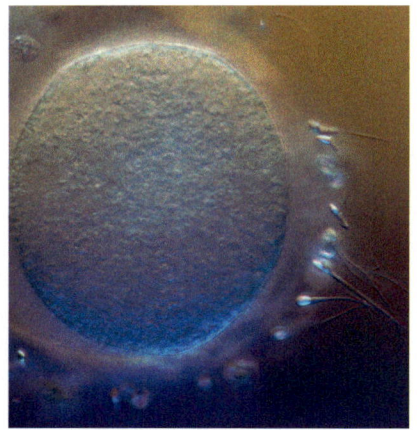

1 *Eizelle und Spermien*

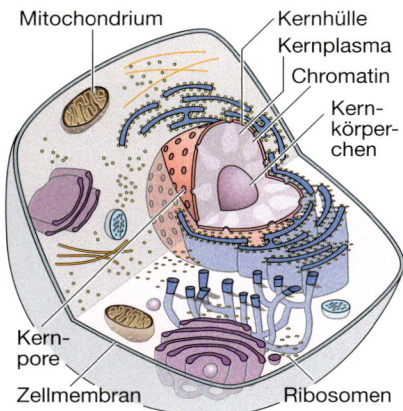

2 *Schema einer tierischen Zelle*

3 *Zellkern im Elektronenmikroskop*

Wo steckt die Erbinformation? Bei der *Vererbung* werden wichtige Informationen, die Erbinformationen oder Gene, von einer Generation an die nächste weitergegeben.
Beim Menschen transportieren die *Spermien* als männliche Keimzellen die genetische Information des Vaters zur weiblichen Keimzelle, der *Eizelle*. Die Spermien werden in den Hoden gebildet. Die reifen Spermien sind in Kopf, Mittelstück und Schwanz gegliedert. Der *Zellkern* befindet sich im Kopf des Spermiums und füllt diesen fast vollständig aus. Bei der Befruchtung verschmilzt der Kopf mit der Zellmembran der Eizelle. Anschließend dringt lediglich der Zellkern des Spermiums in die Eizelle ein. Die väterlichen Erbinformationen müssen sich demnach im Zellkern befinden.
Heute ist gewiss, was vor hundert Jahren eine Vermutung war. Der Zellkern oder *Nukleus* ist der Speicher des Erbguts. Tatsächlich ist in allen über einen Zellkern verfügenden Zellen dort die Erbinformation zu finden.
Funktionen des Zellkerns. Unter den Bestandteilen lebender Zellen fällt der Zellkern besonders auf. Zerstört man ihn, stirbt die Zelle. In Gewebezellen von Säugern nimmt der Zellkern etwa ein Zehntel des Zellvolumens ein. Nach der Anwendung bestimmter Färbeverfahren kann er auch im Lichtmikroskop gut betrachtet werden. Die Aufgaben des Zellkerns sind:
- die sichere *Verwahrung* des Erbguts,
- die *Steuerung* aller Vorgänge in der Zelle nach der Vorschrift der Erbinformation,
- die kontrollierte *Weitergabe* der Erbinformation an die Tochterzellen bei einer Zellteilung.

Bau des Zellkerns. Im elektronenmikroskopischen Bild eines Zellkerns erkennt man, dass er von einer *Kernhülle* begrenzt wird. Sie besitzt viele winzige „Pforten", die *Kernporen*. Diese stellen eine Verbindung zwischen dem Innenraum des Kerns und dem Zellplasma dar. So können Signalstoffe, Bauanleitungen, Baustoffe und Energie liefernde Substanzen ausgetauscht werden.
Der Innenraum des Kerns ist von einer Grundsubstanz erfüllt, die als *Kernplasma* bezeichnet wird. Darin liegen fadenförmige Gebilde, die sich leicht anfärben lassen. Nach dem griechischen Wort „chroma" für Farbe nannte man diese Gebilde *Chromatin*. Ein einzelner Faden heißt Chromatinfaden. Während der Zellteilung verdichten sich die einzelnen Chromatinfäden und nehmen eine kompakte Form an. Sie werden dann als *Chromosomen* bezeichnet. Diese sind die Träger der *Erbanlagen* oder *Gene*. Somit ist in ihnen die Information für die Ausbildung von Merkmalen sowie für die Steuerung von Lebensvorgängen gespeichert.
Weitere im Mikroskop erkennbare Strukturen des Zellkerns sind die *Kernkörperchen*. Sie sind die Bildungsorte für die *Ribosomen*. An diesen werden im Zellplasma die Proteine hergestellt.

Aufgaben

1 Welche Lebensvorgänge können bei Zellen beobachtet werden?

2 Tumorzellen vermehren sich unkontrolliert. Welchem Bereich der Zelle würdest du den Fehler zuordnen? Begründe.

3 Könnte eine Zelle leben, wenn die Kernhülle keine Poren besitzen würde, also vollständig geschlossen wäre? Begründe deine Antwort.

In Kürze

Die Chromosomen sind die Träger der Erbinformationen oder Gene. Sie befinden sich im Zellkern. Dieser übernimmt damit die Steuerung aller Lebensvorgänge der Zelle und gibt die Erbinformationen kontrolliert an die Tochterzellen weiter. Der Zellkern ist von einer Hülle umgeben. Sie enthält Poren, die den Stoffaustausch mit dem Zellplasma ermöglichen.

Die Chromosomen

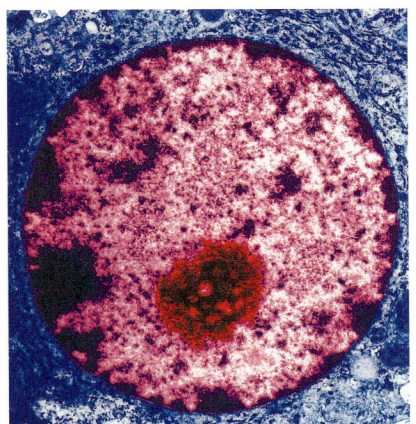

1 Zellkern, Chromatin angefärbt

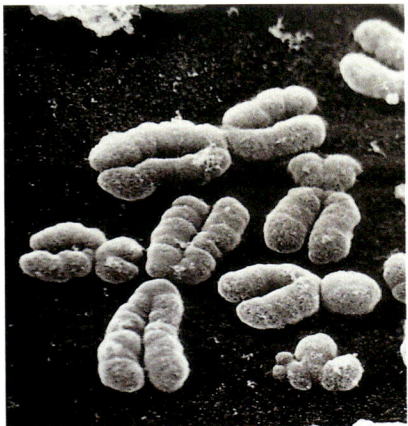

2 Chromosomen des Menschen

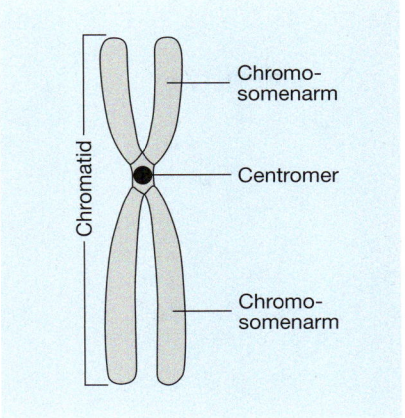

3 Bau eines Chromosoms

Entdeckung der Chromosomen. Beim Mikroskopieren von Zellen, die sich teilten, wurden vor gut hundert Jahren erstmals schleifenförmige Gebilde beobachtet. Der Mediziner Flemming und der Botaniker Strasburger entdeckten sie fast gleichzeitig in tierischen und pflanzlichen Zellen. Man nannte sie nach ihrer Form *Kernschleifen,* später wegen ihrer guten Färbbarkeit *Chromosomen.*
Da sie unter dem Mikroskop erst durch Anfärben sichtbar wurden und nach der Zellteilung wieder verschwanden, war ihre Bedeutung lange strittig.

Arbeitsform und Transportform. Inzwischen gibt es keinen Zweifel mehr, dass die Chromosomen die Erbanlagen tragen und in den Zellen ständig vorhanden sind. Allerdings verändern sie ihre Gestalt. Solange die Zelle sich nicht teilt, liegen sie als lange, dünne Chromatinfäden im Zellkern. Ihre Länge – bis zu 2 mm – beträgt dann das 300fache des Kerndurchmessers. Dabei sind sie nur 10 bis 35 nm dick (1 nm entspricht $\frac{1}{1\,000\,000}$ mm!). Einzelne Chromatinfäden sind deshalb im Lichtmikroskop nicht sichtbar.
Die *Chromatinfäden* stellen die *Arbeitsform der Chromosomen* dar. In der Arbeitsform wird die Erbinformation im Zellkern abgelesen und im Zellplasma verwirklicht. Die Chromatinfäden liegen vielfach verschlungen im Zellkern. Dennoch sind sie offenbar geordnet. Das zeigt sich, wenn sie zur Zellteilung aus der Arbeitsform in die *Transportform* übergehen. Sie ziehen sich zusammen, verdichten sich sehr stark und nehmen eine bestimmte Größe und Gestalt an. Jetzt lassen sie sich als Chromosomen unter dem Mikroskop erkennen und voneinander unterscheiden.
Die beobachtete Schleifenform erklärt sich so: Jedes Chromosom besteht aus zwei Längshälften, den *Chromatiden,* die an einer Stelle zusammenhängen. Diese Stelle nennt man *Centromer.* Befindet sich das Centromer in der Mitte, sind die vier *Chromosomenarme* gleich lang. Sitzt das Centromer weiter oben oder unten, hat das Chromosom zwei lange und zwei kurze Arme oder überhaupt nur zwei Arme.

Chromosomenzahl. Bei der Zellteilung lässt sich die *Zahl der Chromosomen* feststellen. Sie ist für die jeweilige Pflanzen- oder Tierart typisch. Beim Menschen besitzt jede Körperzelle 46 Chromosomen. Von der Chromosomenzahl kann man jedoch nicht ohne weiteres auf die Organisationshöhe eines Lebewesens schließen. Die Kartoffel hat z. B. zwei Chromosomen mehr als der Mensch. Die Länge der Chromosomen spielt eine wichtige Rolle. Von ihr hängt es ab, wie viele Erbanlagen auf den Chromosomen liegen.

Chromosomenzahlen verschiedener Lebewesen	
Spulwurm	2
Schnirkelschnecke	48
Taufliege	8
Stubenfliege	12
Haussperling	76
Haustaube	80
Hund	78
Mensch	46
Schimpanse	48
Wurmfarn	164
Natternzunge (Farn)	480
Tomate	24
Kartoffel	48
Zwiebel	16
Gerste	14

Aufgaben

1 Beschreibe an einer Skizze den Bau eines Chromosoms.

2 Vergleiche die in der Tabelle angegebenen Chromosomenzahlen.

In Kürze

Der Zellkern speichert die Erbinformation und ist Steuerzentrum der Zelle. Er enthält die Träger der Erbanlagen, die Chromosomen. Sie sind nur während der Zellteilung im Mikroskop sichtbar. Die Chromosomenzahl ist kennzeichnend für eine Art.

Chromosomen untersuchen

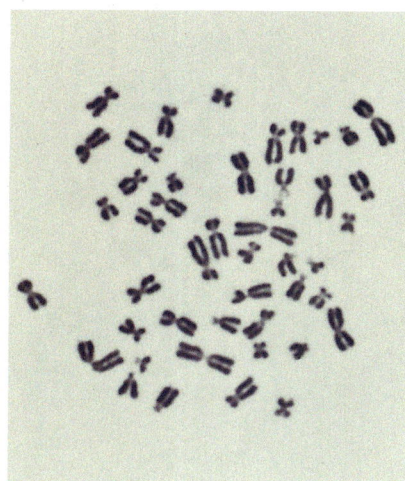

1 Ungeordnete Chromosomen eines menschlichen Chromosomensatzes

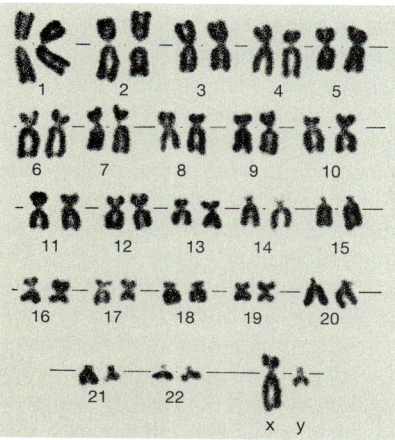

2 Karyogramm eines Menschen

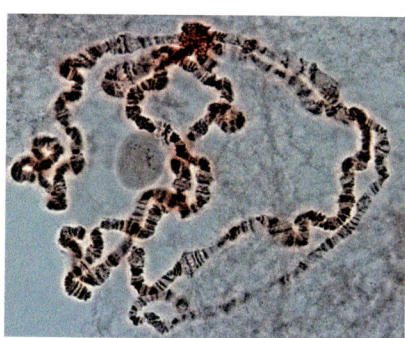

3 Karyogramm eines Menschen mit Downsyndrom

Chromosomen sind die Träger der Erbinformationen. Veränderungen ihrer Gestalt oder Anzahl ermöglichen Aussagen über das Vorhandensein bestimmter Erbkrankheiten.

Chromosomen untersuchen. Für die Untersuchung von Chromosomen bedarf es deren Präparation in der Transportform aus noch *teilungsfähigen Geweben*, z. B. Fruchtwasserzellen oder Knochenmarksgewebe. Die Chromosomen werden während der Phase der Kernteilung in die im Lichtmikroskop gut sichtbare kompakte Transportform überführt. Mit *Colchizin*, dem Gift der Herbstzeitlosen, wird die Zellteilung in dieser Phase gestoppt.

Die mikroskopische Untersuchung der Chromosomen wird durch spezielle *Färbemethoden* unterstützt. Jedes Chromosom zeigt dabei ein charakteristisches Bandenmuster. Auf diese Weise können einzelne Chromosomen genau identifiziert werden. Für die weitere Untersuchung werden die angefärbten Chromosomen digital fotografiert. Dann ordnet man sie mithilfe von Bildverarbeitungsprogrammen nach Größe, Lage des Centromers und den Längenverhältnissen der Chromosomenarme. Diese geordnete Darstellung der Chromosomen heißt *Karyogramm*.

Karyogramm. Ein menschliches Karyogramm zeigt 23 verschiedene Chromosomen, die jeweils doppelt vorhanden sind. Eine Ausnahme bildet beim männlichen Geschlecht das dreiundzwanzigste Chromosomenpaar. Die jeweils gleichen Chromosomen bezeichnet man als *homolog*. Jede Körperzelle verfügt demnach über einen doppelten Chromosomensatz, abgekürzt *2n*. Man sagt dafür auch, Körperzellen sind *diploid*. Das bedeutet, dass in jeder Zelle eines Menschen 2-mal 23 Chromosomen vorhanden sind.

Medizinische Anwendung. In den 60er Jahren des letzten Jahrhunderts waren die Färbemethoden so weit ausgereift, dass eine Reihe von Erbkrankheiten bestimmten Fehlern im Chromosomensatz zugeordnet werden konnten, so etwa das Downsyndrom. Diese Erbkrankheit ist auf das dreifache Vorhandensein des Chromosoms 21 zurückzuführen.

Auch tierische und pflanzliche Chromosomen können auf die beschriebene Weise untersucht werden. Sie unterscheiden sich in Form und Größe manchmal erheblich von menschlichen Chromosomen. Wissenschaftler nutzen z. B. die Fruchtfliege als Modellorganismus für genetische Experimente unter anderem deshalb, weil diese in der Speicheldrüse gut untersuchbare Chromosomen besitzt. Sie werden als Riesenchromosomen bezeichnet und sind um ein Vielfaches größer als menschliche Chromosomen.

Modernste Färbetechniken erlauben heute sehr gezielte Untersuchungen. So werden kleinste Erbgutabschnitte, die fluoreszierende Farbstoffe tragen, in der Tumordiagnostik eingesetzt. Sie färben ein Chromosom nur dann an, wenn es Erbinformationen enthält, die auf eine Veranlagung zur Tumorbildung hinweisen.

4 Riesenchromosom einer Fruchtfliege

Aufgaben

1 Ist es sinnvoll, das Karyogramm eines Embryos zu erstellen? Welche Folgen kann eine solche Untersuchung haben?

2 Wann kann ein Karyogramm bei einem Menschen als normal bezeichnet werden?

Praktikum: Chromosomen

Bau eines Chromosomenmodells

Benötigt werden:
großer Druckknopf, Klingeldraht, Bleistift oder Kugelschreibermine.

Durchführung:
Schneide zwei 40 cm lange Klingeldrahtstücke. Ziehe je einen Klingeldraht durch zwei gegenüberliegende Löcher einer Druckknopfhälfte. Füge dann die beiden Druckknopfhälften wieder zusammen. Schraube die Klingeldrähte auf, indem du den Bleistift oder die Kugelschreibermine eng damit umwickelst.

Was ist ein Modell?
Ein Modell ist die vereinfachte Nachbildung eines Originals. Das Modell verdeutlicht die wesentlichen Eigenschaften des Originals.

- Vergleiche das Chromosomenmodell mit dem Aufbau eines Chromosoms. In welchen Eigenschaften stimmt das Modell mit dem Original überein?
- Prüfe, ob die Definition des Modells zutrifft.
- Demonstriere am Modell Arbeits- und Transportform eines Chromosoms.

Mikroskopische Untersuchung von Wurzelspitzen

1. Anzucht der Zwiebeln
Benötigt werden:
Becherglas, Küchenzwiebel, Wasser.

Durchführung:
2 bis 3 Tage vor Versuchsbeginn entfernt man von einer Küchenzwiebel die äußeren Schalen.
Die Zwiebel wird so auf ein Becherglas mit Wasser gesetzt, dass die Wurzelscheibe die Wasseroberfläche gerade noch nicht berührt. Verbrauchtes Wasser wird täglich ergänzt.

2. Präparieren der Wurzelspitzen
Benötigt werden:
Wurzelspitzen, Rasierklinge oder Skalpell, Pinzette, Objektträger, Deckglas, Orcein-Essigsäure oder Karminessigsäure, Pipette, Bunsenbrenner.

Durchführung:
Etwa 2 cm lang gewachsene Wurzeln werden 2 bis 3 mm hinter der Spitze abgeschnitten und mit der Pinzette auf einen Objektträger gelegt. Mit der Ra-

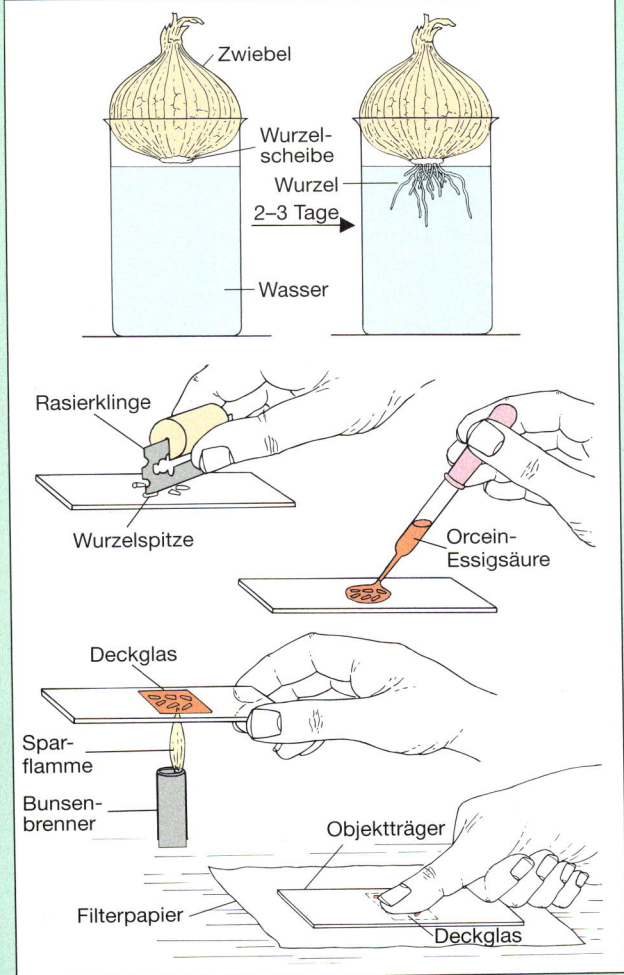

sierklinge oder dem Skalpell teilt man die Wurzelspitzen mehrmals längs. Nach Zugabe eines Tropfens Orcein-Essigsäure legt man ein Deckglas auf und erhitzt etwa 10 Minuten lang vorsichtig über der Sparflamme des Bunsenbrenners.

3. Mikroskopieren eines Quetschpräparats
Benötigt werden:
Filterpapier, Pipette, Essigsäure (50 %), Orcein-Essigsäure, Mikroskop.

Durchführung:
Unter dem Deckglas werden einige Tropfen Essigsäure durchgesaugt. Mit dem Deckglas nach unten wird das Präparat kräftig auf Filterpapier gequetscht, ohne es seitlich zu verschieben. Nochmals etwas Orcein-Essigsäure durchsaugen.

- Betrachte das Präparat bei etwa 400facher Vergrößerung.
- Beschreibe und deute, was du siehst.
- Fertige eine Skizze an.

Die Mitose

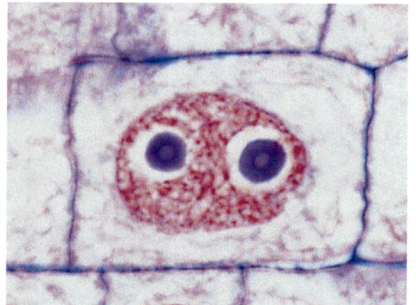 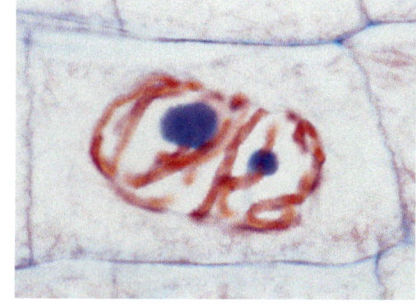 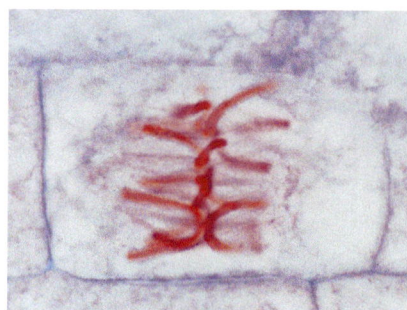

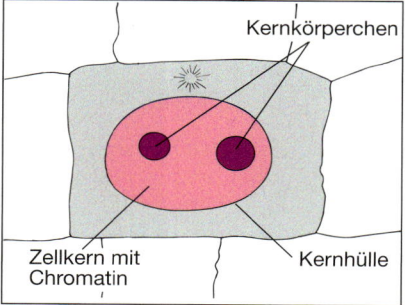

1 und 2   Zellkern während der Arbeitsphase

3 und 4   Vorbereitung der Teilung: Die Chromosomen werden sichtbar.

5 und 6   Die Chromosomen ordnen sich in der Zellmitte an.

Jeder Mensch besteht aus rund 60 Billionen Zellen. Sie sind durch *Zellteilungen* aus der einen befruchteten Eizelle hervorgegangen. Was geschieht bei den zahlreichen Teilungen mit der Erbinformation? Wie wird sie auf die aus jeder Teilung hervorgehenden zwei Tochterzellen verteilt?

Würde jede Tochterzelle die Hälfte der Erbinformation bekommen, wäre nach vielen tausend Teilungen kaum mehr Erbinformation in den Zellen zu finden. Man kann dies mit einem Zeitungsartikel vergleichen, der an zwei Leser weitergegeben werden soll. Erhält jeder die Hälfte, dann fehlt jedem ein Teil der Informationen. Natürlich würde man deshalb den Zeitungsartikel vor dem Verteilen kopieren. Tatsächlich verhält es sich mit der Erbinformation ganz ähnlich. In der *Arbeitsphase* wächst die Zelle und kopiert die in ihrem Zellkern enthaltene Erbsubstanz. In der darauf folgenden *Teilungsphase* wird die Erbsubstanz auf die beiden Tochterzellen verteilt.

Vorbereitung der Kernteilung. Bevor die Mutterzelle sich in zwei Tochterzellen teilt, erfolgt die *Kernteilung* oder *Mitose*.

Zunächst lösen sich die für die Weiterverarbeitung der Erbinformation wichtigen *Kernkörperchen* und die *Kernhülle* auf. Gleichzeitig be-

Zum besseren Verständnis. Um das Prinzip der Weitergabe der Erbinformation an die Tochterzellen noch verständlicher werden zu lassen, betrachten wir nur eines der 46 Chromosomen:
1. Ein Chromosom besteht während der Arbeitsphase aus einem langen Chromatinfaden.
2. In der Arbeitsphase wird der Chromatinfaden kopiert. Original und Kopie sind über das Centromer miteinander verbunden.
3. Zur Vorbereitung der Teilung werden die Chromatinfäden „aufgerollt". Das Chromosom wird jetzt im Mikroskop sichtbar. Jeder der aufgerollten Chromatinfäden bildet ein Chromatid.
4. Die Chromatiden werden getrennt und zu entgegengesetzten Polen gezogen. Einer der neu entstehenden Zellkerne enthält das Original, der andere die Kopie.
5. Der Chromatinfaden wird „ausgerollt"; aus dem Chromatid wird ein Chromosom in der Arbeitsphase.

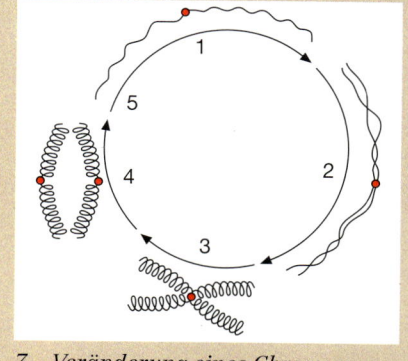

7   Veränderung eines Chromosoms

Die Mitose

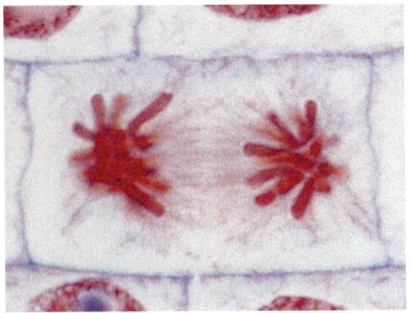
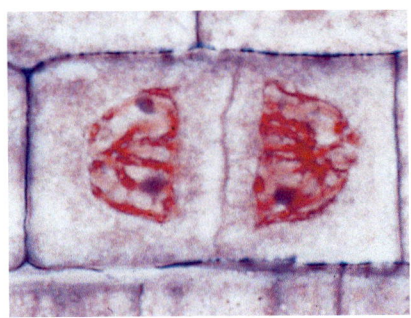
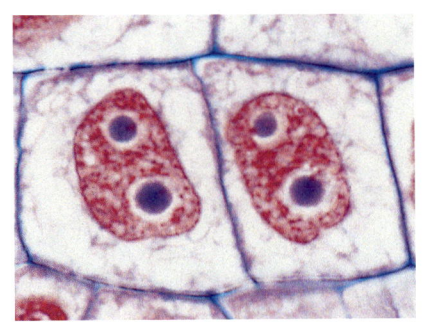

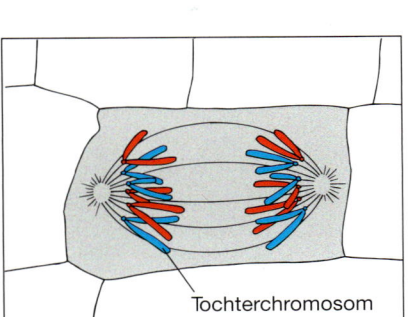
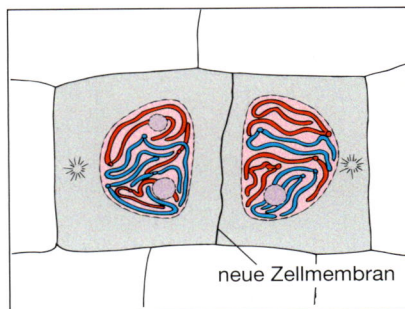
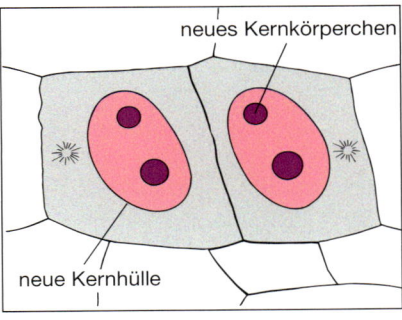

1 und 2   Die Chromatiden werden getrennt.

3 und 4   Zwei erbgleiche Zellen sind entstanden.

5 und 6   Die zwei Zellkerne gehen zur Arbeitsphase über.

ginnt zwischen den beiden *Teilungskörperchen* der Aufbau eines spindelförmigen Faserapparats. Er besteht aus zahlreichen dünnen Eiweißfasern und wird als *Teilungsspindel* bezeichnet.

Inzwischen haben die Chromosomen ihre Arbeit eingestellt und verdichten sich zur Transportform. Es wird nun erkennbar, dass die Erbsubstanz während der Arbeitsphase verdoppelt wurde: Jedes Chromosom, das zuvor nur aus einer Hälfte bestand, ist nun aus *zwei identischen Chromatiden* zusammengesetzt. Alle 46 Chromosomen des Menschen besitzen in dieser Phase der Zellteilung also vier Arme.

Anordnung der Chromosomen. Wenn die Chromosomen sich am stärksten zusammengezogen haben und ihre größte Dichte erreicht ist, ordnen sie sich in einer Ebene in der Zellmitte an. Ihre Chromatiden sind jetzt am *Centromer* mit Fasern der Teilungsspindel verbunden.

Trennung der Chromatiden. Die beiden Chromatiden eines jeden Chromosoms hingen bisher noch über das Centromer zusammen. Nachdem sich das Centromer geteilt hat, werden die Chromatiden getrennt. Dazu verkürzen sich die Spindelfasern. Sie ziehen die Chromatiden jeweils zu den entgegengesetzten Polen der Zelle.

Abschluss der Kernteilung. An den beiden Zellpolen angekommen, verlieren die Chromatiden ihre dichte Transportform. Sie lockern sich auf und nehmen die Arbeitsform an. Um sie herum werden neue Kernhüllen gebildet. Auch Kernkörperchen entstehen wieder. Am Ende der Kernteilung liegen zwei Zellkerne mit gleicher Erbinformation vor.

Teilung des Zellplasmas. Noch während sich die beiden Zellkerne bilden, setzt die Teilung des Zellplasmas ein. Zellen von Mensch und Tier schnüren sich von außen nach innen durch. Pflanzenzellen bilden von innen her die trennende Zellwand. Aus einer Mutterzelle entstehen dabei in beiden Fällen zwei erbgleiche Tochterzellen.

Aufgaben

1   Bei jedem von uns sterben täglich etwa zwei Prozent der Zellen ab und müssen ersetzt werden. Berechne die Zahl der Zellteilungen je Sekunde.

2   Ein Mensch entwickelt sich aus einer befruchteten Eizelle durch Zellteilungen. Dabei wird die Erbinformation kopiert. Von der Kopie werden wieder Kopien angefertigt usw. Welches Problem ergibt sich dabei? Denke an ein Kopiergerät.

In Kürze

Vor Beginn der Zellteilung, in der Arbeitsphase, wird das Erbgut kopiert. Jedes Chromosom besteht dann aus zwei identischen Chromatiden. Diese werden während der Kernteilung oder Mitose voneinander getrennt. Nach der Kernteilung wird die Zelle bei Tieren von außen nach innen durchgeschnürt. Auf diese Weise entstehen aus einer Mutterzelle zwei erbgleiche Tochterzellen.

Die Meiose

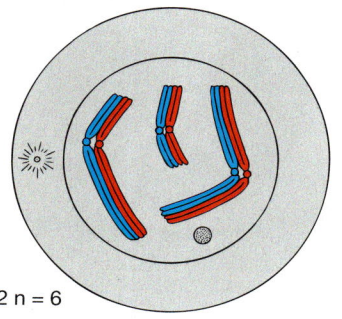

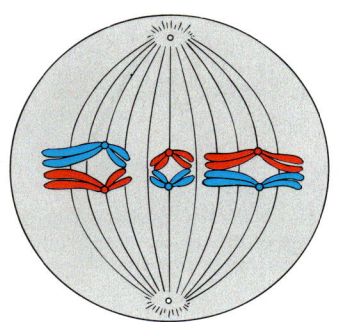
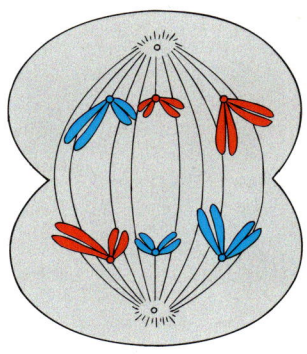

2 n = 6

Paarung der homologen Chromosomen

Die Chromosomenpaare ordnen sich in der Zellmitte an.

Trennung der homologen Chromosomen: Reduktion

1 Schema der Meiose: erste Reifeteilung. Mütterliche Chromosomen rot, väterliche Chromosomen blau

Eltern und Kinder besitzen in ihren *Körperzellen* die gleiche Zahl von Chromosomen: Es sind stets 46. Sie besitzen also einen doppelten oder *diploiden Chromosomensatz (2n)*. Eizellen und Spermien, die *Keimzellen*, besitzen dagegen nur einen *einfachen Chromosomensatz (n)* mit 23 Chromosomen. Sie sind *haploid*. Bei ihnen wird im Lauf ihrer Entwicklung der doppelte Chromosomensatz auf den einfachen Satz reduziert. Dies geschieht durch eine besondere Zellteilung, die *Reifeteilung* oder *Meiose*.

Ablauf der Meiose. Der Ablauf der Meiose vom Sichtbarwerden der Chromosomen bis zur Teilung des Zellplasmas ähnelt der Mitose. Es gibt jedoch wichtige Unterschiede:
- Bei der Meiose folgen *immer zwei Teilungen* aufeinander, die *erste* und die *zweite Reifeteilung*.
- Während der ersten Reifeteilung ordnen sich die homologen Chromosomen jeweils nebeneinander in der Zellmitte an. Dann werden die *homologen Chromosomen* – nicht die Chromatiden wie bei der Mitose – *auf die Tochterzellen verteilt*. Dadurch entstehen aus diploiden Urkeimzellen haploide Keimzellen. Weil dabei die Reduktion auf den einfachen Chromosomensatz erfolgt, nennt man die erste Reifeteilung auch *Reduktionsteilung*.
- *Bei der zweiten Reifeteilung* werden genau wie bei der Mitose die *Chromatiden getrennt*.

Ergebnis der Meiose. Die Reduktion der Chromosomenzahl auf den einfachen Satz ist ein sehr wichtiges Ergebnis der Meiose, aber nicht das einzige. Das *Erbgut* wird zugleich *völlig umgeordnet*. Es bleibt nämlich dem Zufall überlassen, welche der von der Mutter und welche der vom Vater geerbten Chromosomen zusammen in eine Tochterzelle gelangen.

Bei Lebewesen mit nur vier Chromosomenpaaren im diploiden Satz, wie bei der Fruchtfliege, ergeben sich 2^n, also $2^4 = 16$ Kombinationsmöglichkeiten mütterlicher und väterlicher Chromosomen in den Keimzellen. Beim Menschen (n = 23) sind dagegen $2^{23} = 8388608$ Kombinationen möglich! Es ist daher sehr unwahrscheinlich, dass zwei Eizellen oder Spermien eines Menschen dieselbe Kombination von Chromosomen besitzen.

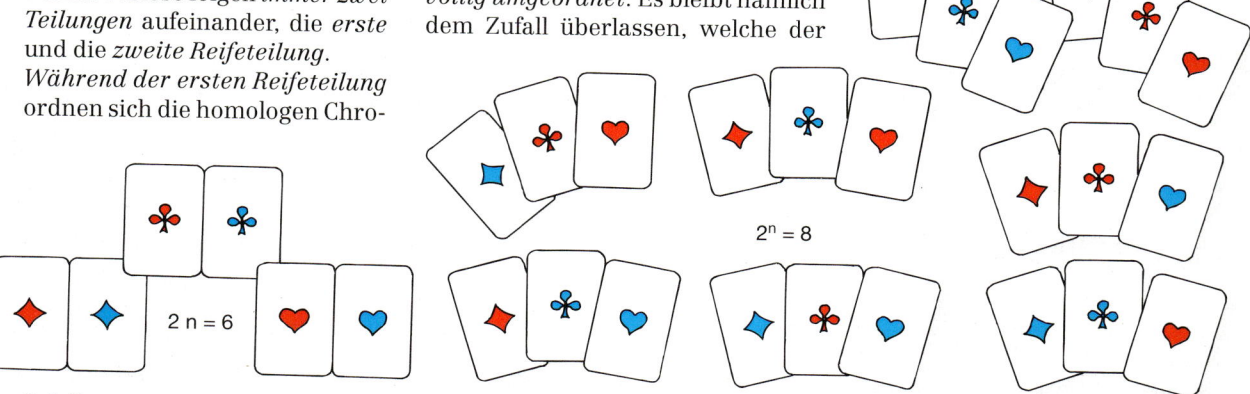

2 Spielkartenmodell zur Meiose: diploide Urkeimzelle (2 n) mit 3 Chromosomenpaaren und mögliche Kombinationen von Chromosomen in den daraus gebildeten Keimzellen (n = 3). (n = Chromosomenzahl eines einfachen Chromosomensatzes)

Die Meiose

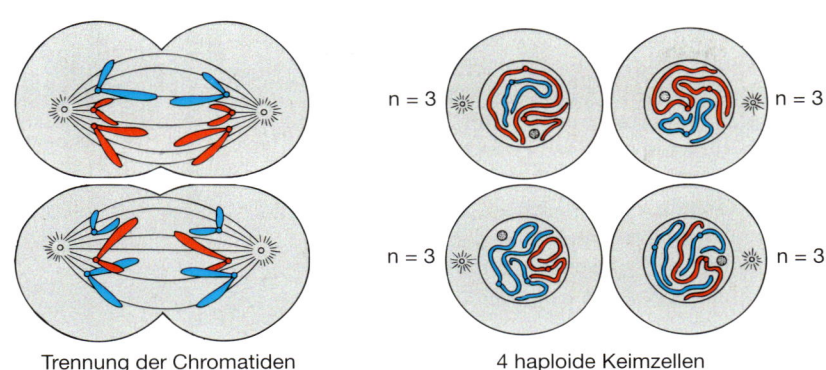

1 Schema der Meiose: zweite Reifeteilung

Unterschiede in der Meiose bei Mann und Frau. Die Kernteilungen der Meiose verlaufen bei Mann und Frau gleich, nicht jedoch die *Teilungen des Zellplasmas*. Aus einer diploiden Spermienmutterzelle reifen vier haploide Spermien. Aus einer diploiden Eimutterzelle entstehen eine große, plasmareiche haploide Eizelle und drei kleine, an Zellplasma arme haploide Zellen, die *Polkörper*. Diese sterben bald ab.

Die Meiose beim Mann dauert etwa sechs bis acht Wochen. Die Bildung der Eizellen bei der Frau beginnt bereits vor der Geburt mit der Meiose aus den Eimutterzellen. Die vollständige Reifung in einem Follikel der Eierstöcke findet nach einer Ruhepause ab der Geschlechtsreife ungefähr vom 13. bis 50. Lebensjahr statt.

Aufgaben

1 Erläutere Bild 2 auf Seite 16.

In Kürze

Keimzellen entstehen bei der Meiose aus diploiden Urkeimzellen. Dabei wird der doppelte Chromosomensatz auf den einfachen Satz reduziert und das Erbgut durchmischt. Keimzellen sind haploid und erbungleich.

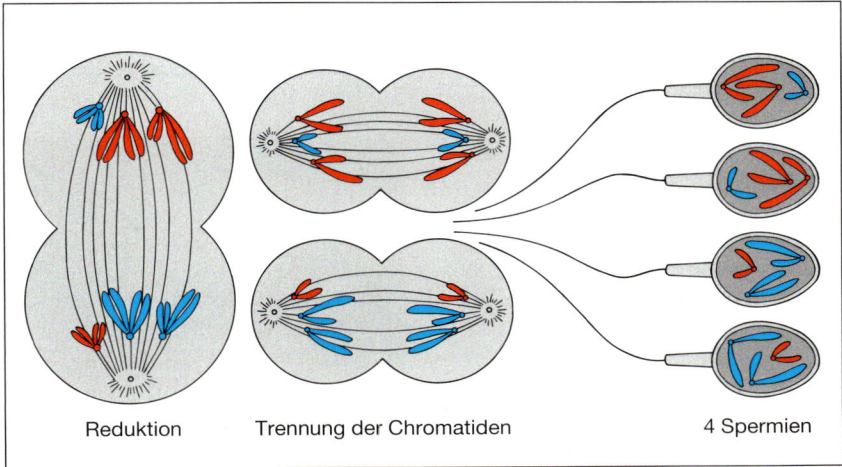

2 Ergebnis der Meiose beim Mann

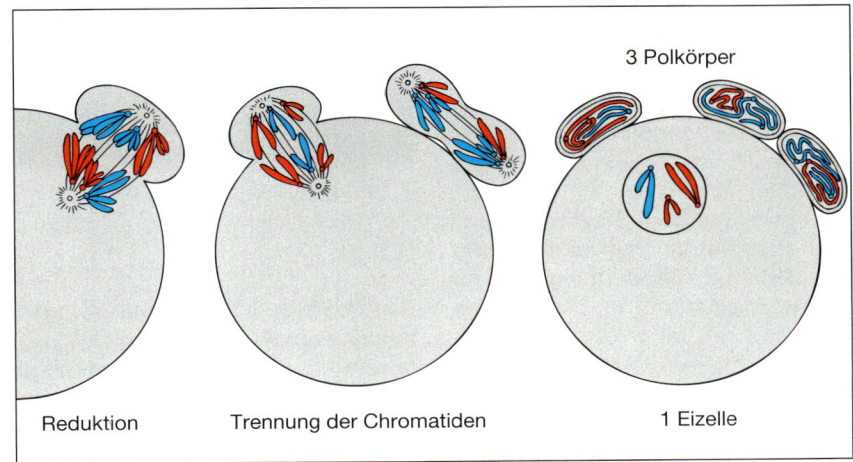

3 Ergebnis der Meiose bei der Frau

Vielfalt durch Meiose

Aufgrund der zufälligen Verteilung der homologen Chromosomen während der ersten Reifeteilung der Meiose kann man berechnen, dass die Wahrscheinlichkeit für die Bildung zweier Keimzellen mit einer identischen Chromosomenausstattung bei 1 : 8 388 608 liegt. Die Wahrscheinlichkeit, dass aus zwei Schwangerschaften Geschwister mit identischen Erbinformationen geboren werden, liegt demnach bei etwa 1 : 64 Billionen.

In Wirklichkeit tritt dieses Ereignis jedoch nie ein. Denn während der ersten Reifeteilung ist ein Phänomen zu beobachten, das die Anzahl der möglichen Kombinationen der Erbanlagen in astronomische Höhen treibt.

Crossing-over. Analysiert man die Chromosomen in den Keimzellen, dann stellt man fest, dass die Zuordnung zur Mutter bzw. zum Vater in der Regel nicht eindeutig gelingt. Meist enthält ein Chromosom sowohl mütterliche als auch väterliche Erbinformationen. Die Ursache für diese Erscheinung ist mittlerweile recht gut bekannt.

Zu Beginn der ersten Reifeteilung ordnen sich die homologen Chromosomen nebeneinander an und bilden einen sehr engen Verbund. Nun kann im Lichtmikroskop beobachtet werden, dass sich die Nicht-Schwesterchromatiden von homologen Chromosomen überkreuzen. Dies ist ein Zeichen dafür, dass es zwischen diesen beiden Chromatiden zum *Austausch* eines Stücks *ihrer Erbsubstanz* gekommen ist. Dieser Vorgang wird als *Crossing-over* bezeichnet.

Die ausgetauschten Stücke entsprechen einander in Länge und Position innerhalb der Chromatiden. Welche Stücke ausgetauscht werden und wie lang sie sind, ist weitgehend dem Zufall überlassen. Durchschnittlich kann man beim Menschen in der ersten Reifeteilung zwei bis drei Crossing-over-Ereignisse pro homologem Chromosomenpaar beobachten.

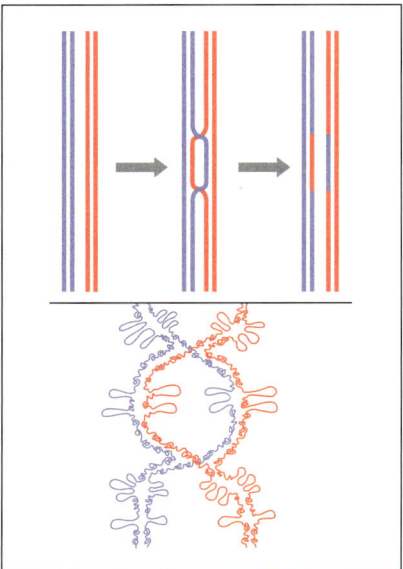

1 Schematische Darstellung des Crossing-over

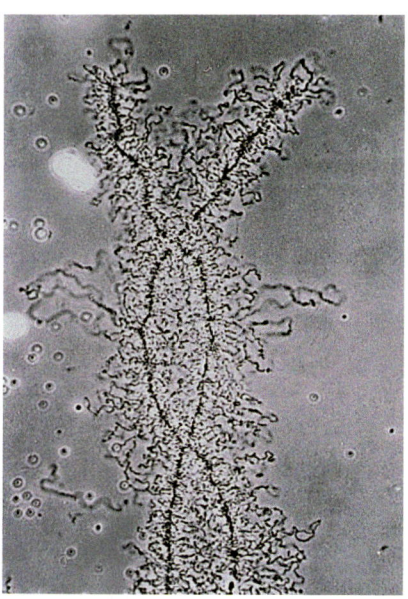

2 Crossing-over bei der Meiose (Chromosomen aus der Eizelle eines Molchs)

Das Ergebnis des Crossing-over sind intakte homologe Chromosomen, die jeweils ein Mosaik aus mütterlichen und väterlichen Erbinformationen darstellen.

Genetische Vielfalt. Die zufällige Verteilung der homologen Chromosomen und das Crossing-over während der ersten Reifeteilung führen dazu, dass *jede Keimzelle individuelle Erbinformationen besitzt*. Deshalb ist es noch nie vorgekommen, dass Eltern erbgleiche Nachkommen gezeugt haben. Eineiige Zwillinge, die aus einer befruchteten Eizelle entstehen, bilden eine Ausnahme. Die genetische Vielfalt bei Tieren und Pflanzen beruht auf denselben Prinzipien.

Aber worin liegt der Sinn dieser Vielfalt? Für das Überleben einer Tier- oder Pflanzenart ist es von Vorteil, wenn sie viele Varianten hervorbringt. Unterscheiden sich die Angehörigen einer Art voneinander, ist die Wahrscheinlichkeit groß, dass es stets Individuen mit einer Kombination von Eigenschaften gibt, die ihnen das Überleben auch unter veränderten Umweltbedingungen ermöglicht. So haben in Australien die Menschen mit einem dunklen Hauttyp bessere Überlebenschancen. Sie tragen ein geringeres Risiko, durch die starke ultraviolette Strahlung der Sonne an Hautkrebs zu erkranken.

Aufgaben

1 Kennst du weitere Umweltfaktoren, bei denen Träger bestimmter Merkmale im Vorteil sind?

2 Kinder sind ihren Eltern und Geschwistern ähnlich, sie unterscheiden sich aber auch von ihnen. Erkläre diese Beobachtung.

3 Eineiige Zwillinge besitzen das gleiche Erbgut. Begründe.

In Kürze

In der ersten Reifeteilung der Meiose werden die elterlichen Erbinformationen durch das Crossing-over und die zufällige Verteilung der homologen Chromosomen neu kombiniert. Dadurch wird eine große genetische Vielfalt erzeugt.

Vererbung des Geschlechts

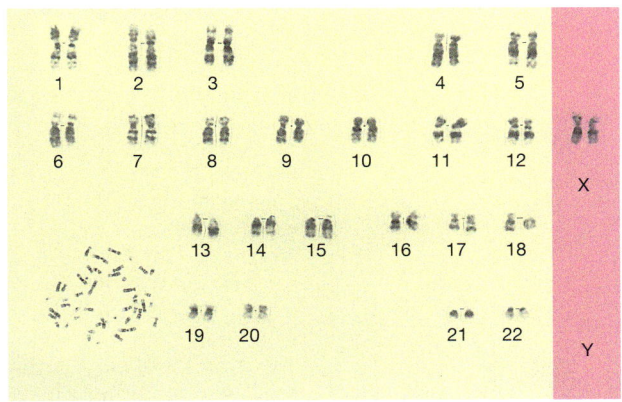

1 Karyogramm einer Frau

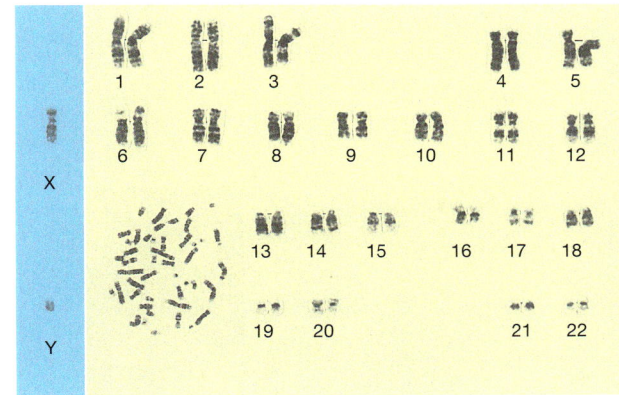

2 Karyogramm eines Mannes

Das Geschlecht prägt die gesellschaftliche Stellung. Es ist daher nicht verwunderlich, dass die Menschen schon früh versuchten hinter das Geheimnis der *Geschlechtsbestimmung* zu kommen. Am Ende des 17. Jahrhunderts zählte ein Gelehrter mehr als 250 Annahmen, Behauptungen und Lehren darüber auf. Nachdem zu Anfang des vergangenen Jahrhunderts die Chromosomen als Bestandteile des Zellkerns und als Träger der Erbanlagen erkannt waren, konnte auch die Vererbung des Geschlechts aufgeklärt werden. Man entdeckte, dass sich die Geschlechter bei vielen Lebewesen in ihrer Chromosomen-Ausstattung unterscheiden.

Geschlechtschromosomen. Fotografiert man speziell angefärbte Chromosomen, wenn sie während der Mitose am stärksten verkürzt sind, lassen sich aus dem Foto die Chromosomen ausschneiden und paarweise ordnen. Ein solcher geordneter Chromosomensatz heißt *Karyogramm*. Die Karyogramme von Frau und Mann zeigen 22 Paare homologer Chromosomen, auch *Autosomen* genannt, und jeweils zwei Geschlechtschromosomen oder *Gonosomen*. Die Autosomen sind bei beiden Geschlechtern gleich. Die Gonosomen bestimmen das Geschlecht. Beim Menschen und allen Säugetieren enthalten die Körperzellen im *weiblichen* Geschlecht *zwei homo-*

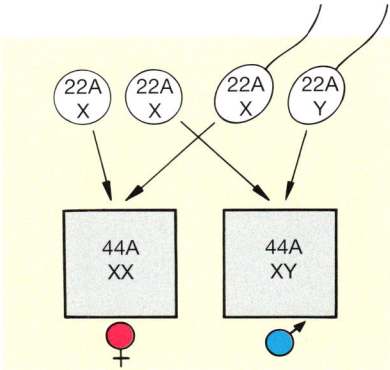

3 Geschlechtsbestimmung

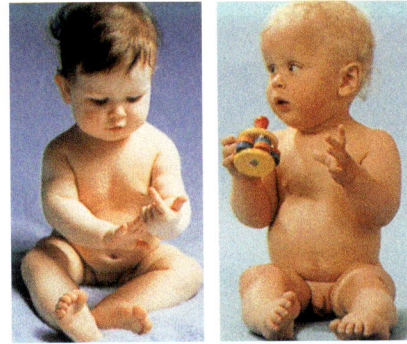

4 und 5 Ob Mädchen oder Junge steht schon seit der Befruchtung fest.

loge Gonosomen, die *X-Chromosomen*. Die Körperzellen im *männlichen* Geschlecht besitzen dagegen *ein X-* und ein zu diesem *nicht homologes Y-Chromosom*. Bei der Meiose werden nicht nur die Autosomenpaare, sondern auch die Gonosomen getrennt und auf die Geschlechtszellen verteilt: Neben einem Satz Auto- somen enthalten *Eizellen immer ein X-Chromosom, Spermien entweder ein X- oder ein Y-Chromosom.*

Geschlechtsbestimmung bei der Befruchtung. Vereinigt sich bei der Befruchtung eine Eizelle mit einem Spermium, das ein Y-Chromosom enthält, entwickelt sich aus der entstehenden Zygote ein Junge. Verschmelzen dagegen eine Eizelle und ein Spermium mit X-Chromosom, wird das Kind ein Mädchen. Da bei der Meiose gleich viele Spermien mit X- und mit Y-Chromosom entstehen, liegt auch das Geschlechterverhältnis bei etwa 1 : 1. Bereits bei der Befruchtung ist damit das *genetische Geschlecht* eines Kindes festgelegt.

Aufgaben

1 Die ersten drei Kinder eines Paares sind Jungen. Wie groß ist die Wahrscheinlichkeit, dass das nächste Kind ein Mädchen wird?

2 In manchen Kulturen darf ein Mann seine Frau verstoßen, wenn sie keine Söhne bekommt. Welche irrige Auffassung steckt dahinter?

In Kürze

Das genetische Geschlecht des Menschen wird bei der Befruchtung durch die Ausstattung mit Geschlechtschromosomen festgelegt.

Praktikum: Untersuchung der Erbsubstanz

Gewinnung von Erbsubstanz

Benötigt werden: frisches Kalbsbries, 3 kleine Bechergläser, Schere, Trichter, Wasser, Verbandsmull, Spülmittel.

Durchführung:
Zerteilt das Kalbsbries mit der Schere in einem Becherglas in Wasser in kleine Stückchen. Dann filtert ihr die Suspension mit einem Trichter, in den zuvor zwei Lagen Verbandsmull gelegt wurden. Überführt eine kleine Probe des Filtrats in ein weiteres Becherglas.

UV-Absorption

Benötigt werden:
Filtrat mit Erbsubstanz aus Versuch 1, Becherglas, Föhn, UV-Lampe (Wellenlänge: 260 nm), Pinsel, Filterpapier, Waschpulver.

Durchführung:
Verrührt 1 Esslöffel Waschpulver in $\frac{1}{2}$ Liter Wasser. Trocknet ein mit dieser Lösung getränktes Filterpapier mit dem Föhn. Tragt dann mit einem Pinsel Erbsubstanz in Form eines Symbols auf das Filterpapier auf und trocknet erneut.

Zerschneiden von Erbsubstanz

Benötigt werden:
20 ml Filtrat mit Erbsubstanz aus Versuch 1, stark verdünnte Essigsäure, pH-Indikator, 1 mg DNase in 1 ml MgCl$_2$-Lösung (0,25-molar) gelöst, 2 Büretten.

Durchführung:
Stellt das Filtrat mit der Essigsäure auf pH 7 bis 9 ein. Versetzt 10 ml des Filtrats mit der DNase. Die verbleibenden 10 ml bleiben unbehandelt. Überführt beide Proben jeweils in eine geschlossene Bürette.

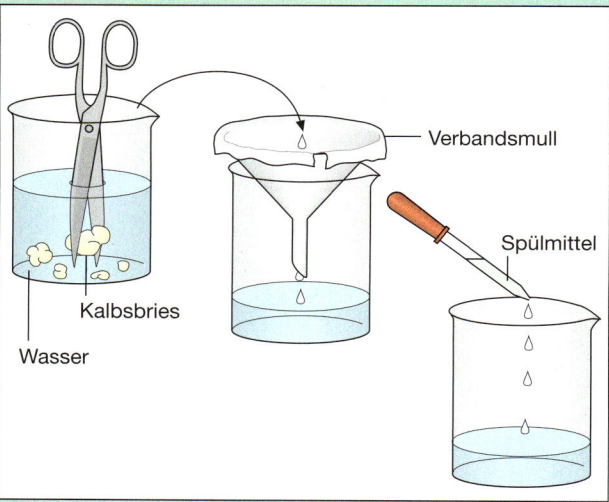

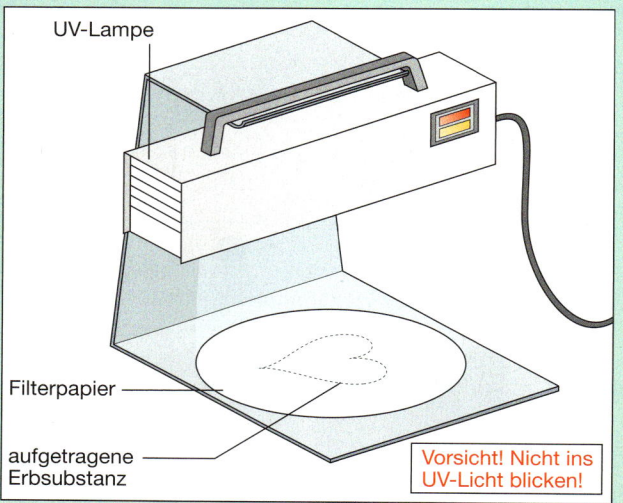

Vorsicht! Nicht ins UV-Licht blicken!

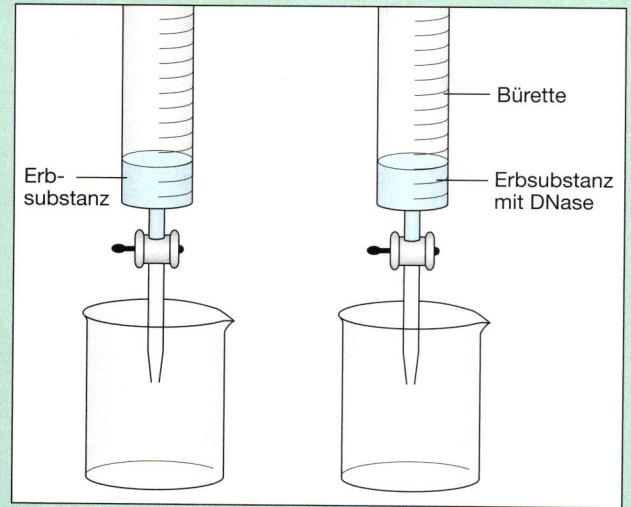

Zu dem verbleibenden Teil des Filtrats gebt ihr tropfenweise so lange Spülmittel, bis sich Farbe und Konsistenz deutlich ändern.
• Vergleicht die Farbe der Flüssigkeit vor und nach Zugabe des Spülmittels.
• Wie verändert sich die Konsistenz des Filtrats nach der Spülmittelzugabe?
• Das Spülmittel löst die Zell- und Kernmembranen auf und setzt so die Erbsubstanz frei. Auf welche Eigenschaft der Erbsubstanz lässt die Veränderung der Konsistenz schließen?

Setzt das Filterpapier dem UV-Licht aus.
• Beschreibt, wie das mit Erbsubstanz beschriebene Filterpapier im UV-Licht aussieht.
• Versucht eine Erklärung zu finden, weshalb die Bereiche, die mit Erbsubstanz bedeckt sind, im UV-Licht anders erscheinen als das übrige Filterpapier.
• UV-Strahlen sind sehr energiereich. Wie kann sich intensives Sonnenbaden daher auf die Erbsubstanz in deiner Haut auswirken? Welche Folgen sind denkbar?

Kennzeichnet beide Büretten eindeutig. Startet den Versuch, indem ihr sie zugleich öffnet.
• Vergleicht die Auslaufgeschwindigkeit der beiden Flüssigkeiten.
• Versucht eine Erklärung für die unterschiedlichen Auslaufgeschwindigkeiten zu finden.
• Gebt eine allgemeine Definition für „DNase".

Die DNA trägt die Erbinformation

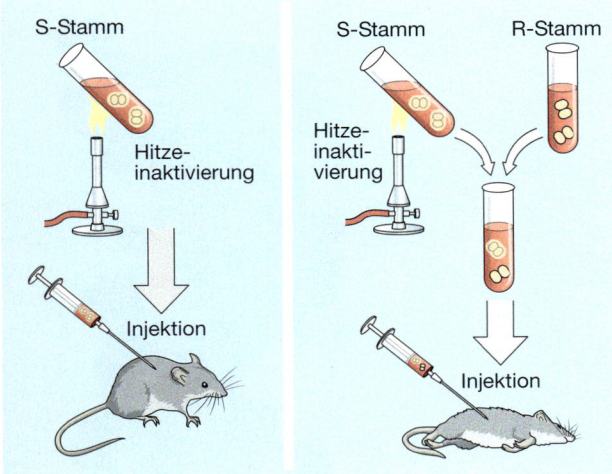

1 Versuche von Griffith 1928

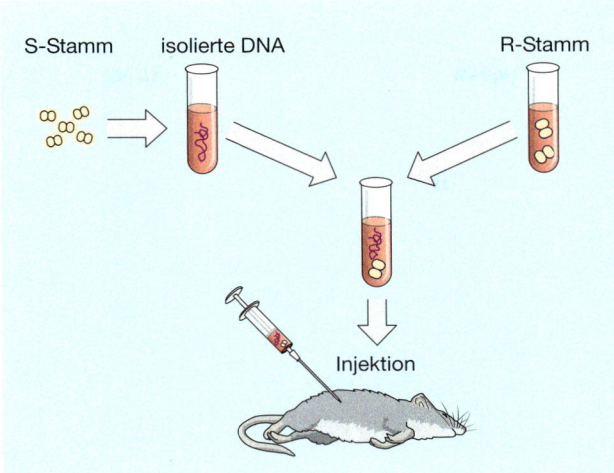

2 Versuch von Avery 1944

Frederick Griffith. Der englische Arzt Frederick Griffith forschte 1928 an den Ursachen der bakteriellen Lungenentzündung, die damals jedes Jahr Tausende von Todesopfern forderte. Ein kugelförmiges Bakterium, Streptococcus pneumoniae, verursacht die Erkrankung. Zwei Typen dieses Erregers waren bekannt. Der S-Typ bildet eine Schleimhülle um sich. Der R-Typ dagegen ist „nackt". Griffith kam in seinen ersten Experimenten mit Mäusen zu folgenden Ergebnissen:

- Mäuse überlebten die Infektion mit dem R-Typ.
- Die Infektion mit dem S-Typ war für Mäuse tödlich.
- Mäuse überlebten die Infektion mit S-Typ-Bakterien, die zuvor durch Abkochen abgetötet worden waren.

In einem weiteren Experiment infizierte Griffith Mäuse mit einer Mischung aus lebenden Bakterien vom R-Typ und toten Bakterien vom S-Typ. Die Mäuse starben. In ihrem Blut fand er lebende Bakterien vom S-Typ. Wie war dieses überraschende Ergebnis zu verstehen? Griffith interpretierte seine Beobachtungen so:

- Bakterien des S-Typs enthalten einen tödlichen Faktor, die des R-Typs nicht.
- Tote Bakterien des S-Typs können den Faktor nicht auf Mäuse übertragen, jedoch auf lebende Bakterien des R-Typs.
- Die R-Typ-Bakterien werden dadurch zu S-Typ-Bakterien umgewandelt oder *transformiert*.

Oswald Avery. Die Beobachtungen von Griffith gerieten in Vergessenheit, bis 1944 Oswald Avery, auf den Erkenntnissen von Griffith aufbauend, seine bahnbrechenden Experimente durchführte. Er wollte zusammen mit seinen Kollegen herausfinden, worum es sich bei dem tödlichen Faktor in den S-Typ-Bakterien handelt.

Dazu zerlegte er mithilfe biochemischer Methoden abgetötete S-Typ-Bakterien in den Eiweiß- oder Proteinanteil und in den Nucleinsäureanteil, der kurz DNA genannt wird. Nun mischte er lebende Bakterien des R-Typs einmal mit dem Protein-Anteil und einmal mit der DNA der S-Typ-Bakterien. Mit beiden Mischungen infizierte er Mäuse.

- Mäuse, die mit der Mischung aus Protein und R-Typ-Bakterien infiziert wurden, überlebten.
- Die Mäuse, die Avery mit der Mischung aus DNA und R-Typ-Bakterien infizierte, starben. In ihrem Blut konnte Avery S-Typ-Bakterien finden.
- Versetzte Avery die DNA-Mischung mit einem Stoff, der Nucleinsäuren zerstört, starben die mit der Mischung aus DNA und R-Typ Bakterien infizierten Mäuse nicht.

Avery hatte mit diesem Experiment eindeutig nachgewiesen, dass die DNA die Information für den tödliche Faktor trägt.

Dies ist gleichzeitig der Beweis, dass die DNA Träger der Erbinformationen ist. Die Information zur Herstellung der Schleimhülle wurde in die lebenden R-Typ-Bakterien übertragen. Diese bildeten nun Schleimhüllen und wurden zu tödlichen S-Typ-Bakterien transformiert.

Aufgaben

1 Beschreibe die Versuche von Griffith und Avery mit eigenen Worten.

2 Warum musste Avery Bakterien des R-Typs mit reiner DNA aus den Bakterien des S-Typs mischen, um zu beweisen, dass die DNA der Träger der Erbinformation ist?

DNA – der Stoff, aus dem die Gene sind

Alphabet des Lebens. Bei allen Lebewesen bestehen die Erbanlagen oder *Gene* aus *Desoxyribonukleinsäure*, kurz *DNS*. In der Fachsprache wird die englische Kurzbezeichnung *DNA* (von engl.: *deoxyribonucleic acid*) verwendet.

Die DNA ist ein fadenförmiges Riesenmolekül. Im Zellkern jeder menschlichen Körperzelle befinden sich 46 solcher Riesenmoleküle, deren Länge von 1,7 bis 8,5 Zentimetern reicht. Ihre Dicke beträgt jedoch nur 2 millionstel Millimeter. Je ein DNA-Molekül bildet zusammen mit *Eiweißmolekülen* einen Chromatinfaden. Die Eiweißmoleküle sind z. B. für die Bildung der Transportform der Chromosomen wichtig.

Die DNA ist aus nur vier verschiedenen Bausteinen, den *Nucleotiden*, zusammengesetzt. Jedes Nucleotid besteht aus einem *Zuckermolekül Desoxyribose*, einer *Phosphat-Gruppe* und einer der vier *Basen* Adenin (A), Cytosin (C), Guanin (G) oder Thymin (T).

Doppelstrang-Molekül. Wie sind die Nucleotide miteinander zu einem Riesenmolekül verbunden? Die Phosphat-Gruppe eines Nucleotids ist mit der Desoxyribose des nächsten Nucleotids über eine starke chemische Bindung verknüpft. Auf diese Weise entsteht eine langer Strang aus Millionen von Nucleotiden, deren Basen vom aus der Zucker-Phosphat-Kette gebildeten Rückgrat „abstehen".

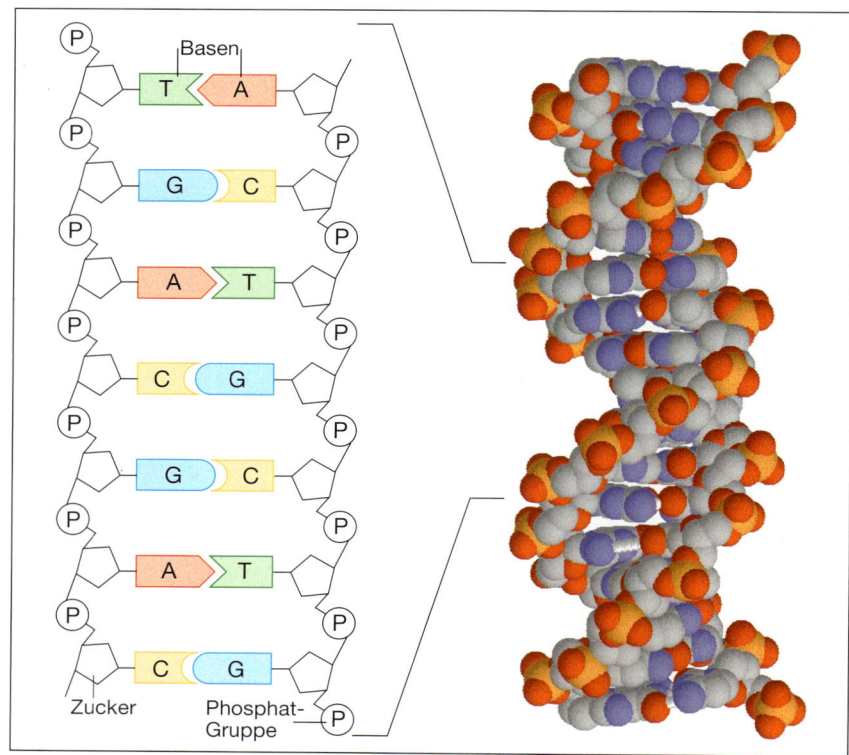

1 *Linearer und dreidimensionaler Aufbau eines DNA-Moleküls*

Ein zweiter, passgenauer Strang ergänzt den ersten Strang. Die Basen der *beiden Gegenstränge* sind einander zugewandt. Sie sind jeweils durch schwache chemische Bindungen miteinander verbunden. *Adenin* bildet dabei immer ein Paar *mit Thymin, Cytosin* immer *mit Guanin*.

Würde man den Bau der DNA mit einer Strickleiter vergleichen, entsprächen die Holme den Zucker-Phosphat-Ketten und die Sprossen den Basenpaaren. Um ein naturgetreueres Modell der DNA zu erhalten, müsste man jedoch ein Ende der Strickleiter festhalten und das andere drehen. Die beiden Stränge der DNA sind nämlich zusätzlich schraubig umeinander gewunden. Diese Form wird auch *Doppelhelix* (von griech. *helix:* Windung) genannt.

Wie ist die Erbinformation in der DNA gespeichert? Ein Gen entspricht einem DNA-Abschnitt, der über hundert, aber auch bis zu viele tausend Nucleotide lang sein kann.

In den „Holmen" der DNA wechseln sich stets Desoxyribose und Phosphat-Gruppe miteinander ab. Die Reihenfolge der Basen ist jedoch für jedes Gen unterschiedlich.

Die *Basen* bilden das „Alphabet des Lebens". Es besteht also nur aus vier Buchstaben, den Basen Adenin (A), Cytosin (C), Guanin (G) und Thymin (T). In ihrer *Reihenfolge* ist die gesamte Erbinformation eines Lebewesens verschlüsselt.

Da Gene aus zahlreichen Nucleotiden bestehen, gibt es für die Abfolge der Basen eine fast unbegrenzte Zahl an Möglichkeiten. Die DNA einer menschlichen Zelle umfasst etwa drei Milliarden Basenpaare. Würde man deren Reihenfolge aufschreiben, müsste man bei 6000 Buchstaben je Seite 1000 Bände mit je 500 Seiten füllen.

Identische Verdopplung. Vor jeder Zellteilung wird die Erbinformation kopiert. Eine menschliche Zelle benötigt dafür etwa acht Stunden. Was

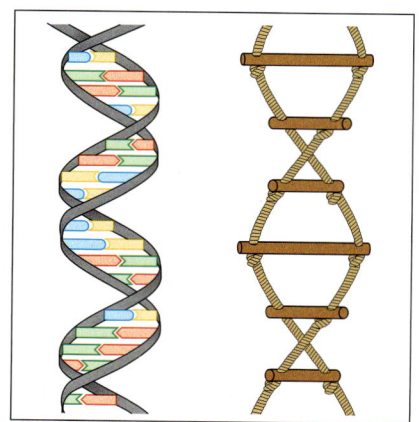

2 *DNA-Modell*

DNA – der Stoff, aus dem die Gene sind

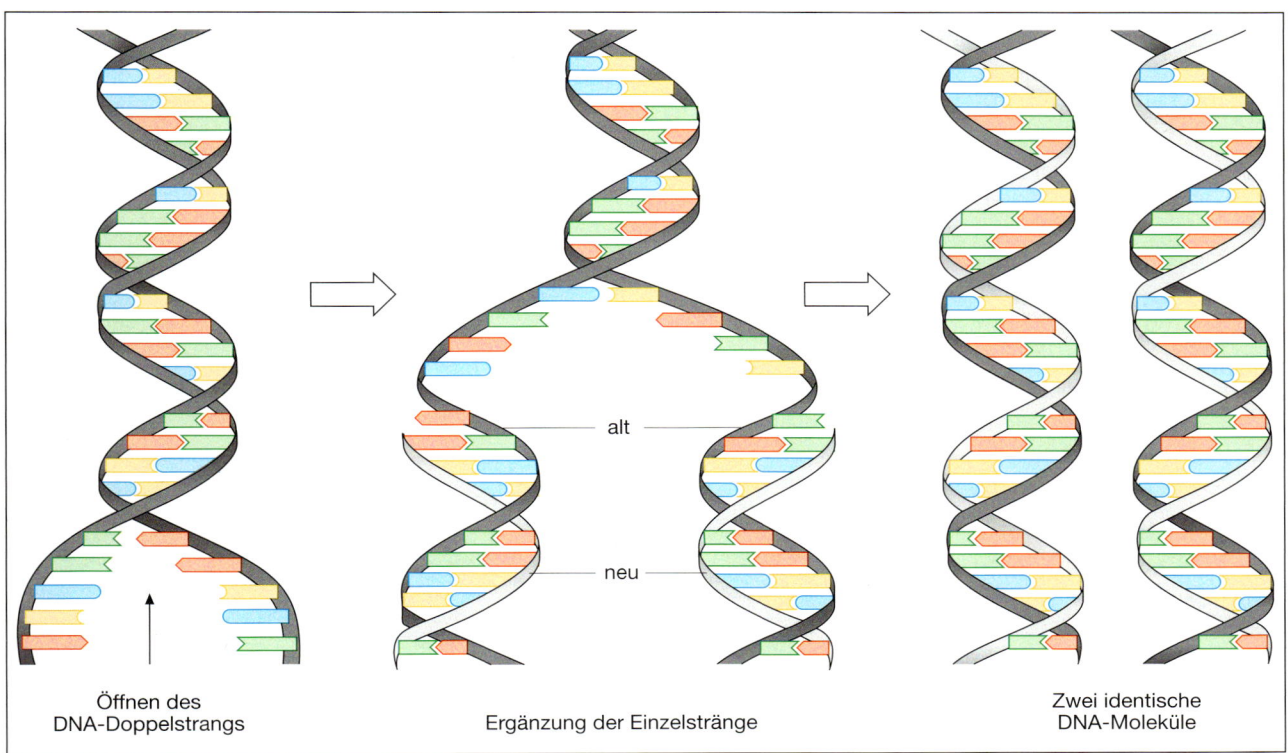

1 Die Verdopplung der DNA

eine Zelle dabei leistet, wird einem bewusst, wenn man bedenkt, man müsste die aufgeschriebene Reihenfolge der Basenpaare, 1000 Bücher, in dieser Zeit kopieren.

Der Kopiervorgang beginnt damit, dass der DNA-Doppelstrang ähnlich wie ein Reißverschluss geöffnet wird. Dies geschieht mithilfe eines Enzyms, einem Biokatalysator. Die schwachen chemischen Bindungen zwischen den Basen werden dabei gelöst.

Nun wird der Vorteil des Doppelstrangs offensichtlich. Jeder der Einzelstränge dient als Vorlage für die Bildung eines zweiten, exakt passenden Strangs. Dabei wird streng nach der Regel verfahren: Adenin wird mit Thymin, Cytosin mit Guanin ergänzt. Ist der neue Strang um ein Nucleotid verlängert, so bildet dessen Base mit dem passenden Gegenstück der Vorlage bald wieder schwache chemische Bindungen aus.

Aus der ursprünglichen DNA entstehen so zwei identische Kopien. *Jede der Kopien enthält einen Strang der ursprünglichen DNA und einen neuen Strang.*

Kopierfehler. Angesichts der hohen Geschwindigkeit, mit der die DNA in einer Zelle identisch verdoppelt wird, würde man sich über viele Kopierfehler nicht wundern. Solche Fehler könnten aber dazu führen, dass eine Tochterzelle wegen fehlerhafter Erbinformation frühzeitig abstirbt.

Tatsächlich passieren Fehler während des Kopierens recht häufig. So kann es beispielsweise vorkommen, dass ein Thymin auf dem Vorlagenstrang durch ein Cytosin auf dem neuen Strang ergänzt wird.

Offenbar erlaubt sich eine Zelle während des Kopiervorgangs solche Fehler zugunsten der Geschwindigkeit. Umso mehr überrascht das Ergebnis. Der Kopiervorgang liefert ein extrem präzises Resultat: In der Regel wird nur jedes milliardste Nucleotid falsch eingebaut. Wie ist dies zu erklären?

Heute weiß man, dass eine Zelle fehlerhafte DNA reparieren kann. Das heißt, dass noch während des Kopiervorgangs Fehler korrigiert werden. So wird eine hohe Kopiergeschwindigkeit und gleichzeitig eine große Genauigkeit erreicht.

Aufgaben

1 Vergleiche das „Alphabet des Lebens" mit unserer Buchstabenschrift. Gibt es Entsprechungen für Wörter, Sätze, Bücher und Bibliotheken?

In Kürze

Desoxyribonukleinsäure, kurz DNA, ist die Erbsubstanz aller Lebewesen. Sie besteht aus einem Doppelstrang und speichert die Erbinformation in der Abfolge von vier verschiedenen Basen.

Aus der Geschichte: Watson und Crick

1 Watson (li.) und Crick vor ihrem DNA-Modell

Francis Harry Compton Crick wurde am 8. Juni 1916 im britischen Northhampton geboren. Bereits in der Schule galt sein Interesse vor allem den Fächern Physik, Chemie und Mathematik. Später entdeckte er seine Leidenschaft für die Verbindung von Physik und Biologie. Er studierte beide Wissenschaften.

James Dewey Watson wurde am 6. April 1928 in Chicago geboren. Mit 15 Jahren begann er an der Universität von Chicago zu studieren und schloss nach vier Jahren sein Studium im Fach Zoologie ab.

Im Jahr 1952 lernten Crick und Watson sich am Cavendish Laboratory in Cambridge kennen. Sie wollten den Aufbau des DNA-Moleküls entschlüsseln und herausfinden, wie die Erbinformation weitergegeben wird. Durch die geniale Kombination der damaligen Erkenntnisse über die DNA – vor allem aus den wissenschaftlichen Arbeiten von Rosalind Franklin und Maurice Wilkins – entwickelten sie 1953 ein Modell des DNA-Moleküls. Es besagt, dass die DNA aus zwei umeinander gewundenen Strängen besteht, die durch paarweise angeordnete Basen miteinander verbunden sind.

1962 wurden Watson, Crick und Wilkins für ihre Arbeit mit dem Nobelpreis belohnt. Rosalind Franklin ging leer aus. Bis heute wird Watson vorgeworfen, dass er ihren Beitrag an der Strukturaufklärung der DNA nie öffentlich gewürdigt hat.

Molecular Structure of Nucleic Acids
A Structure for Deoxyribose Nucleic Acid (2nd April 1953)

We wish to suggest a structure for the salt of deoxyribose nucleic acid (D.N.A.). This structure has novel features which are of considerable biological interest.

A structure for nucleic acid has already been proposed by Pauling and Corey. They kindly made their manuscript available to us in advance of publication. Their model consists of three intertwined chains, with the phosphates near the fibre axis, and the bases on the outside. In our opinion, this structure is unsatisfactory […].

Another three-chain structure has also been suggested by Fraser (in the press). In his model the phosphates are on the outside and the bases on the inside, linked together by hydrogen bonds. This structure as described is rather ill-defined, and for this reason we shall not comment on it.

We wish to put forward a radically different structure for the salt of deoxyribose nucleic acid. This structure has two helical chains each coiled round the same axis (see diagram). […] The two chains (but not their bases) are related by a dyad perpendicular to the fibre axis. Both chains follow right-handed helices, but owing to the dyad the sequences of the atoms in the two chains run in opposite directions. […]

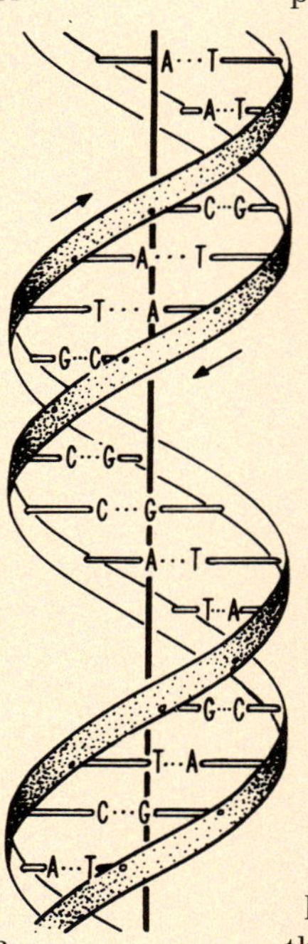

The novel feature of the structure is the manner in which the two chains are held together by the purine and pyrimidine bases. The planes of the bases are perpendicular to the fibre axis. They are joined together in pairs, a single base from the other chain, so that the two lie side by side. […]

One of the pair must be a purine and the other a pyrimidine for bonding to occur.

[…] it is found that only specific pairs of bases can bond together. These pairs are: adenine (purine) with thymine (pyrimidine), and guanine (purine) with cytosine (pyrimidine).

In other words, if an adenine forms one member of a pair, on either chain, then on these assumptions the other member must be thymine; similarly for guanine and cytosine. The sequence of bases on a single chain does not appear to be restricted in any way. However, if only specific pairs of bases can be formed, it follows that if the sequence of bases on one chain is given, then the sequence on the other chain is automatically determined. […]

It has not escaped our notice that the specific pairing we have postulated immediately suggests a possible copying mechanism for the genetic material. […]

Aufgaben

1 Watson: „Die Doppelhelix ist einfach. Man braucht nur wenige Neuronen, um sie zu begreifen. Im Grunde kann jedes Schulkind die Doppelhelix verstehen. Deshalb ist sie schön." Stimmst du zu? Begründe.

Medikamente gegen Aids

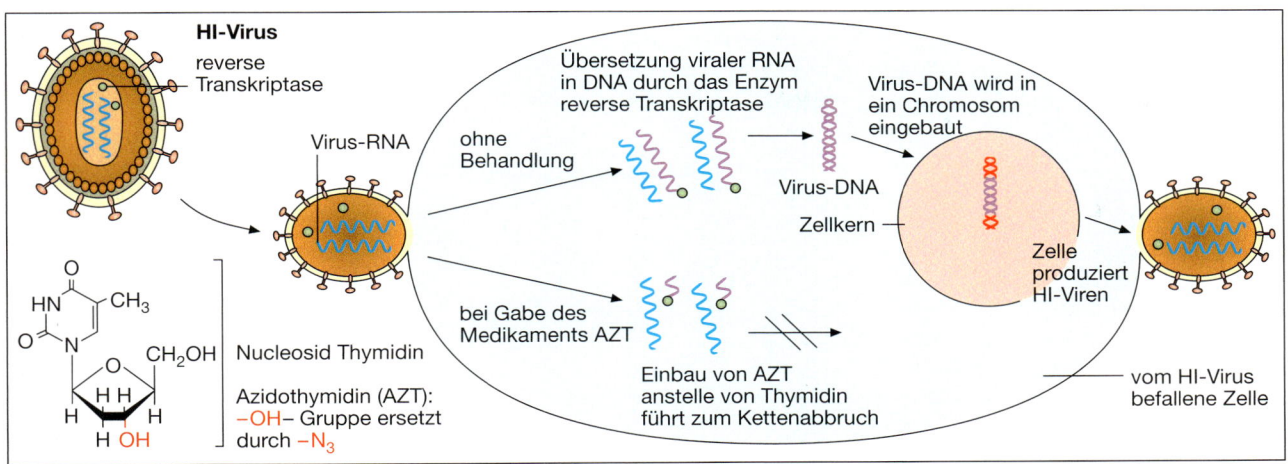

1 Das Medikament Azidothymidin (AZT) hemmt die Übersetzung der viralen RNA in DNA, indem es als Basen-Analogon die Base Thymidin ersetzt.

Ende 2004 lebten in Deutschland 44 000 mit dem HI-Virus infizierte Menschen. Seit den 1980er Jahren haben sich deren Lebensaussichten dank neuer Medikamente erheblich verbessert. So ist es möglich, das Virus über gewisse Zeiträume in Schach zu halten und den Ausbruch von Aids um einige Jahre zu verzögern. Die Krankheit ist jedoch bis heute nicht heilbar. Schutz vor einer Ansteckung mit HIV beim Geschlechtsverkehr bieten Kondome.

Retrovirus. Das HI-Virus speichert wie alle Retroviren seine Erbinformation in Form von *Ribonukleinsäure (RNA)*. Sie besteht wie die DNA aus Nucleotiden. Diese enthalten bei der RNA jedoch anstelle des Zuckers Desoxyribose den Zucker Ribose.

Um eine menschliche Zelle für die eigene Vermehrung umprogrammieren zu können, muss die *virale RNA in eine DNA übersetzt* werden. Letztere wird dann in ein Chromosom der befallenen Zelle eingebaut. Aufgrund dieses „*Rückwärtsflusses*" der Erbinformation erhielten Retroviren ihren Namen (lat. *retro:* rückwärts). Als DNA kann das virale Erbgut die Steuerung in der menschlichen Zelle übernehmen und die Produktion neuer Viren veranlassen.

Die Übersetzung. Hat das HI-Virus eine Zelle infiziert, werden die virale RNA und das Enzym *reverse Transkriptase* freigesetzt. Letzteres stellt mithilfe von in der Zelle bereits vorhandenen Nucleosiden (= Nucleotide vor dem Einbau in eine Nukleinsäure) einen DNA-Strang her. Dazu benutzt es die virale RNA als Vorlage. Die entstandene DNA ist bezüglich der Basen ein exaktes Gegenstück zur viralen RNA. Nun wird die einsträngige DNA durch einen genau passenden, also komplementären Gegenstrang ergänzt.

Das Ergebnis der Übersetzung ist eine doppelsträngige DNA, die das virale Vermehrungsprogramm trägt.

Der Trick. Biochemiker haben herausgefunden, dass die reverse Transkriptase in der Verwendung von Nucleosiden nicht wählerisch ist. Auch ein Nukleosid mit verändertem Zuckeranteil wird in den entstehenden DNA-Strang eingebaut. Die veränderte Struktur führt dazu, dass das Anhängen eines weiteren Nucleosids unmöglich wird. Der DNA-Strang kann nicht vervollständigt werden. Die Übersetzung der viralen RNA in DNA bricht ab.

Nach diesem Prinzip arbeiten bestimmte Medikamente, die *Nucleosid-Analoga*. Das sind Stoffe, die den Nucleosiden entsprechen, jedoch kleine Abweichungen in der chemischen Struktur besitzen. *Azidothymidin (AZT)* ist ein solches Basen-Analogon, das als Medikament gegen das HI-Virus eingesetzt wird.

Nebenwirkungen. Das menschliche Enzym, das an der DNA-Verdopplung beteiligt ist, ist in Bezug auf die Verwendung von Nucleosiden sehr viel wählerischer als die reverse Transkriptase. Es baut die falsche Komponente AZT 100-mal seltener in eine DNA ein. Diese Fehlerquote reicht jedoch leider aus, um auch die *Zellvermehrung* nicht infizierter Zellen zu *stören*.

Da HI-Viren schnell resistent werden, wird AZT immer in Kombination mit anderen Medikamenten verabreicht.

Aufgaben

1 Welche weiteren durch Viren verursachte Krankheiten werden mithilfe von Basen-Analoga behandelt? Recherchiere im Internet.

In Kürze

Für Aids gibt es noch keine Therapie, die zur Heilung führt. Mithilfe von Basen-Analoga wie AZT kann aber die Übersetzung der HI-Virus-Erbinformation gestört und die Virenvermehrung behindert werden. HIV-Infizierte gewinnen so wertvolle Lebensjahre.

Vom Gen zum Merkmal

Die einzigartige Kombination von Merkmalen, wie z. B. die Nasenform oder die Haarfarbe, macht uns zu Individuen. Als Hauptbestandteil der Chromosomen enthält die DNA in verschlüsselter Form die Anweisungen für die Ausbildung dieser Merkmale. Aber wie ist die Erbinformation verschlüsselt? Wie wird sie entschlüsselt und wie entstehen dann die uns eigenen Merkmale?

Proteine. Bau, Betrieb und Steuerung unseres Körpers werden durch Eiweißstoffe bestimmt. Sie werden auch als *Proteine* bezeichnet. Zehntausende verschiedene Proteine sind im menschlichen Körper zu finden, jeweils in milliardenfacher Anzahl. Sie sind aus einzelnen, kettenförmig angeordneten Bausteinen, den *Aminosäuren,* zusammengesetzt.

Für den Proteinaufbau stehen 20 verschiedene Aminosäuren zur Auswahl, die jeweils mehrfach verwendet werden können. Voneinander verschiedene Proteine unterscheiden sich in der Reihenfolge und/oder Anzahl ihrer Aminosäuren.

Der genetische Code. In einem bestimmten Abschnitt der DNA ist durch die Reihenfolge der Basen festgelegt, welche Aminosäuren in einem speziellen Protein enthalten sind und in welcher Reihenfolge sie miteinander verknüpft werden. Dieser Abschnitt der DNA wird als *Gen* bezeichnet.

Das genetische Alphabet hat nur vier Buchstaben: die Basen Adenin, Thymin, Guanin und Cytosin. Würde je einer dieser Buchstaben für eine Aminosäure stehen, könnten nur vier (4^1), bei zwei Buchstaben nur 16 (4^2) Aminosäuren kodiert werden. Drei Basen bieten jedoch genügend Kombinationsmöglichkeiten ($4^3 = 64$) für die Kodierung von 20 Aminosäuren. Tatsächlich wird jede Aminosäure auf der DNA durch drei aufeinander folgende Basen beschrieben. Jedes *Basentriplett* ist also für eine Aminosäure typisch.

Das Beispiel eines Proteins aus der Gruppe der Endorphine, das wahr-

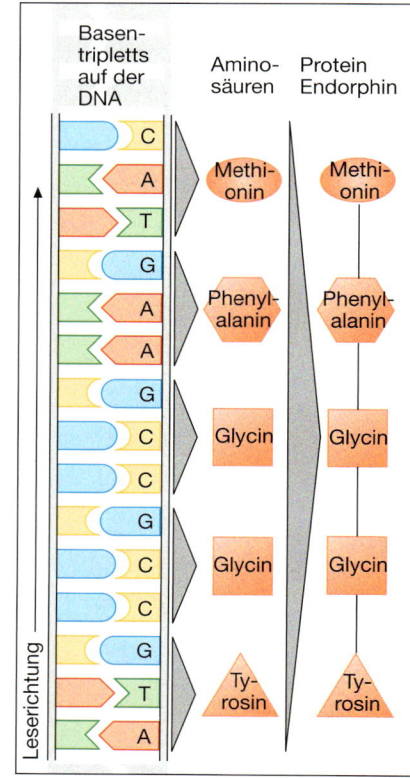

1 Synthese des Proteins Endorphin

scheinlich die Weiterleitung von Schmerzimpulsen im Zentralnervensystem hemmt, veranschaulicht das Prinzip. Seine Aminosäurenkette ist nur fünf Kettenglieder lang. Die Art der Aminosäuren und ihre Reihenfolge ist auf der DNA in fünf unmittelbar aufeinander folgenden Basentripletts verschlüsselt.

Der *genetische Code,* also die Bedeutung der einzelnen Basentripletts, ist mit kleinen Abweichungen für alle Lebewesen gültig. Dies ist ein hervorragender Beleg für die Theorie vom gemeinsamen Ursprung aller Lebewesen. In den Milliarden Jahren der Entwicklung von der ersten Zelle bis zur Vielfalt der heutigen Flora und Fauna wurde der genetische Code beibehalten.

Synthese eines Proteins. Bei allen Organismen, deren Zellen einen *Zellkern* besitzen, enthält dieser die Baupläne für die Proteine in Form von *DNA.* Die Bausteine der Proteine, die *Aminosäuren,* befinden sich jedoch außerhalb des Zellkerns im *Zellplasma.* Auch die *Ribosomen* befinden sich dort. Sie sind „Fabriken", mit deren Hilfe die Baupläne entschlüsselt und die Aminosäuren zu Proteinen verknüpft werden.

Um diese räumliche Trennung zu überwinden, wird im Zellkern zunächst eine *Kopie des gewünschten DNA-Abschnitts* erstellt.

Für jedes Gen dient jeweils nur einer der beiden DNA-Stränge als Vorlage. Die Abschrift besteht nicht aus DNA, sondern aus *Ribonukleinsäure (RNA).* Es handelt sich um ein einsträngiges Molekül, das ebenfalls aus Nucleotiden aufgebaut ist. Diese enthalten statt der Desoxyribose Ribose als Zuckerbaustein. Zudem ersetzt die Base Uracil die Base Thymin.

Soll ein bestimmtes Gen abgelesen werden, lagern sich die Nucleotide der RNA nach den Gesetzen der *Basenpaarung* (vgl. S. 22) an dem DNA-Strang an und bilden somit einen *komplementären RNA-Strang.*

Man nennt diesen Vorgang *Transkription*. Die RNA kann den Zellkern durch die Kernporen verlassen und so den Proteinbauplan zu den Ribosomen transportieren. Sie wird deshalb auch *mRNA* (von engl. *messenger:* Bote) genannt.

Im Zellplasma wird die auf der mRNA in der Reihenfolge der Nucleotide gespeicherte Information nun in eine andere Sprache, und zwar in eine bestimmte Reihenfolge von Aminosäuren übersetzt. Dieser Vorgang wird deshalb auch als *Translation* bezeichnet.

Die verschiedenen Aminosäuren sind jeweils einzeln an eine andere RNA-Sorte, und zwar die so genannten *tRNAs* (von engl. *transfer:* hinübertragen) gebunden. Mit ihrer Hilfe gelangen die Aminosäuren zu den Ribosomen. Die tRNAs sind nicht alle gleich. Sie tragen ein *Basentriplett,* das für die an sie geknüpfte Aminosäure charakteristisch ist. Außerdem bildet dieses Basentriplett nach den Regeln der Basenpaarung das Gegen-

Vom Gen zum Merkmal

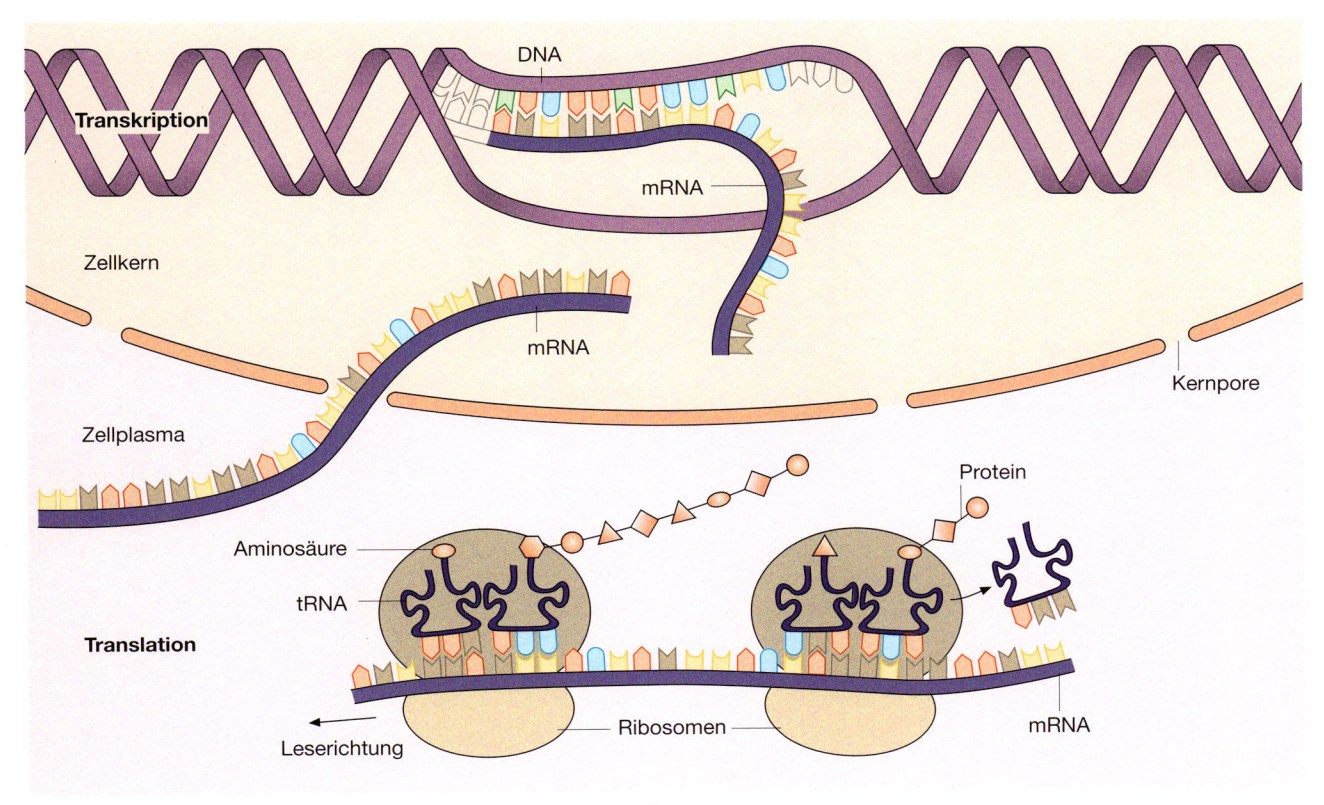

1 Vereinfachtes Schema des Wegs von der DNA zum Protein

stück zu dem Basentriplett auf der mRNA, das die Information für diese Aminosäure enthält. tRNAs übersetzen die „Sprache" der Nukleotide in die „Sprache" der Aminosäuren. Sobald sich die mRNA mit dem Ribosom zu einer funktionstüchtigen Einheit verbunden hat, wird mit der Verknüpfung der einzelnen Aminosäuren zu einem Protein begonnen. Dabei wandert das Ribosom in einer festgelegten Richtung über die mRNA.

Jedes Ribosom besitzt Bindungsstellen für zwei tRNAs. Docken dort zwei tRNAs mit zur mRNA passenden Basentripletts nebeneinander an, kann das Ribosom die beiden Aminosäuren miteinander verknüpfen. Sobald die Aminosäuren verbunden wurden, verlässt die entladene tRNA das Ribosom und sucht sich im Zellplasma eine neue Aminosäure. Das Ribosom wandert um ein Basentriplett auf der mRNA weiter und bietet somit wieder Platz für eine neue tRNA.

Dieser Vorgang wiederholt sich, bis die Information der mRNA vollständig übersetzt und der gesamte Bauplan für ein Protein abgelesen wurde. Damit in kurzer Zeit große Mengen eines Proteins hergestellt werden können, wandern mehrere Ribosomen hintereinander über dieselbe mRNA.

Die fertigen Proteine können nun ihre Aufgaben in der Zelle ausüben.

Menschen unterscheiden sich hinsichtlich ihrer Gene und damit auch in ihrer Protein-Ausstattung. Da die Proteine erheblichen Einfluss auf den Bau und die Steuerung des Körpers haben, sind durch sie die äußerlich sichtbaren Unterschiede bedingt.

2 tRNA

Aufgaben

1 Der menschliche Körper kann keine Aminosäuren herstellen. Woher bekommen wir die nötigen Aminosäuren für die Proteinsynthese?

2 Warum wird für die Proteinsynthese eine Abschrift des Gens verwendet und nicht das Original?

In Kürze

Gene sind Baupläne für Merkmale. Abschriften dieser Baupläne, die mRNAs, werden in das Zellplasma transportiert. Dort werden an den Ribosomen die darin verschlüsselten Proteine gebaut. Die tRNAs übersetzen dabei die „Nucleotid-Sprache" in die „Aminosäure-Sprache".

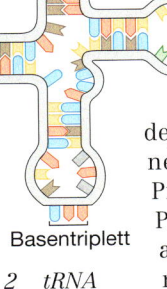

Merkmale sind veränderlich: Modifikation

Wenn wir uns im Sommer im Freien aufhalten, bildet unsere Haut vermehrt Pigmente und färbt sich dunkler. Die stärkere Pigmentierung ist eine Schutzreaktion gegen die ultraviolette Strahlung der Sonne. Bei Bergsteigern, die sich zwei bis drei Wochen in Höhen über 4000 Meter aufhalten, nimmt die Zahl der roten Blutkörperchen um 20 bis 25 % zu. So stellt sich ihr Körper auf das geringe Sauerstoffangebot ein, das die dünne Luft in großer Höhe bewirkt.
Modifikation. Offensichtlich wird die Ausprägung der Merkmale durch die Gene nicht starr festgelegt, sondern kann innerhalb bestimmter Grenzen von der Umwelt beeinflusst werden. Solche umweltbedingten, nicht erblichen Merkmalsveränderungen nennt man *Modifikationen*.
Wie sehr sich einzelne Merkmale durch Umwelteinflüsse modifizieren lassen, ist sehr unterschiedlich: *Umweltstabile Merkmale* wie die Blut-

1 Helle und sonnengebräunte Haut

gruppen oder die Hautleisten der Fingerkuppen werden weitgehend unabhängig von Umwelteinflüssen ausgeprägt. *Umweltlabile Merkmale* wie das Körpergewicht sind dagegen in hohem Maß durch die Umwelt modifizierbar. Ihre Gene zeichnen sich durch eine *weite Reaktionsnorm* auf unterschiedliche Lebensbedingungen aus. Sie räumen also der Umwelt großen Einfluss auf die Merkmalsbildung ein. Doch auch bei umweltlabilen Merkmalen setzen die Gene der Veränderlichkeit Grenzen.
Die *meisten Modifikationen* zeigen zwischen den verschiedenen Merkmalsausprägungen *fließende Übergänge*, entsprechend den gradweise abgestuften Wirkungen der Umwelteinflüsse. So wird z. B. die Ausbildung der Baumkrone je nach Lichtmenge mehr zur Licht- oder mehr zur Schattenform hin verändert. Es gibt aber auch *umschlagende Modifikationen*. Die verschiedenen Ausprägungen können so unterschiedlich sein, dass sie Alternativmerkmale mit unterschiedlichen Genotypen vortäuschen. Sie entstehen dann, wenn ein bestimmter Umweltfaktor die Wirkung von Genen „an-" oder „abschalten" kann. So bewirkt beispielsweise der Faktor Tageslänge die beiden stark voneinander abweichenden Formen des *Landkärtchens*, eines einheimischen Tagfalters.

2 und 3 Frei stehende Buche und Buchen im Bestand

Aufgaben

1 Betrachte die Buchen auf den Bildern 2 und 3. Nenne Unterschiede in ihrer Wuchsform. Wodurch werden sie verursacht?

2 Sammle Licht- und Schattenblätter eines Baums und vergleiche.

3 Erläutere, welche Lebensbedingungen das Körpergewicht des Menschen beeinflussen.

In Kürze

Die Merkmale eines Lebewesens entstehen durch Wechselwirkung von Genen und Umwelt. Für viele Merkmale setzen die Gene nur den Rahmen, innerhalb dessen die Umwelt die Merkmalsausprägung steuert – sie geben also die Reaktionsnorm vor. Umweltbedingt veränderte, nicht erbliche Merkmale bei gleicher Genausstattung nennt man Modifikationen.

4 und 5 Frühjahrsform (oben) *und Sommerform des Landkärtchens*

Praktikum: Modifikationen

Linkshänder oder Rechtshänder?

Ist die Bevorzugung einer Hand genetisch festgelegt oder spielt die Erziehung eine Rolle? Teste selbst.
Benötigt werden:
Papier, Filzstift, Bleistift, Stoppuhr, Kopierer.

Durchführung:
Notiere die Zahl der Linkshänder in der Klasse. Zeichne ein Gitter von 100 Quadraten mit je 1 cm Länge. Kopiere das Blatt für jeden Mitschüler zweimal. Teste alle nacheinander.

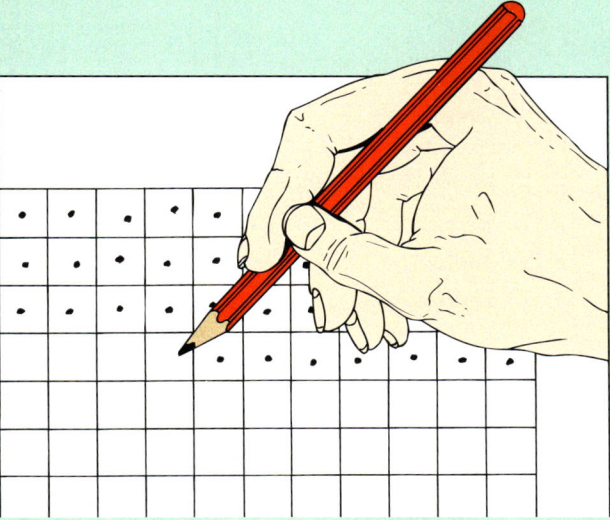

Die Versuchsperson hat die Aufgabe, in jedes Quadrat so schnell wie möglich mit dem Bleistift einen Punkt zu setzen. Sie soll die erste Reihe von links nach rechts, die zweite von rechts nach links bearbeiten und so weiter.
Der Versuch wird erst mit der rechten, dann mit der linken Hand (zweites Blatt!) durchgeführt und die Zeit jeweils gestoppt.
• Wie viele Personen sind mit der linken Hand schneller? Vergleiche mit der Zahl der Linkshänder. Erkläre.

Länge von Bohnensamen

Benötigt werden:
mindestens 200 Bohnensamen derselben Sorte, Lineal, mehrere gleich große Reagenzgläser im Haltegestell oder Messzylinder, Heft, Schreibgerät.

Durchführung:
Die Bohnensamen werden zwischen den einzelnen Schülern oder Arbeitsgruppen aufgeteilt. Jede Gruppe misst die Länge aller ihrer Samen auf 1 mm genau und bestimmt die Zahl der Samen in jeder Längenklasse.

(Samen gleicher Länge bilden eine Klasse.) Aus den Zahlen aller Arbeitsgruppen wird ein Säulendiagramm erstellt:
x-Achse: Samenlänge,
y-Achse: Anzahl.
Die Samen einer Längenklasse werden jeweils in einem beschrifteten Reagenzglas gesammelt. Ordnet man die Gläser nach der Samenlänge, ergibt sich ein Bild, das dem Säulendiagramm entspricht.
• Interpretiert das Diagramm.
Hinweis: Bohnen einer Sorte sind reinerbig.

Modifikationen bei Buntnesselblättern

Benötigt werden:
je eine buschig verzweigte Topfpflanze der Buntnessel von zwei deutlich verschiedenen Sorten, Blumenerde-Sand-Mischung (etwa 1:1), mehrere kleine Blumentöpfe, eventuell ein großes, leeres Aquarium als Anzuchtkasten, Messer.

Durchführung:
Von jeder Mutterpflanze werden 10 Stecklinge angezogen. Dazu schneidet man mit dem Messer Triebspitzen mit

4 bis 6 Blättern unmittelbar unter einem Stängelknoten ab. Die erbgleichen Stecklinge kommen einzeln in Blumentöpfe mit feuchter Erde-Sand-Mischung. Wenn die Stecklinge nach drei Wochen Wurzeln und neue Blätter bilden, werden einige Töpfe sonnig, die anderen schattig aufgestellt.
• Vergleiche nach mehreren Wochen die Pflanzen hinsichtlich Wuchsform, Blattform, Blattrand und Blattfärbung. Zeichne dazu typische Blätter.
• Deute das Ergebnis.

Polymerase-Kettenreaktion

Im Jahr 1984 war der amerikanische Chemiker Kary Banks Mullis mit seiner Frau in den Bergen Kaliforniens unterwegs. Während der Autofahrt durch die Nacht ging ihm das Problem der Vermehrung von DNA im Reagenzglas durch den Kopf. Häufig konnten verschiedene Untersuchungen nämlich nicht durchgeführt werden, weil die Erbsubstanz im Ausgangsmaterial in zu geringen Mengen vorlag. Einige Biochemiker und Mediziner hatten sich bereits dieser Thematik gewidmet. Sie waren bisher jedoch stets gescheitert.

In Gedanken spielte Mullis mit Molekülen, baute sie wieder und wieder zusammen. Plötzlich hatte er einen Geistesblitz. Er hielt an, kritzelte die Lösung des Problems auf einen Notizzettel und verstaute diesen im Handschuhfach. „Erst wollte ich gar nicht glauben, dass noch niemand diese einfache Idee gehabt hatte … aber wenn das alles so stimmt, dann musste ich mit dieser Idee den Nobelpreis bekommen."

In jener Nacht hatte Mullis eine Methode erfunden, die es ermöglicht, ein Stück DNA nahezu beliebig oft zu kopieren. Man bezeichnet sie als Polymerase-Kettenreaktion.

Polymerase-Kettenreaktion. Die künstliche Vervielfältigung einer DNA durch die *Polymerase-Kettenreaktion* oder *PCR* (von engl. polymerase chain reaction) ähnelt in vielen Schritten dem natürlichen Kopiervorgang bei der Verdopplung eines DNA-Strangs vor der Zellteilung.

Die Reaktion läuft in drei Schritten ab: *Denaturierung, Hybridisierung* und *Polymerisation*. Die Teilschritte bilden einen *Temperaturzyklus,* der mehrfach wiederholt wird.

Alle notwendigen Reagenzien werden vor dem Start in ein Reaktionsgefäß gegeben. Dies sind zwei Arten von *Startermolekülen,* alle vier *DNA-Nucleotide* und das Enzym *Polymerase.* Es sorgt für die Verknüpfung von Startmolekülen und Nucleotiden.

Denaturierung. Durch Erhitzen auf Temperaturen von etwa 90 bis 100 °C

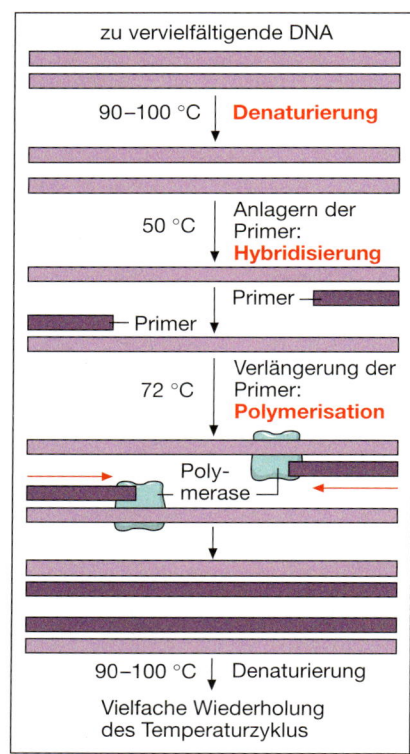

1 Verlauf der Polymerase-Kettenreaktion

werden die schwachen Bindungen zwischen den Basen getrennt. Die zu kopierende, doppelsträngige DNA wird auf diese Weise in ihre Einzelstränge zerlegt. Dies bezeichnet man als *Denaturierung.*

Hybridisierung. Im Reaktionsgemisch befinden sich künstlich hergestellte, kurze DNA-Stücke, die so genannten *Primer.* Sie passen mit ihrer Basenfolge zu einem speziellen Teilstück eines DNA-Einzeltrangs. Dieses Teilstück wurde so ausgewählt, dass es an den zu kopierenden DNA-Abschnitt grenzt.

Die Basenabfolge, an die die Primer sich anlagern sollen, muss also zuvor bekannt sein, nicht jedoch die des zu vervielfältigenden Bereichs.

Um den Kopiervorgang an den beiden komplementäre Einzelsträngen eines DNA-Moleküls starten zu können, setzt man ein gegenläufig orientiertes Primerpaar ein.

Für den beschriebenen Vorgang wird das Reaktionsgemisch auf etwa 50 °C abgekühlt. Nur so können die Primer an die DNA-Einzelstränge binden, also *hybridisieren.* Jeder Einzelstrang besitzt schließlich einen kurzen doppelsträngigen Bereich, der als Startpunkt für die Bildung des zweiten, zu ergänzenden Strangs dient.

Polymerisation. Im dritten Schritt werden die Primer mithilfe des Enzyms *Polymerase* verlängert. Es verknüpft die im Reaktionsgemisch vorliegenden DNA-Nucleotide zu einem komplementären Gegenstrang. Diesen Vorgang nennt man *Polymerisation.* Da das Enzym bei einer Temperatur von etwa 72 °C am besten arbeiten kann, wird das Reaktionsgemisch auf diesen Wert erhitzt.

Wiederholung des Temperaturzyklus. Ist die Polymerisation beendet, wird die DNA wieder denaturiert. Der Prozess beginnt von vorne. Nach 20 Wiederholungen ist die DNA für viele Untersuchungen ausreichend oft kopiert. Mit modernen Geräten benötigt man dafür ungefähr zwei Stunden.

Zunächst hatte die Fachwelt die Bedeutung von Kary Mullis' Entdeckung nicht erkannt. Erst 1993, neun Jahre nach der Veröffentlichung seiner Idee, erhielt er den Nobelpreis für Medizin.

Aufgaben

1 Ein DNA-Doppelstrang wird mithilfe der PCR vervielfältigt. Wie viele Kopien liegen nach 30 Wiederholungen vor?

In Kürze

Die Polymerase-Kettenreaktion oder PCR ist eine biochemische Methode, mit der man kleinste DNA-Mengen auf einfache Weise vervielfältigen kann. Diese Vervielfältigung geschieht in Temperaturzyklen, die sich in die Schritte Denaturierung, Hybridisierung und Polymerisation gliedern.

Das Human-Genom-Projekt

Die Kenntnis unserer gesamten Erbinformation, des so genannten *menschlichen Genoms,* verspricht, die Medizin auf eine völlig neue Grundlage zu stellen, weil dadurch Ansätze für Vorbeugung, Diagnose und Behandlung von genetisch bedingten Krankheiten ermöglicht werden.

Die Herausforderung. Das menschliche Erbgut zu entschlüsseln bedeutete zunächst herauszufinden, wie die Reihenfolge oder Sequenz der drei Milliarden Basen in der menschlichen DNA lautet. Eine gewaltige Aufgabe, wenn man bedenkt, dass noch 1990 ein Wissenschaftler an einem Tag im Idealfall die Reihenfolge einiger hundert Basen bestimmen konnte. Hinzu kommt, dass das menschliche Genom mehrfach sequenziert werden muss, um mit ausreichender Sicherheit die Basenabfolge bestimmen zu können. Aufgeschrieben füllt diese 1000 Bände mit je 500 Seiten bei 6000 Buchstaben je Seite. Die Reihenfolge der Buchstaben alleine ergibt jedoch noch keinen Sinn. Die Genetikerin Betsy Dyer vom Wheaton College in den USA beschreibt das so: „Stellen Sie sich das gesamte Werk von Shakespeare vor, ohne Leerzeichen zwischen den Wörtern. Sie kennen weder die Grammatik, noch sind Sie des Englischen mächtig. Es dauert Jahrzehnte, bis Sie es verstehen." In einem zweiten Schritt müssen die Wissenschaftler also erforschen, wie der Buchstabenlindwurm zu lesen ist: Sie müssen herausfinden, wo Gene beginnen, wo sie enden und welche Bedeutung sie für den menschlichen Organismus besitzen.

HUGO. Im Oktober 1990 wurde die *Human Genome Organization (HUGO)* gegründet. Ausgestattet mit etwa drei Milliarden US-Dollar, hatte sich HUGO das ehrgeizige Ziel gesetzt, das menschliche Erbgut bis zum Jahr 2005 vollständig zu entschlüsseln. Damit ist das *Human-Genom-Projekt (HGP)* das größte Vorhaben, das jemals in der Biologie begonnen wurde. Staatliche Forschungseinrichtungen aus Großbritannien, Frankreich, Deutschland, Japan, China und den USA haben sich für diese Aufgabe zusammengetan.

Zunächst bedurfte es der Verbesserung der Untersuchungsmethoden. Wurde früher noch mühsam per Hand sequenziert, arbeiten heute Sequenzierroboter rund um die Uhr. So kann pro Tag die Reihenfolge von über einer Million Basen bestimmt werden. Die dabei anfallende enorme Datenflut kann nur mithilfe spezieller Computerprogramme bewältigt werden. Sie bieten zudem vielfältige Möglichkeiten, anhand bestimmter Kriterien in der Basensequenz Gene zu suchen, zu vergleichen und deren Funktion zu bestimmen.

Celera. 1998 gründete Craig Venter, ehemaliger HGP-Forscher, mit einer Gruppe von Wissenschaftlern die Firma *Celera Genomics* und schockte die Wissenschaftler von HUGO mit der Ankündigung, schneller mit der Entschlüsselung fertig zu sein. Mit dem massiven Einsatz von Hochleistungscomputern unter Verwendung der öffentlich zugänglichen Ergebnisse des HGP und mithilfe weniger genauer, jedoch schnellerer Methoden ging Celera ans Werk. Venter wollte vor den HGP-Forschern Gene finden, welche die Heilung verschiedenster Krankheiten versprechen und damit von großer wirtschaftlicher Bedeutung sind. HUGO und Celera lieferten sich fortan ein hartes Wettrennen um die Entschlüsselung des menschlichen Genoms.

Wem gehören die Gene? Mit dem Besitz von Patenten an Genen können Milliardensummen verdient werden. Ventors Ziel, sich die Rechte an menschlichen Genen zu sichern, heizte die Diskussion über die Patentierbarkeit der menschlichen Einzigartigkeit an. Kritiker sagen, Gene kann man finden, aber nicht erfinden, und lehnen die Vergabe von Patenten deshalb ab. Mittlerweile ist diese Frage geregelt, in den USA allerdings etwas anders als in Europa.

Entschlüsselt. Am 26. Juni 2000 gaben Vertreter des Human-Genom-Projekts und des Unternehmens Celera Genomics gemeinsam im Weißen Haus zusammen mit Bill Clinton, dem damaligen Präsidenten der USA, die Entschlüsselung des menschlichen Genoms bekannt.

1 Craig Venter vor seinen Sequenzierrobotern

Aufgaben

1 Vergleiche die Regelung für die Vergabe von Patenten an Genen in Europa und in den USA. Recherchiere dafür im Internet.

Teste dein Grundwissen ...

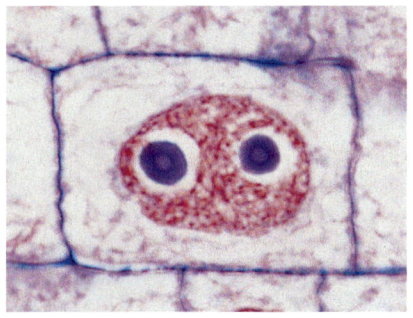

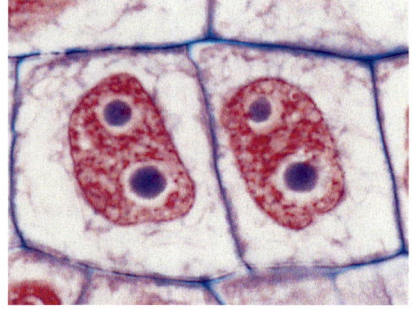

1 und 2 Zellen im Lichtmikroskop

1 Die Bilder 1 und 2 wurden zeitlich versetzt aufgenommen.
a Beschreibe die Vorgänge, die zwischen Bild 1 und Bild 2 liegen.
b Handelt sich um eine Mitose oder um eine Meiose? Begründe.
c Wodurch unterscheidet sich die Meiose beim Mann von der Meiose bei der Frau?
d Warum erzeugen menschliche Keimdrüsen eigentlich nie identische Keimzellen?

Auf den Punkt gebracht

Die Chromosomen im Zellkern sind die Träger der Erbinformation. Menschliche Körperzellen besitzen 23 Chromosomenpaare, sie sind diploid. Vor jeder Zellteilung werden die Chromosomen kopiert. In der Mitose werden die Kopien auf die Tochterzellen verteilt. Menschliche Keimzellen besitzen nur 23 Chromosomen, sie sind haploid. Während der Meiose wird der diploide auf den haploiden Chromosomensatz reduziert. Die zufällige Trennung väterlicher und mütterlicher Chromosomen sowie das Crossing-over sorgen dafür, dass keine identischen Keimzellen entstehen. Bei der Befruchtung wird das Geschlecht festgelegt. Dieses hängt davon ab, ob das Spermium ein X- oder ein Y-Chromosom trägt.

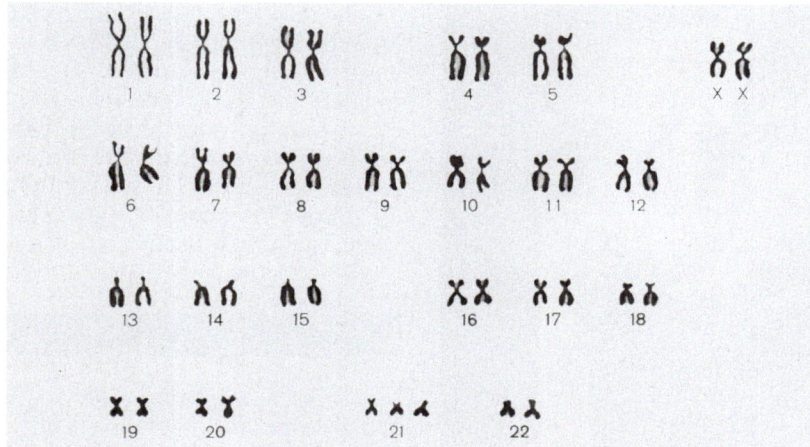

3 Karyogramm

2 Die Träger der Erbinformation können im Mikroskop betrachtet werden.
a In welchem Zellbestandteil ist die Erbsubstanz zu finden? Beschreibe den Bau und die Funktion dieses Zellbestandteils.
b Chromosomen treten in verschiedene Formen auf. Beschreibe die Formen, die ein Chromosom annehmen kann, und den Zweck, dem diese dienen.
c Welcher Zusammenhang besteht zwischen der Intelligenz eines Lebewesens und der Chromosomenzahl in seinen Zellen? Begründe.

... Grundlagen der Vererbung

Watson und Crick entschlüsselten 1953 den Bau der DNA. Zwei umeinander gewundene Stränge aus Zucker- und Phosphatmolekülen bilden das Rückgrat. Die vier Basen Guanin, Cytosin, Thymin und Adenin verbinden jeweils paarweise die beiden Stränge. In der Abfolge der Basen ist die Erbinformation gespeichert. Abschriften der Gene werden im Zellplasma an den Ribosomen mithilfe der tRNAs in Proteine übersetzt. Proteine bestimmen die Fülle unserer Merkmale. Diese können durch unsere Umwelt modifiziert werden. Mittlerweile wurde das menschliche Genom vollständig entschlüsselt. Dabei spielte die PCR als Methode zur Vervielfältigung der DNA-Moleküle eine große Rolle.

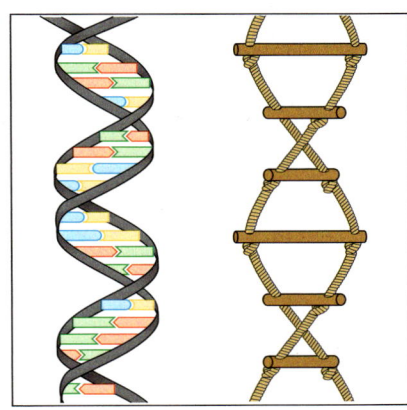

4 DNA-Modell

5 In der DNA ist die Erbinformation in verschlüsselter Form gespeichert.
a Wie sind Proteine aufgebaut? Wie unterscheiden sie sich voneinander?
b Wie ist die Erbinformation in der DNA gespeichert? Wie viele Basen werden für die Verschlüsselung einer zwölfgliedrigen Aminosäurekette benötigt?
c Beschreibe die Synthese eines Proteins. Verwende dabei die Begriffe „Fabrik", „Bauplan" und „Einzelteile".
d Lebewesen mit identischer Erbinformation für ein Merkmal können sich bezüglich dieses Merkmals dennoch unterscheiden. Begründe.

3 Jedes Lebewesen hat eine für seine Art typische Ausstattung mit Erbinformationen. So auch der Mensch.
a Erläutere den Begriff „Karyogramm".
b Beschreibe, wie ein Karyogramm erstellt wird.
c Welche Diagnose stellst du aufgrund des in Bild 3 dargestellten Karyogramms?
d Handelt es sich um das Karyogramm eines Mädchens oder eines Jungen? Zu welchem Zeitpunkt wurde das Geschlecht festgelegt? Bestimmt der Vater oder die Mutter das Geschlecht?

4 Watson und Crick klärten in den 1950er Jahren den Bau der DNA auf.
a Vergleiche den Bau der DNA mit einer Strickleiter. Verwende dabei die wissenschaftlichen Namen.
b Die Basenfolge eines DNA-Stranges ist bekannt. Sie lautet: AGCGTGCAGTTCCAGAC. Wie lautet die Basenabfolge auf dem komplementären Strang?
c Beschreibe den Vorgang der identischen Verdopplung der DNA.
d Was versteht man unter Basen-Analoga? Beschreibe ihre Funktion und in welchen Fällen sie eingesetzt werden.

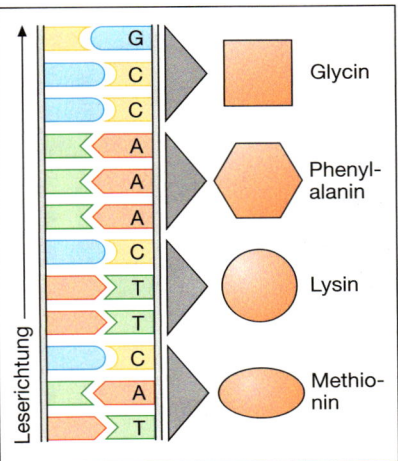

5 DNA und Aminosäurensequenz

Gesetzmäßigkeiten der Vererbung

Die Genetik befasst sich mit zwei widersprüchlichen Aspekten der Natur: Die Nachkommen ähneln ihren Eltern, obwohl sie ihnen nicht genau gleichen. Die Nachkommen von Hauskatzen sind immer Hauskatzen und nie Schafe, dennoch sind niemals zwei Hauskatzen identisch, selbst wenn sie aus dem gleichen Wurf stammen.

Vererbung von Merkmalen. Oft ist es verblüffend, wie sehr sich die Angehörigen verschiedener Generationen einer Familie in einigen *Merkmalen* ähneln. Dabei kann es sich um körperliche Eigenschaften, aber auch um geistige Fähigkeiten handeln, wie z. B. bei der großen Musikalität in der Famile von Johann Sebastian Bach.

Eltern geben jedoch keine Merkmale an ihre Nachkommen weiter, sondern *Erbanlagen*. *Gene* steuern die Ausbildung von Merkmalen. Die Weitergabe der Erbinformation von Generation zu Generation nennt man *Vererbung*. Sie erfolgt meist nach bestimmten Regeln. Ihre Erforschung ist ein Aufgabengebiet der *klassischen Genetik*.

Schon lange bevor man die Chromosomen entdeckte und den Aufbau sowie die Funktion der DNA entschlüsseln konnte, haben sich Wissenschaftler mit der Vererbung von Merkmalen beschäftigt.

Durch *Kreuzungsexperimente* mit Pflanzen und Tieren konnten sie die Weitergabe von äußerlich erkennbaren Merkmalen über mehrere Generationen untersuchen. Auf diese Weise erkannten sie wichtige Gesetzmäßigkeiten der Vererbung.

Eine weitere Methode war die *Stammbaumanalyse*, die vor allem zur Ermittlung von Erbgängen beim Menschen angewendet wurde. Konnte ein Merkmal in einer Familie häufig beobachtet werden, wurde sein Auftreten über mehrere Generationen zurückverfolgt. Auch diese Vorgehensweise erlaubte die Ableitung von Regeln der Vererbung.

Der Mensch – ein schwieriger Untersuchungsgegenstand. Aussagen über Regeln der Vererbung sind nur möglich bei auffälligen und gut abgrenzbaren Einzelmerkmalen, deren Auftreten sich über Generationen verfolgen lässt.

Solche eindeutigen Merkmale gibt es beim Menschen nur wenige. In der Regel sind sich zwei Menschen umso ähnlicher, je näher sie miteinander verwandt sind. Je näher die Verwandtschaft, desto mehr stimmen auch die Erbanlagen überein. Aber selbst auffällige Ähnlichkeiten im Körperbau, in den Gesichtszügen, den geistigen Fähigkeiten und im Charakter lassen sich nur schwer beschreiben. Sie beruhen auf vielen Einzelmerkmalen, die man nicht genau erfassen oder messen kann. Selbst bei scheinbar so eindeutigen Merkmalen wie der Augenfarbe gibt es fließende Übergänge von Blau über Grau- und Grüntöne bis zu Dunkelbraun.

Erschwert wird die Untersuchung von Erbanlagen auch dadurch, dass man oft nicht weiß, ob und wie stark bestimmte Merkmale von der Umwelt beeinflusst werden. So ist die Musikalität in der Familie Bach sicher auch eine Folge der musikalischen Förderung der Kinder, die in einem sehr musikfreundlichen Umfeld aufwuchsen.

Aufgaben

1 Versuche herauszufinden, ob du auch Eigenschaften deiner Großeltern und Eltern besitzt.

2 Beschreibe Merkmale, in denen sich Mitglieder der auf der linken Seite oben abgebildeten Familie ähneln.

3 Interpretiere den Stammbaum der Familie Bach in Bild 1.

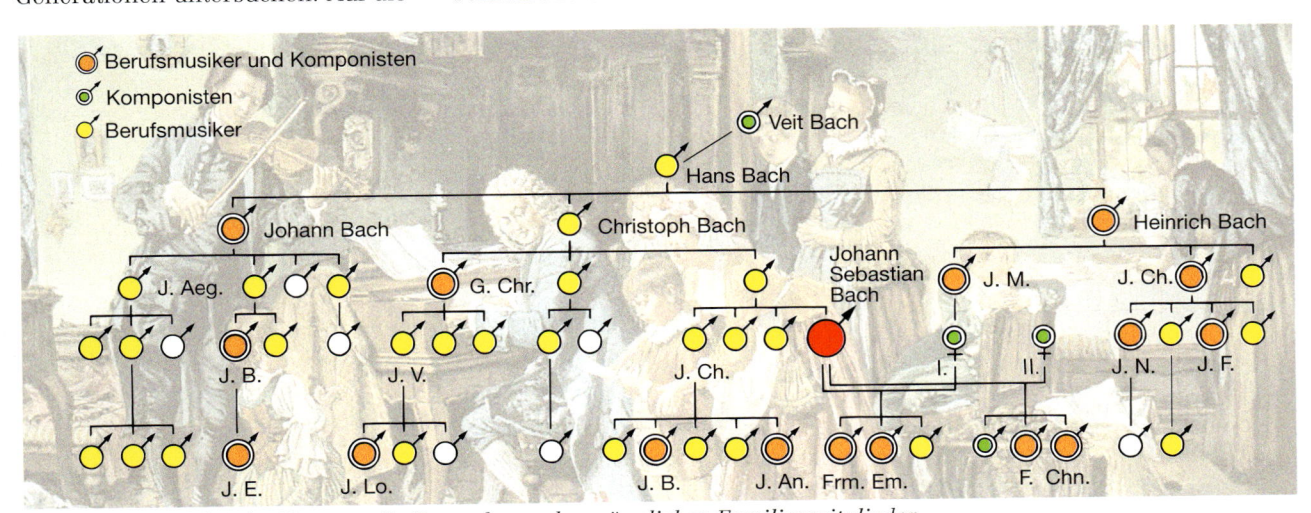

1 Familie Bach bei der Hausmusik. Stammbaum der männlichen Familienmitglieder

Mendels Versuche führen zu Vererbungsregeln

1 Zur Kreuzung werden die Staubblätter bei der einen Sorte entfernt.

2 Pollen der zweiten Sorte wird zur Bestäubung der ersten abgenommen.

3 Zum Schutz vor Fremdbestäubung werden die Blüten umhüllt.

Gregor Mendel (1822–1884) war nicht der erste Wissenschaftler, der das Geheimnis der Vererbung zu lüften versuchte. Er überragte jedoch alle seine Vorgänger durch den Umfang seiner Versuche, durch die Sorgfalt bei Planung und Durchführung und durch die scharfsinnige Deutung seiner Ergebnisse.

Wahl der Versuchspflanze. Mendel führte seine Versuche mit der Gartenerbse durch. Vor Beginn der Experimente überzeugte er sich, dass die Merkmale der ausgewählten Erbsensorten über Generationen hinweg unverändert auftraten. Später sprach man in solchen Fällen von reinen Linien oder *Reinerbigkeit*. Die Reinerbigkeit erklärte sich Mendel daraus, dass Erbsen üblicherweise *selbstbestäubt* sind.

Kreuzungstechnik. Grundlage von Mendels Arbeit waren *gezielte Kreuzungen zwischen zwei verschiedenen Sorten*. Dazu werden die Blüten der einen Sorte rechtzeitig vor der Selbstbestäubung geöffnet und die Staubblätter entfernt. Dann wird jeweils die Narbe mit Pollen der zweiten Sorte bestäubt und die Blüte mit einer Hülle umschlossen.

Untersuchte Merkmale. Mendel untersuchte an seinen Erbsenpflanzen immer nur ein oder zwei *Merkmale, die eine sichere Unterscheidung zuließen,* z. B. die Samenfarbe (gelb oder grün), die Samenform (rund oder kantig), die Blütenfarbe (rot oder weiß).

Auswertung. Ungewöhnlich für die damalige Zeit war Mendels quantitatives Vorgehen: Er gewann seine Ergebnisse durch Auszählen und berechnete daraus die Zahlenverhältnisse, in denen die Merkmale auftraten. Nur durch die *statistische Auswertung* konnte er Regeln der Vererbung erkennen.

Ergebnisse. Als Mendel reinerbige Erbsenpflanzen mit gelber Samenfarbe und solche mit grüner Samenfarbe kreuzte *(Elterngeneration P),* waren die Nachkommen aus dieser Kreuzung alle gelbsamig. Vergleichbares fand er bei anderen Kreuzungen zwischen reinerbigen Elternpflanzen, die sich in einem Merkmal unterschieden. Ihre Nachkommen, die Pflanzen der *ersten Tochtergeneration oder F_1,* waren stets untereinander gleich: *Uniformitätsregel.*
Wurden die gelbsamigen Erbsenpflanzen der ersten Tochtergeneration miteinander gekreuzt, traten in der *zweiten Tochtergeneration oder F_2* beide Samenfarben auf, doch überwogen gelbe Samen. Mendel zählte 6022 gelbe und 2001 grüne Samen. Das entspricht einem Zahlenverhältnis von rund 3 : 1. Dieses Aufspalten in einem bestimmten Zahlenverhältnis stellte Mendel bei allen Kreuzungen zwischen Pflanzen der ersten Tochtergeneration fest: *Spaltungsregel.*
Die Kreuzung von Erbsenpflanzen, die sich in zwei Merkmalen unterschieden, beispielsweise Samenform (kantig oder rund) und Samenfarbe (gelb oder grün), ergab in der F_1-Generation einheitliche Nachkommen. In der F_2-Generation traten Erbsen mit allen denkbaren Merkmalskombinationen der Elterngeneration im Verhältnis von etwa 9 : 3 : 3 : 1 auf. Es waren 315 Erbsen rund und gelb, 101 kantig und gelb, 108 rund und grün, 32 kantig und grün. Die Merkmale der Elterngeneration waren demnach nicht miteinander gekoppelt, sondern kamen unabhängig voneinander vor: *Unabhängigkeitsregel.*

In Kürze

Gregor Mendel entdeckte erstmals Vererbungsregeln. Mit seinen Kreuzungsexperimenten beginnt die wissenschaftliche Genetik. Reinerbigkeit der Versuchspflanzen, Beschränkung auf wenige, klar unterscheidbare Merkmale und statistische Auswertung der Ergebnisse führten zu seinem Erfolg.

Die mendelschen Regeln

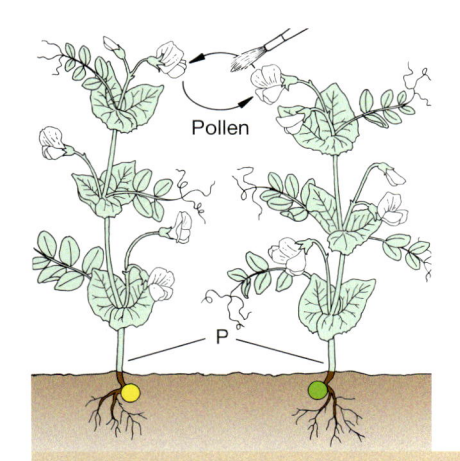

Kreuzt man Individuen (Elterngeneration P), die sich in einem Merkmal reinerbig unterscheiden, …

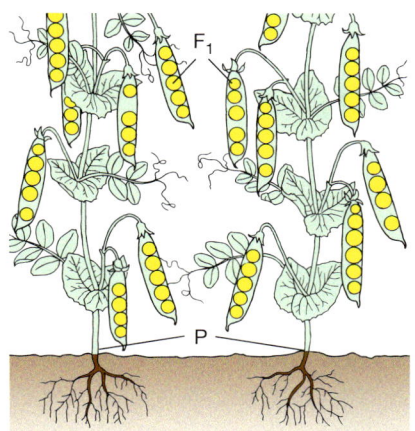

… dann sind ihre Nachkommen (1. Tochtergeneration F_1) in Bezug auf dieses Merkmal untereinander gleich:

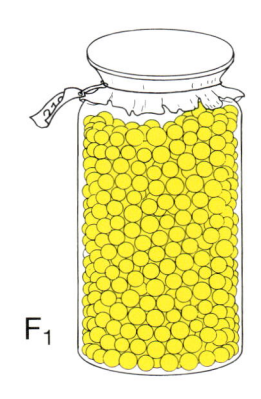

Uniformitätsregel (1. mendelsche Regel)

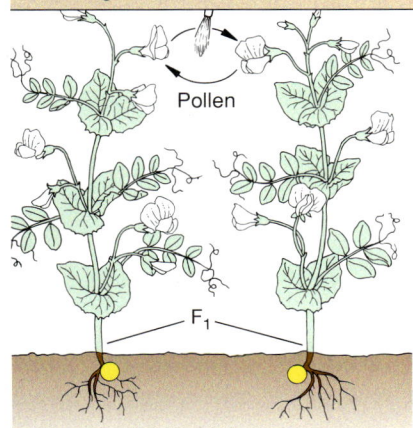

Kreuzt man Individuen der ersten Tochtergeneration untereinander, …

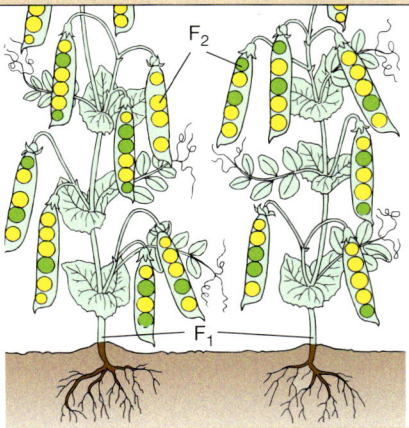

… dann spalten die Merkmale ihrer Nachkommen (2. Tochtergeneration F_2) wieder auf:

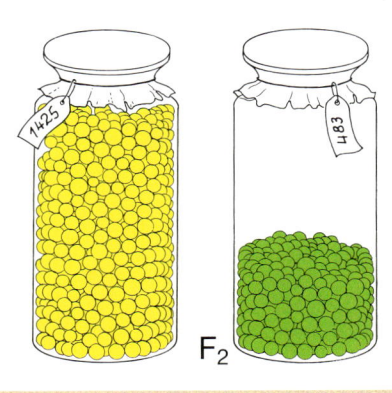

Spaltungsregel (2. mendelsche Regel)

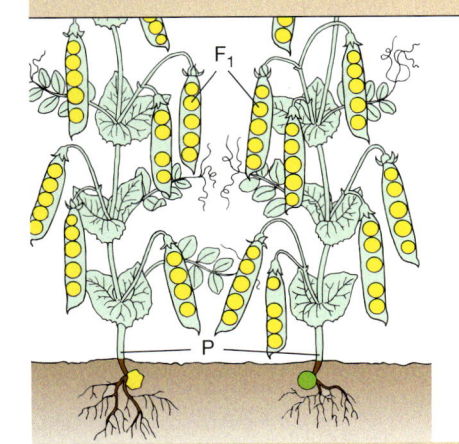

Kreuzt man Individuen (P-Generation), die sich in mehreren Merkmalen reinerbig unterscheiden, …

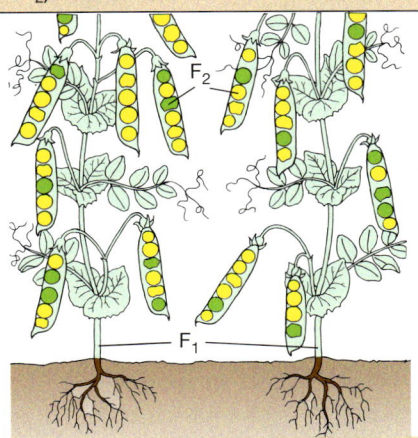

… dann treten in der F_2-Generation sämtliche Kombinationen von Merkmalen der P-Generation auf:

Unabhängigkeitsregel (3. mendelsche Regel)

Die mendelschen Regeln ...

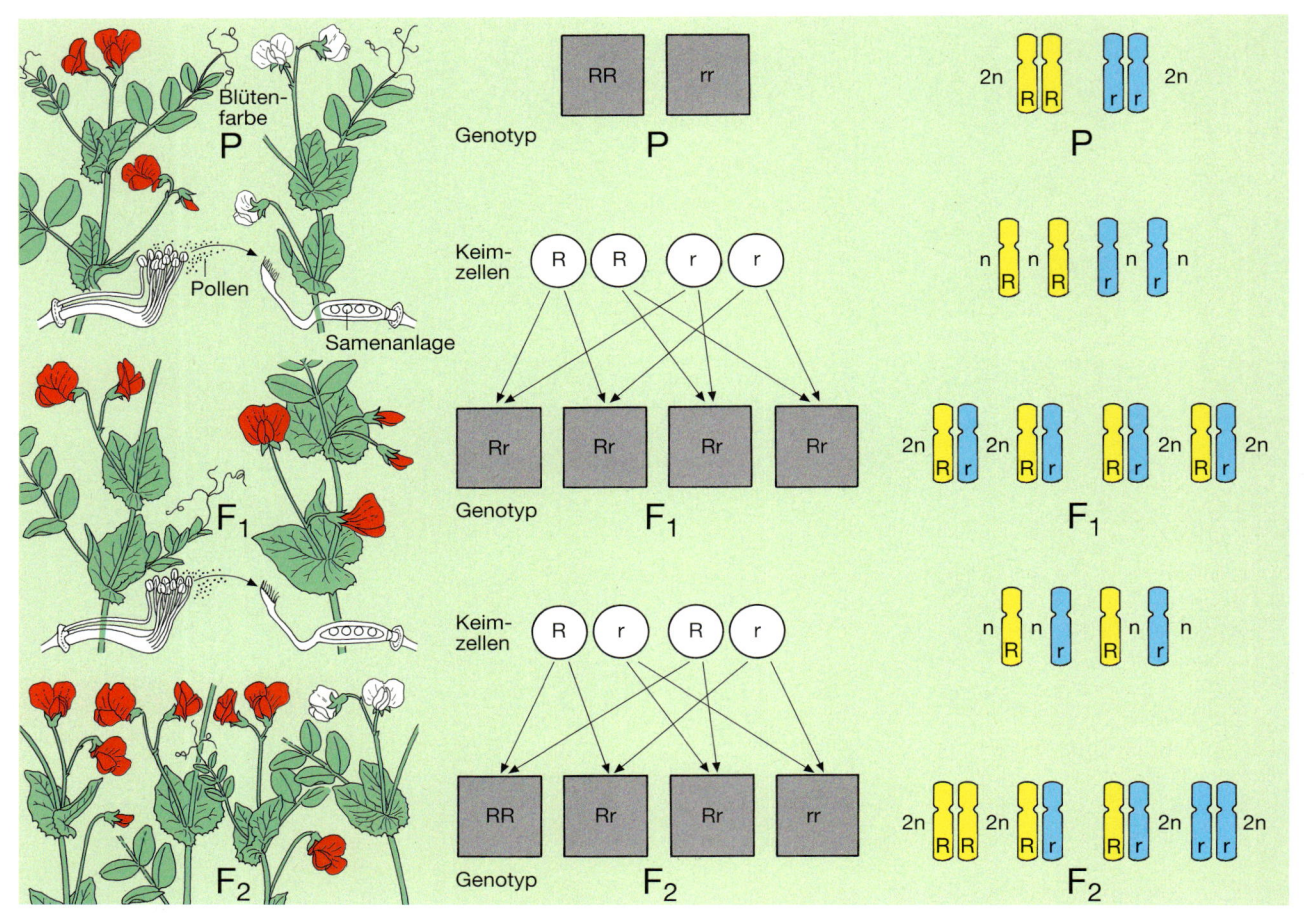

1 Mendels Kreuzungsversuch, seine Deutung des Versuchs (dargestellt als Erbschema) und die Deutung nach der Chromosomentheorie. Im Erbschema bedeuten Großbuchstaben dominante, Kleinbuchstaben rezessive Erbanlagen.

Gregor Mendel war zu seinen Vererbungsregeln durch die Beobachtung von Merkmalen gelangt. Da er mit einer großen Zahl von Versuchspflanzen arbeitete und die Ergebnisse statistisch auswertete, fielen zufällige Abweichungen bei Einzelpflanzen nicht ins Gewicht. Die Gesetzmäßigkeiten traten klar zutage und forderten eine Erklärung.

Mendels Deutung der Versuchsergebnisse. Mendel unterschied als erster Wissenschaftler zwischen den beobachteten *Merkmalen* und den ihnen zugrunde liegenden *Erbfaktoren* – wir sagen heute: zwischen dem *Phänotyp,* dem äußeren Erscheinungsbild eines Lebewesens, und dem *Genotyp,* seiner Ausstattung mit Erbanlagen oder *Genen.* Zu Mendels Zeit glaubte man, dass sich väterliche Substanz aus dem Spermium und mütterliche Substanz aus der Eizelle bei der Befruchtung vermischen und dass daraus der Plan für das neue Lebewesen entsteht. Mendel kam zu völlig anderen Schlüssen:

Die beobachtete Aufspaltung in der zweiten Tochtergeneration lässt sich nur erklären, wenn man *feste Erbanlagen* annimmt, die sich *nicht vermischen.* Jedem Merkmal müssen zwei Erbanlagen zugrunde liegen. Die Geschlechtszellen der Eltern liefern je eine Erbanlage. Bei Reinerbigkeit sind beide Erbanlagen gleich, bei Mischerbigkeit – wie im Fall der ersten Tochtergeneration – sind sie verschieden. Von den zwei verschiedenen Erbanlagen prägt sich nur eine im Merkmal aus. Mendel bezeichnete eine solche Erbanlage als *dominant,* die von ihr überdeckte Erbanlage als *rezessiv.*

Mendelsche Regeln und die Chromosomentheorie der Vererbung. Mendel wusste nichts über die Natur der Erbfaktoren. Er konnte sie nur durch seine Untersuchungen vorhersagen. Heute ist sicher, dass die Chromosomen Träger der Erbanlagen sind. Die *Chromosomentheorie der Vererbung* bestätigt und erklärt die mendelschen Regeln:

Körperzellen sind diploid. Sie besitzen, wie Mendel es gefordert hatte, *zwei Erbanlagen* für dasselbe Merkmal *auf den zwei homologen Chromosomen.* Geschlechtszellen sind haploid, haben also nur eine Erb-

... und ihre Erklärung

anlage für das Merkmal. Die Erbanlagen für ein Merkmal können auf den homologen Chromosomen gleich sein – dann ist das Lebewesen *reinerbig* oder *homozygot* für das Merkmal – oder sie sind verschieden – dann ist das Lebewesen *mischerbig* oder *heterozygot* für das Merkmal. Die zwei einander entsprechenden Erbanlagen auf den homologen Chromosomen nennt man *Allele*.

Bei der Meiose gelangen die vom Vater geerbten und die von der Mutter geerbten Chromosomen zufallsgemäß in die Geschlechtszellen. *Erbanlagen*, die *auf verschiedenen Chromosomen* liegen, sind daher *unabhängig* voneinander. Sie werden dem Zufall entsprechend neu kombiniert. Daraus erklärt sich Mendels Unabhängigkeitsregel. Sie gilt nicht für Erbanlagen, die auf dem gleichen Chromosom liegen.

Heutige Bedeutung der mendelschen Regeln. Die mendelschen Regeln sind noch immer von grundlegender Bedeutung für die Genetik. Sie werden zum Beispiel zur Analyse von Stammbäumen in der Humangenetik benötigt und in der angewandten Genetik bei der Tier- und Pflanzenzucht.

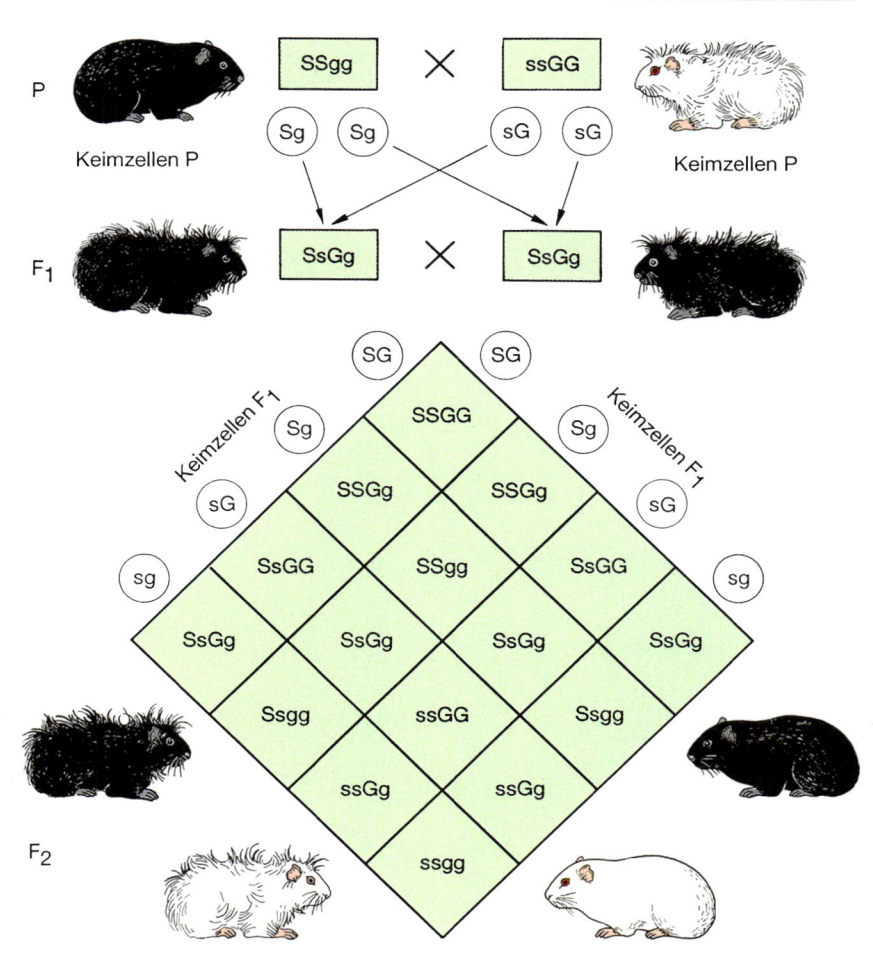

1 *Erbschema zur Unabhängigkeitsregel.* S *bedeutet Erbanlage für schwarz,* s *für weiß,* G *für wirbelhaarig,* g *für glatthaarig.*

Aufgaben

1 Mendel erhielt durch Kreuzung von gelb- und grünsamigen Erbsen in der F_2 reinerbig und mischerbig gelbe Erbsen. Wie ging er vermutlich vor, um beide Gruppen zu unterscheiden?

2 Die Kreuzung reinerbig weiß blühender und reinerbig rot blühender Malven ergibt in der F_1 rosafarbene, in der F_2 weiße, rosa und rote Malven. Um welchen Erbgang handelt es sich? Zeichne dazu ein Erbschema. Verwende für die Allele die Symbole B^W (weißblütig) und B^R (rotblütig).

3 Erkläre die wesentlichen Unterschiede zwischen dominant-rezessivem und intermediärem Erbgang.

Intermediäre Vererbung

Der Botaniker Carl Correns, einer der Wiederentdecker der mendelschen Regeln, führte um 1900 Vererbungsversuche mit der Wunderblume durch. Dabei stieß er auf ein interessantes Phänomen: Die Kreuzung von reinerbig dunkelrosa und weiß blühenden Elternpflanzen ergab eine erste Tochtergeneration, deren Blütenfarbe zwischen denen der Elterngeneration lag. In der zweiten Tochtergeneration erfolgte eine Aufspaltung im Verhältnis 1 : 2 : 1. Diesen Erbgang nannte Correns intermediär und stellte ihn dem dominant-rezessiven Erbgang gegenüber. Er beruht darauf, dass sich hier bei Mischerbigkeit beide Allele gleichermaßen ausprägen.

Aus der Geschichte: Gregor Mendel

Versuche über Pflanzen-Hybriden
Gregor Mendel

Gregor Johann Mendel wurde 1822 im mährischen Heinzendorf in der heutigen Tschechischen Republik geboren. Er entstammte einer Bauernfamilie und pflegte als Kind die Obstbäume des Gutsherrn. Im Kloster Brünn trat er in den Augustinerorden ein. 1847 wurde er zum Priester geweiht. Später sandte ihn der Orden zum Studium der Mathematik und Naturwissenschaften nach Wien. Dreimal fiel Mendel durch das Examen für Lehrer an höheren Schulen. Dennoch unterrichtete er anschließend 14 Jahre lang Naturlehre an der Oberrealschule in Brünn. Dann wurde er Abt seines Klosters. Zwischen 1857 und 1864 führte Mendel im Klostergarten Kreuzungsexperimente mit der Gartenerbse durch und wertete sie statistisch aus. Dadurch fand er Regeln der Vererbung. Die Ergebnisse seiner „Versuche über Pflanzen-Hybriden" trug er 1865 dem Naturforschenden Verein zu Brünn vor und veröffentlichte sie 1866 in dessen Zeitschrift. Seine bahnbrechenden Ergebnisse fanden jedoch selbst unter Botanikern keine Beachtung. Mendel starb 1884. Erst 16 Jahre danach wurden seine Versuchsergebnisse in ihrer Bedeutung erkannt und „mendelsche Regeln" genannt.

Die Auswahl der Pflanzengruppe, welche für Versuche dieser Art dienen soll, muss mit möglichster Vorsicht geschehen, wenn man nicht im Vorhinein allen Erfolg in Frage stellen will …
Eine besondere Aufmerksamkeit wurde gleich Anfangs den Leguminosen wegen ihres eigenthümlichen Blüthenbaues zugewendet. Versuche, welche mit mehreren Gliedern dieser Familie angestellt wurden, führten zu dem Resultate, dass das Genus Pisum den gestellten Anforderungen hinreichend entspreche. Einige ganz selbständige Formen aus diesem Geschlechte besitzen constante, leicht und sicher zu unterscheidende Merkmale und geben bei gegenseitiger Kreuzung in ihren Hybriden vollkommen fruchtbare Nachkommen. Auch kann eine Störung durch fremde Pollen nicht leicht eintreten, da die Befruchtungs-Organe vom Schiffchen enge umschlossen sind und die Antheren schon in der Knospe platzen, wodurch die Narbe noch vor dem Aufblühen mit Pollen überdeckt wird. Dieser Umstand ist von besonderer Wichtigkeit. Als weitere Vorzüge verdienen noch Erwähnung die leichte Cultur dieser Pflanze im freien Lande und in Töpfen, sowie die verhältnissmässig kurze Vegetationsdauer derselben. Die künstliche Befruchtung ist allerdings etwas umständlich, gelingt jedoch fast immer …
Aus mehreren Samenhandlungen wurden im Ganzen 31 … Erbsensorten bezogen und einer zweijährigen Probe unterworfen … Für die Befruchtung wurden 22 davon ausgewählt und jährlich, während der ganzen Versuchsdauer angebaut … Die … ausgewählten Erbsenformen zeigten Unterschiede in der Länge und Färbung des Stengels, in der Grösse und Gestalt der Blätter, in der Stellung, Farbe und Grösse der Blüthen, in der Länge der Blüthenstiele, in der Farbe, Gestalt und Grösse der Hülsen, in der Gestalt und Grösse der Samen, in der Färbung der Samenschale und des Albumens. Ein Theil der angeführten Merkmale lässt jedoch eine sichere und scharfe Trennung nicht zu, indem der Unterschied auf einem oft schwierig zu bestimmenden „mehr oder weniger" beruht. Solche Merkmale waren für die Einzel-Versuche nicht verwendbar, diese konnten sich nur auf Charaktere beschränken, die an den Pflanzen deutlich und entschieden hervortreten.

Begriffserklärungen
Leguminosen: Schmetterlingsblütler, eine Pflanzenfamilie
Genus Pisum: Gattung Erbse
Hybriden: Nachkommen aus einer Kreuzung verschiedener Sorten
Anthere: Staubbeutel, Endabschnitt des Staubblatts, enthält den Pollen
Albumen: eiweißreiches Nährgewebe im Samen

Aufgaben

1 Mendel suchte nach Regeln der Vererbung. Hierzu kreuzte er jeweils zwei Erbsensorten miteinander, die sich in einem Merkmal unterschieden, und verfolgte das Merkmal über die Generationen hinweg. Er hatte Erfolg dank seiner klugen Vorüberlegungen. Schildere sie mit deinen Worten.

Praktikum: Mendeln am Computer

Gregor Mendel hatte um 1860 in langjähriger Arbeit viele Kreuzungsversuche mit verschiedenen Organismen durchgeführt, bevor er seine Vererbungsregeln formulieren konnte.
Heute könnt ihr mit einem PC per Mausklick selbst solche Kreuzungen ausgewählter Organismen simulieren sowie in Sekunden das Ergebnis der Merkmalskombinationen am Bildschirm betrachten und auswerten.
Lernprogramme sind in Form von CD-ROMs erhältlich. Aber auch im Internet könnt ihr interaktive Animationen und Selbstlernkurse finden.
Mit ihnen lassen sich die Gesetzmäßigkeiten der Vererbung spielerisch und sehr anschaulich erarbeiten. Nebenbei kann man wichtige weiterführende Hintergrundinformationen zum Thema bekommen.
Begebt euch auf diese interessante Entdeckungsreise.

Benötigt werden:
Computer, Lernprogramme zur Vererbung auf CD-ROM oder aus dem Internet (geeignete Suchbegriffe sind z. B. „mendelsche Regeln" oder „Gesetzmäßigkeiten der Vererbung"), Stift, Protokollblatt.

Durchführung von Simulationen und Animationen zu Kreuzungsversuchen
1. Bildet Arbeitsgruppen und informiert euch, wie das Programm funktioniert.
2. Wählt aus dem Programm Kreuzungsbeispiele für verschiedene Organismen aus. Verfolgt dabei die Merkmalsausprägungen bei der P-Generation sowie der F_1- und F_2-Generation.  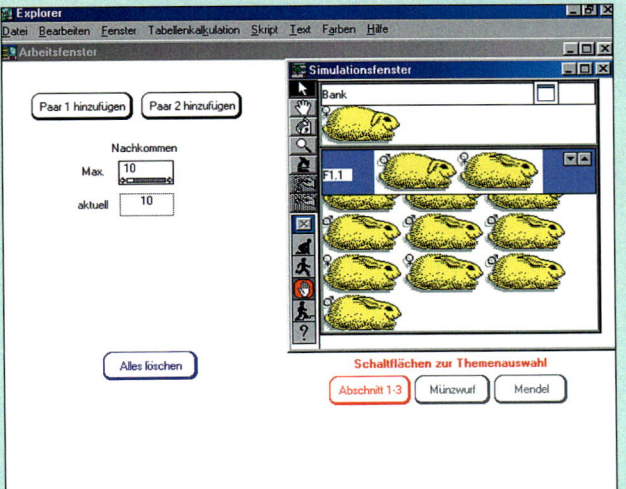 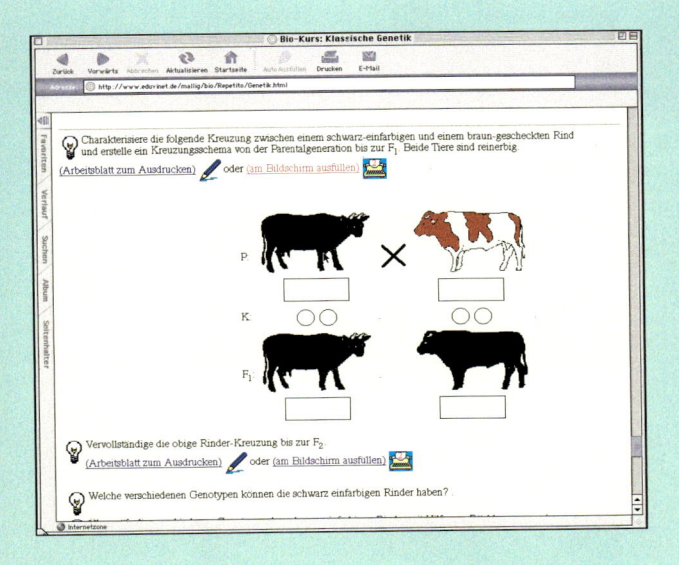
3. Folgt bei den Kreuzungen den Anweisungen des Lernprogramms. Wählt wenn möglich jeweils zwei Vertreter der P- bzw. der F_1-Generation aus, notiert ihre Merkmalsausprägungen und startet dann die Kreuzungen. Vergleicht anschließend die Ausbildung des Merkmals unter den Nachkommen der F_2-Generation mit derjenigen in der F_1- und der P-Generation. Wiederholt die Kreuzungen mit anderen Vertretern der F_1-Generation mehrmals und notiert die Ergebnisse.

Auswertung
- Stellt die Kreuzungsergebnisse in einem Diagramm dar.
- Leitet Regeln für die Merkmalsausbildung von der P-Generation bis zur F_2-Generation ab und ermittelt das Spaltungsverhältnis.
- Ordnet den Phänotypen die entsprechenden Genotypen zu. Erklärt so die Merkmalsausbildung der P-, F_1- und F_2-Generation.
- Ordnet den Kreuzungsergebnissen die zugrunde liegenden Vererbungsregeln zu und erläutert sie.

Lernen mit dem Internet
Im Internet könnt ihr nicht nur bei Selbstlernkursen und interaktiven Animationen die Gesetzmäßigkeiten der Vererbung einüben und erlernen, sondern auch sehr viele zusätzliche Informationen zum Thema erhalten. Euer Biologielehrer oder eure Biologielehrerin können euch sicher wertvolle Tipps zu empfehlenswerten Websites geben.

Erforschung der Vererbung beim Menschen

Gelten die mendelschen Regeln auch für den Menschen? Der Bau der Chromosomen und die Vorgänge bei der Meiose sind bei Mensch und vielen Tieren und Pflanzen gleich. Daher ist zu erwarten, dass die mendelschen Regeln auch für den Menschen gelten. Das ist aber oft schwierig nachzuweisen:
Vererbungsversuche schließen sich beim Menschen aus. Außer bei *Krankheiten* und *Missbildungen* gibt es kaum Aufzeichnungen, die über mehrere Generationen reichen. Oft ist auch die *Zahl der Nachkommen* für eine aussagekräftige Auswertung zu gering. Die meisten Merkmale des Menschen zeigen außerdem *fließende Übergänge* und sind daher nicht eindeutig abgrenzbar. Dies gilt beispielsweise für die Farbe der Haut und der Haare. Heute weiß man, dass in solchen Fällen häufig nicht nur ein, sondern mehrere Paare von Erbanlagen die Ausprägung des Merkmals bewirken.

Erbmerkmale. Trotz dieser Probleme sind heute etwa 2000 Merkmale des Menschen bekannt, deren Vererbung den mendelschen Regeln folgt. Bei 2000 weiteren Merkmalen vermutet man dies. Die meisten davon sind allerdings nicht äußerlich erkennbar, sondern entsprechen Stoffwechselvorgängen.
Zu den auffälligsten Erbmerkmalen, für die die Gültigkeit der mendelschen Regeln nachgewiesen ist, zählen die erbliche Kurzsichtigkeit und erbliche Taubstummheit, überzählige Finger und Zehen, Kurzfingrigkeit, Augenfarbe, Körperbehaarung und Haarfarbe.

1 Bei der Form und Farbe der Haare sind die Übergänge fließend.

Stammbaumanalyse. Die wichtigste Methode zur Ermittlung von Erbgängen beim Menschen ist die *Stammbaumanalyse*. Tritt ein Merkmal in einer Familie gehäuft auf, kann man vermuten, dass es erblich ist. In einem Stammbaum, der über Geschlecht und Verwandtschaftsbeziehungen Auskunft gibt, werden die Merkmalsträger markiert. Bild 2 zeigt dafür ein Beispiel. Dann wird geprüft, ob sich der Erbgang mit den mendelschen Regeln erklären lässt.

Aufgaben

1 Analysiere den Stammbaum in Bild 2. Wird das Merkmal dominant oder rezessiv vererbt? Begründe.

In Kürze

Da die Chromosomentheorie der Vererbung und das Prinzip der Meiose bei Pflanzen, Tieren und Menschen grundsätzlich gleich sind, lassen sich die mendelschen Regeln bei vielen Merkmalen auch auf den Menschen anwenden. Die wichtigste Methode hierzu ist die Stammbaumanalyse.

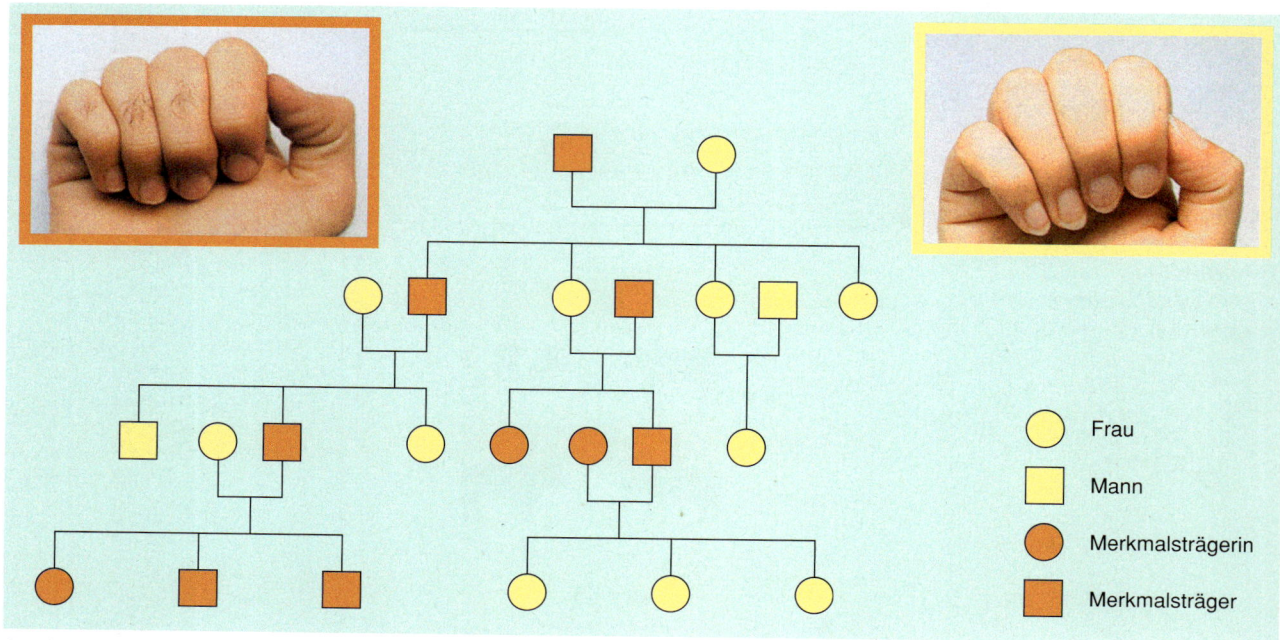

2 Stammbaum einer Familie, in der das Merkmal „behaarte mittlere Fingerglieder" auftritt

Vererbung der Blutgruppen und des Rhesusfaktors

Die *Blutgruppen* A, B, AB und 0 gehören zu den Merkmalen des Menschen, deren Erbgang den mendelschen Regeln folgt. Das gilt auch für eine Reihe von weiteren Blutfaktoren wie z. B. den *Rhesusfaktor*.

AB0-System. Die Blutgruppen A, B, AB und 0 unterscheiden sich durch die Kombination zweier verschiedener Antigene. Dies sind bestimmte Strukturmerkmale auf der Oberfläche der roten Blutkörperchen. Stimmt bei Blutübertragungen die Blutgruppe von Spender und Empfänger nicht überein, können die Blutkörperchen verklumpen. Es besteht Lebensgefahr.

Die Vererbung der Blutgruppen ist ein Beispiel dafür, dass eine Erbanlage für ein bestimmtes Merkmal in mehr als zwei Allelen existieren kann. Von den drei Blutgruppenallelen A, B und 0 besitzt jeder Mensch nur zwei auf den homologen Chromosomen. Hinter den Phänotypen A, B, AB und 0 verbergen sich folgende Genotypen:

Blutgruppe A:	AA oder A0
Blutgruppe B:	BB oder B0
Blutgruppe AB:	AB
Blutgruppe 0:	00

Gegenüber dem *rezessiven* Allel *0* sind die Allele *A* und *B* dominant. Diese beiden Allele sind aber zueinander gleichwertig, wenn sie zum Genotyp AB kombiniert sind. Beide Antigene wirken sich im Phänotyp aus, sie sind *kodominant*.

Rhesusfaktor. 85 % der Europäer haben neben den Antigenen des AB0-Systems ein weiteres Antigen auf der Oberfläche ihrer roten Blutkörperchen: den Rhesusfaktor. Menschen, die dieses Antigen besitzen, sind *rhesuspositiv (Rh⁺)*. Ihr Erbgut enthält ein oder zwei dominante Allele des Rhesusfaktor-Gens D. Sie haben den Genotyp DD oder Dd. *Rhesusnegative* Menschen (rh⁻) haben den Genotyp dd.

Das Wissen um die Vererbung des Rhesusfaktors ist von großer praktischer Bedeutung: Bei der Geburt gelangen oft rote Blutkörperchen des Kindes in den Blutkreislauf der Mutter. Ist das Kind Rh⁺ und die Mutter rh⁻, bilden sich im Blut der Mutter *Antikörper* gegen das fehlende, fremde Antigen D. Bei einer weiteren Schwangerschaft gelangen diese Antikörper über die Plazenta in den Blutkreislauf des Kindes. Dies führt bei einem rhesuspositiven Kind zur Zerstörung der roten Blutkörperchen. In der Folge kann es zu schweren Schädigungen kommen. Durch die Behandlung der Mutter mit einem Antiserum nach der ersten Geburt kann jedoch die Bildung von Antikörpern verhindert werden.

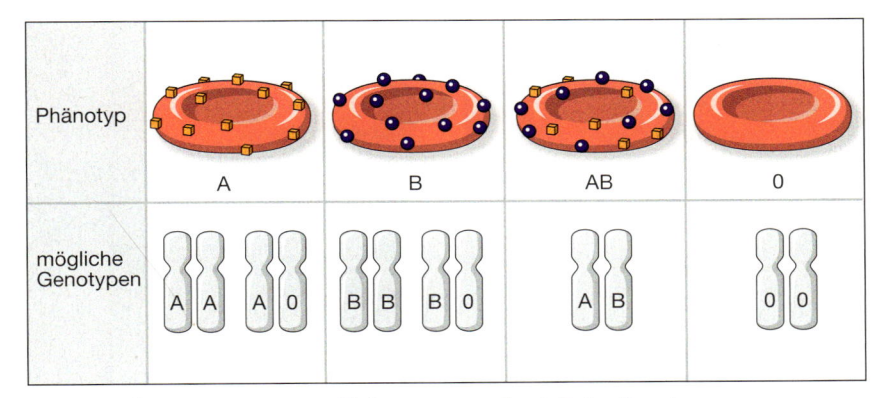

1 ABO-Blutgruppensystem: Phänotypen und mögliche Genotypen

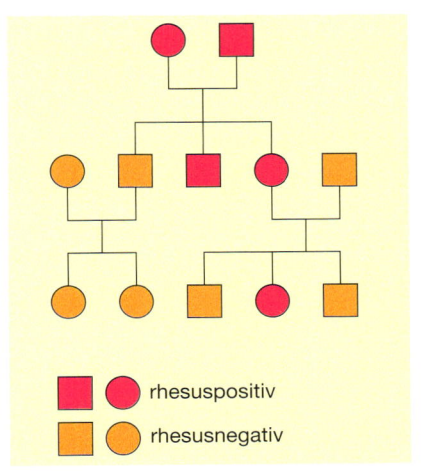

2 Stammbaum zur Vererbung des Rhesusfaktors. Welche Genotypen lassen sich den Personen zuordnen?

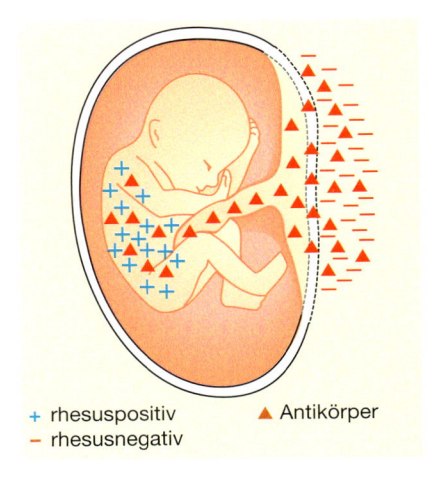

3 Über die Plazenta gelangen Antikörper der Mutter ins Blut des Kindes. Ein rhesuspositives Kind kann dadurch schwer geschädigt werden.

Aufgaben

1 Charlie Chaplin wurde 1940 in einem Vaterschaftsprozess zu Unterhaltszahlungen verurteilt. Das Kind hatte die Blutgruppe B, seine Mutter die Blutgruppe A, Chaplin 0. Entschied das Gericht richtig? Begründe.

2 Ein Vater hat die Blutgruppe 0 und ist Rh⁺. Die Mutter hat die Blutgruppe AB und ist rh⁻. Erstelle ein Erbschema. Welche Blutgruppen/-faktoren können die Kinder haben?

In Kürze

Die Vererbung der Blutgruppen und des Rhesusfaktors folgt den mendelschen Regeln. Die Blutgruppenallele A und B sind gegenüber 0 dominant. Die Allele A und B sind kodominant.

Mutationen

1 Blutform der Buche. Die Mutation kommt auch bei anderen Bäumen vor.

2 Katze von der Insel Man. Die Rasse entstand durch Mutation.

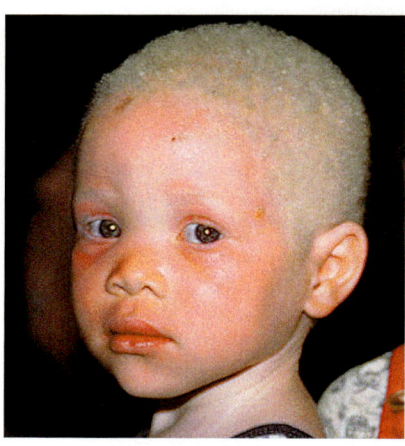

3 Albino-Mädchen. Die Eltern und Geschwister sind dunkelhäutig.

Im Laufe des Lebens wird die Erbinformation der DNA vielfach kopiert, umgeschrieben und übersetzt. Dabei können sich Fehler einschleichen. Man spricht dann von einer *Mutation*. Darunter versteht man eine *sprunghaft auftretende Veränderung der Erbinformation*. Lebewesen mit veränderter Erbinformation heißen *Mutanten*. Ob eine *Veränderung im Phänotyp* auch auf eine Mutation zurückgeht, lässt sich nicht ohne weiteres feststellen. Sie kann ebenso *Folge einer Neukombination* der Erbanlagen bei der Meiose sein. Oder es handelt sich um eine *Modifikation* (vgl. S. 28).

Keimbahnmutationen. Die Bilder oben zeigen Beispiele für phänotypische Veränderungen, die durch Mutationen entstanden sind. Mutationen können in allen Körperzellen vorkommen. Wenn auch die *Keimzellen* eines Lebewesens *betroffen* sind, werden diese Mutationen weitervererbt. Vererbbare Mutationen nennt man *Keimbahnmutationen*. Beim Menschen denkt man dabei meist an Erbkrankheiten. Eine Mutante muss in der Natur aber keineswegs etwas Negatives bedeuten. Die Mutation ist der treibende Motor der Evolution der Lebewesen, ohne die Artenvielfalt nicht denkbar wäre.

Mutationsarten. Die Erbinformation kann verschieden stark verändert sein. Je nach Ausmaß und Umfang der Veränderung unterscheidet man drei Arten von Mutationen:

Genommutation. Das Erbgut oder *Genom* ist insgesamt gegenüber dem normalen Chromosomensatz verändert. Einzelne Chromosomen sind zu viel oder zu wenig vorhanden. Ein bekanntes Beispiel beim Menschen ist das *Downsyndrom*. Hier ist das Chromosom 21 dreifach vorhanden (vgl. S. 46 und S. 12, Bild 3).

Chromosomenmutation. Der im Mikroskop sichtbare Bau einzelner Chromosomen ist verändert. So können Chromosomenstücke verloren gegangen oder Teile eines anderen Chromosoms eingebaut sein. Ein Beispiel ist das *Katzenschrei-Syndrom*, bei dem ein Abschnitt des Chromosoms 5 verloren gegangen ist. Dadurch fehlen zahlreiche Gene, die zu einer starken Veränderung und Schädigung im Phänotyp führen.

Genmutation. Innerhalb eines Gens ist durch fehlende oder falsch eingebaute Basen die Basensequenz der DNA verändert. Dies kann den Ausfall eines ganzen Gens zur Folge haben oder durch eine fehlerhafte Proteinsynthese zu defekten, nicht funktionstüchtigen Proteinen führen. Zahlreichen erblichen Stoffwechselerkrankungen liegen Genmutationen zugrunde, so auch bei der Bluterkrankheit: Hier kann wegen eines Gendefekts ein Blutgerinnungsfaktor nicht mehr produziert werden.

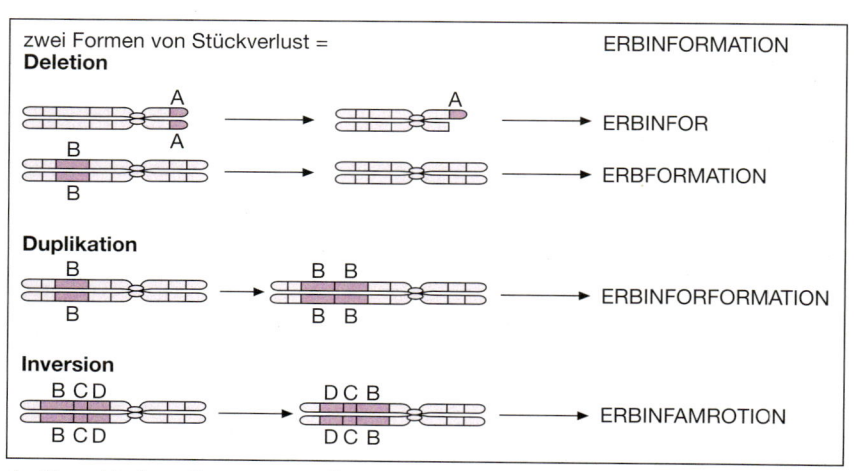

4 Verschiedene Formen von Chromosomenmutationen

Mutationen

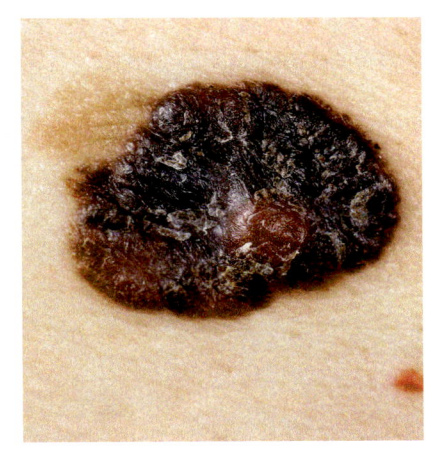

1 Hautkrebs kann durch UV-Strahlung hervorgerufen werden.

2 Missbildungen bei Kindern aus Tschernobyl

Somatische Mutationen. Tritt eine Mutation nicht in den Keimzellen, sondern nur in Körperzellen auf, spricht man von einer *somatischen Mutation*. Sie schädigt stets nur den Erkrankten selbst, kann aber *nicht* an seine Nachkommen weitervererbt werden. Mit seinem Tod verschwindet auch die Mutation. Eine Reihe von Krebserkrankungen, wie z. B. Lungen-, Kehlkopf- oder Hautkrebs, können eine Folge von somatischen Mutationen sein. Viele Giftstoffe, wie *Insektizide* und *Fungizide* sowie *Aflatoxine* (= bestimmte Schimmelpilzgifte), können somatische Mutationen begünstigen.

Bei der Entstehung von Hautkrebs ist der zugrunde liegende Mechanismus weitgehend aufgeklärt: Die *UV-Strahlung*, die in tiefere Hautschichten eindringt, führt dort in den Zellen zu gezielten *Veränderungen der DNA-Struktur*. Zellen mit fehlerhaften Basensequenzen in der DNA geraten oft außer Kontrolle. Die mutierten Zellen zeigen ein vielfach ungebremstes Teilungswachstum und beginnen zu wuchern: Ein Tumor entwickelt sich.

Mutationsrate. Mutationen entstehen spontan, also zufällig, ohne erkennbaren Anlass. Die *Mutationsrate* gibt an, mit welcher Häufigkeit eine Mutation auftritt. Sie ist für einzelne Gene und Chromosomenabschnitte unterschiedlich hoch. Bei den am häufigsten betroffenen Genen und Chromosomen des Menschen liegt sie bei 1 : 10 000 bis 1 : 1 000 000. Mutationen sind also seltene Ereignisse. Dennoch muss man bei der großen Zahl der Gene – beim Menschen etwa 30 000 – davon ausgehen, dass fast jeder von uns Träger einer Mutation ist.

Mutagene. Verschiedene Umwelteinflüsse können die Mutationsrate um das Zehn- bis Hundertfache erhöhen. Sie werden als *Mutagene* bezeichnet. Dazu gehören UV-Strahlung, Röntgen- und radioaktive Strahlung sowie viele Chemikalien. So ist zu erklären, warum 1986 nach der Atomreaktorkatastrophe von Tschernobyl Missbildungen und Krebserkrankungen bei Neugeborenen in den Folgejahren drastisch angestiegen sind.

3 Genmutationen

Aufgaben

1 Worin besteht der Unterschied zwischen einer Keimbahnmutation und einer somatischen Mutation?

2 Welche Mutationsarten lassen sich durch ein Karyogramm feststellen?

3 Erläutere die wesentlichen Unterschiede der drei Mutationsarten.

4 Kann man sich vor Mutationen schützen?

5 Begründe, warum man auf keinen Fall verschimmeltes Brot essen sollte.

In Kürze

Mutationen sind sprunghaft auftretende Veränderungen der Erbinformation. Nach ihrem Umfang unterscheidet man Gen-, Chromosomen- und Genommutationen. Keimbahnmutationen werden weitervererbt; somatische Mutationen betreffen nur die DNA von Körperzellen und sind nicht vererbbar. Mutagene sind äußere Umwelteinflüsse, die die Mutationsrate erhöhen.

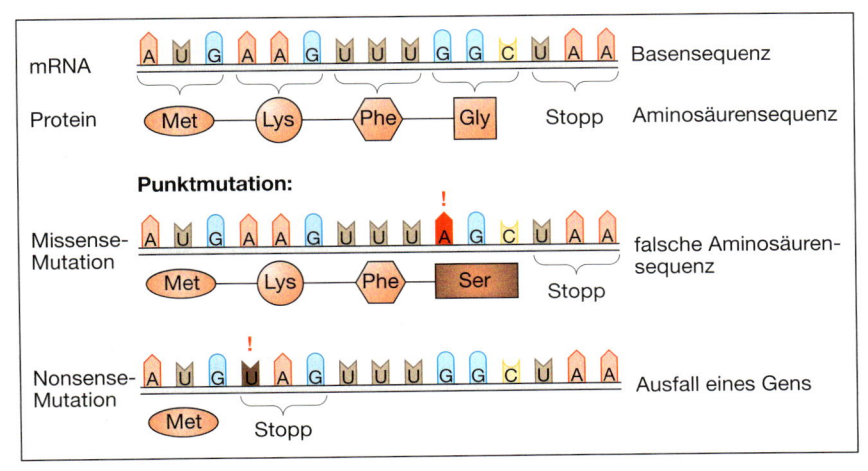

Fehler bei der Chromosomenverteilung

1 Kind mit Downsyndrom

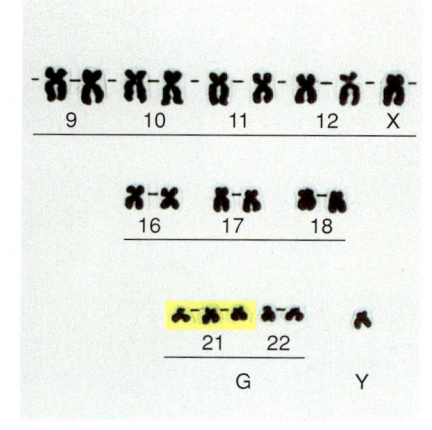

2 Ausschnitt aus dem Karyogramm

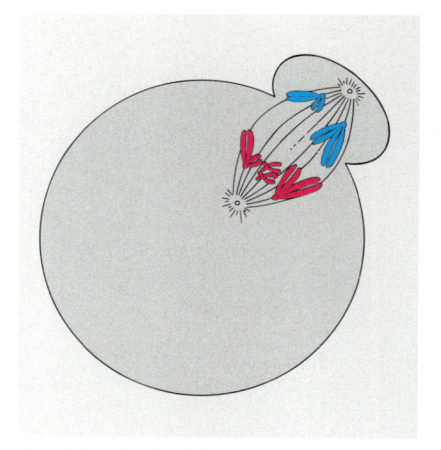

3 Fehlerhafte Meiose

Verteilungsfehler. Zu den relativ häufigen Ursachen von Mutationen beim Menschen gehören Fehler bei der Verteilung der Chromosomen. So kommt es vor, dass homologe Chromosomen in der Meiose nicht getrennt werden. Dieser Fehler wird deshalb auch *Nondisjunction* genannt. Entweder gelangt so das ganze Chromosomenpaar in eine Keimzelle, oder der Keimzelle fehlt dieses Chromosom. Nach der Befruchtung mit einer normalen, nicht mutierten Keimzelle ist in der Zygote das betreffende Chromosom dann dreifach oder nur einmal vorhanden. Der Mensch, der aus dieser Zygote hervorgeht, besitzt in allen Zellen ein Chromosom zu viel oder zu wenig. Diese Verteilungsfehler nennt man *Trisomie* bzw. *Monosomie*. Solche Genommutationen kann man im Karyogramm sehen.

Auswirkungen. Die Folgen der veränderten Chromosomenzahl sind oft so schwerwiegend, dass der Embryo abstirbt. Es kommt zu einer Fehl- oder Totgeburt. Mit Ausnahme des X-Chromosoms gilt das für Monosomien immer. Es fehlt ja ein ganzes Chromosom mit der Information von mehreren tausend Erbanlagen. Doch auch Trisomien können solche Folgen haben. Offensichtlich ist für die richtige Funktion des Erbguts nicht allein das Vorhandensein aller Erbanlagen notwendig, sondern auch ihr ausgewogenes Mengenverhältnis. Man spricht hier von *Genbalance*.
Beispiele für derartig schwer schädigende Folgen sind die beiden sehr seltenen Trisomien 13 und 18. Die Fehlbildungen und Schädigungen der Organsysteme sind dabei so gravierend, dass eine Lebenserwartung von meist nur wenigen Wochen bis Monaten nach der Geburt besteht.
Weniger gravierend – für die Betroffenen jedoch schlimm genug – sind Trisomien bei den Geschlechtschromosomen und bei den kleinen Chromosomen wie dem Chromosom 21.

Downsyndrom. Auf 650 Geburten kommt im Durchschnitt ein Kind, bei dem das Chromosom 21 dreifach vorhanden ist. Man spricht von *Trisomie 21* oder dem *Downsyndrom*. Es ist die *häufigste Chromosomenstörung* beim Menschen.
Menschen mit Downsyndrom haben typische *körperliche Merkmale*: ein flaches Gesicht, schräge Lidachsen, eine Hautfalte am inneren Augenwinkel, kleine Ohren, breite Hände mit kurzen Fingern und eine durchgehende Handfurche. Sie wachsen langsamer und werden meist nicht sehr groß. Häufig treten auch Herzfehler und andere Organstörungen auf. Die Entwicklung verläuft verzögert, dies wird vor allem bei der Sprachentwicklung und der motorischen Entwicklung deutlich. Die intellektuellen Fähigkeiten sind vermindert, wobei der Grad sehr variabel ist. Weniger als 10 % der Menschen mit Downsyndrom sind schwer geistig behindert. Rechnen und abstraktes Denken bereitet ihnen Schwierigkeiten. Lesen und Schreiben dagegen können sie lernen. Für die Entwicklung, vor allem ihrer geistigen Fähigkeiten, ist entscheidend, wie *intensiv sie in den ersten Lebensjahren gefördert werden*. In der Freude am Spielen und Toben, an Musik und Rhythmus sind diese Kinder genau wie alle anderen. Sie empfinden ebenso Trauer, Freude, Zuneigung und Abneigung, doch zeigen sie ihre Gefühle offener. Auch als Erwachsene bedürfen sie besonderer Fürsorge, zumal sie oft in ihrer Gesundheit beeinträchtigt sind.

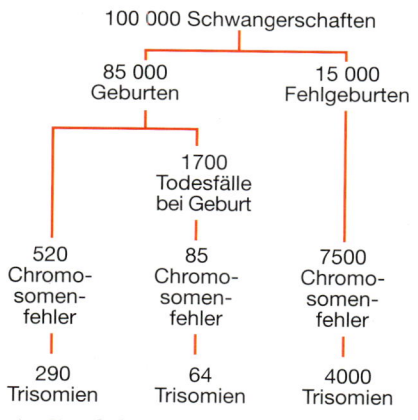

```
                100 000 Schwangerschaften
                 /                      \
           85 000                    15 000
          Geburten                 Fehlgeburten
          /      \                      |
         /        1700                  |
         |     Todesfälle               |
         |     bei Geburt               |
        520        85                  7500
     Chromo-   Chromo-              Chromo-
     somen-    somen-               somen-
     fehler    fehler               fehler
       |         |                     |
      290       64                   4000
    Trisomien Trisomien            Trisomien
```

4 Häufigkeit von Fehlern bei der Chromosomenverteilung

Fehler bei der Chromosomenverteilung

Häufigkeit von Trisomien. In Deutschland leben etwa 30000 bis 50000 Menschen mit Downsyndrom. Die Mutationsrate ist stark vom Gebäralter der Mutter abhängig (Bild 2). Während bei einer 25-jährigen Frau das Risiko der Geburt eines Kindes mit Trisomie 21 noch 1 : 1350 beträgt, ist es bei einer 40-jährigen bereits auf 1 : 100 angestiegen. Auch bei den anderen bekannten, noch lebensfähigen Trisomien kommt es altersbedingt zu erheblichen Wahrscheinlichkeitsschwankungen von 1 : 15000 bis 1 : 4000 bei Trisomie 13 bzw. von 1 : 10000 bis 1 : 3000 bei Trisomie 18.

Dieses deutliche Ansteigen der Mutationsraten etwa ab dem 35. Lebensjahr hängt mit der Besonderheit der Eizellenreifung der Frau zusammen: Während bei der Frau von Geburt an bereits alle Eizellen für die spätere Reifung in den Eierstöcken angelegt sind, werden die Spermien eines Mannes ab der Geschlechtsreife immer neu gebildet. Eine Eizelle, die bei einer 40-jährigen Frau zur Reifung kommt, ist also bereits 40 Jahre alt, bevor die Meiose abgeschlossen wird. Je älter Eizellen sind, desto wahrscheinlicher ist es, dass bei der Meiose Verteilungsfehler auftreten.

Veränderungen der Geschlechtschromosomen. Trisomien und Monosomien sind auch bei den Geschlechtschromosomen bekannt. Das *Ullrich-Turner-Syndrom* ist eine *Monosomie* des *X-Chromosoms* und tritt bei einem von 2500 neugeborenen Mädchen auf. Ihre Chromosomenausstattung, der *Karyotyp*, ist 45/X0. Die vorgeburtliche Sterblichkeit geschädigter Embryonen ist sehr hoch. Dennoch ist diese Chromosomenstörung die einzig bekannte lebensfähige Monosomie. Eines der Hauptmerkmale ist Kleinwuchs. Ohne Behandlung mit Wachstumshormonen werden die Betroffenen durchschnittlich nur 145 cm groß. Besonders auffällige äußere Körpermerkmale gibt es nicht. Schädigungen an Herz und Nieren sind häufig. Da die Eierstöcke unterentwickelt sind, bleiben diese Frauen unfruchtbar. Ohne eine Hormonbehandlung würde auch die Pubertätsentwicklung nicht einsetzen. Die geistigen Fähigkeiten sind in der Regel kaum eingeschränkt. Ein erhöhtes Alter der Mutter ist im Gegensatz zu den Trisomien hier ohne Bedeutung.

Männer mit *Klinefelter-Syndrom* haben ein zusätzliches X-Chromosom geerbt. Ihr Karyotyp ist 47/XXY. Mit einer Wahrscheinlichkeit von 1 : 500 bis 1 : 1000 ist diese Mutation *eine der häufigsten Chromosomenanomalien*.

In Deutschland leben etwa 80000 Jungen und Männer mit diesem Erbleiden. Die Betroffenen bleiben infolge unterentwickelter Hoden steril. Der dadurch bedingte Mangel an männlichen Geschlechtshormonen führt zu relativ weiblichen Körperformen, Brustvergrößerung, geringer Körperbehaarung und Hochwuchs. Durch regelmäßige Testosterongaben in der Jugend können die verweiblichenden Effekte minimiert werden. Entwicklungsverzögerungen, vor allem im sprachlichen Bereich, sowie Lernprobleme in der Schulzeit und Konzentrationsschwächen werden häufig beobachtet.

	mutierte Eizellen	
normale Spermien	1n/23 + 1 **XX**	1n/23 − 1 **−**
1n/23 **X**	2n/47 **XXX** Poly-X-Syndrom	2n/45 **X −** Ullrich-Turner-Syndrom
1n/23 **Y**	2n/47 **XXY** Klinefelter-Syndrom	2n/45 **Y −** Letal †
	Trisomien	**Monosomien**

1 Zustandekommen der Anomalien bei Geschlechtschromosomen

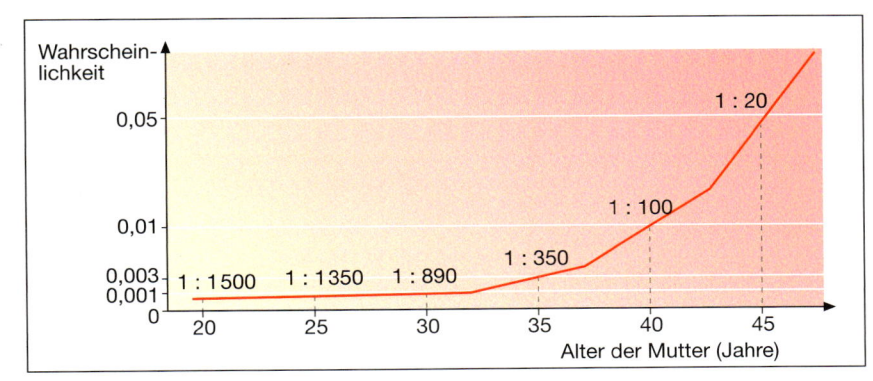

Aufgaben

1 Gesunde Eltern bekommen ein Kind mit Downsyndrom. Erkläre die biologischen Ursachen.

2 Welche Rolle spielt das Alter der Mutter für das Zustandekommen von Trisomien? Erkläre.

3 Inwiefern sind geschlechtschromosomale Erbkrankheiten symptomatisch behandelbar?

In Kürze

Fehler bei der Chromosomenverteilung in der Meiose führen zu einer veränderten Chromosomenzahl beim Embryo. Überzählige oder fehlende Chromosomen haben Entwicklungsstörungen und gesundheitliche Beeinträchtigungen zur Folge. Veränderungen bei den Geschlechtschromosomen haben weniger gravierende Auswirkungen als Veränderungen bei den Körperchromosomen.

2 Wahrscheinlichkeit für die Geburt eines Kindes mit Trisomie 21

Dominant vererbte Krankheiten

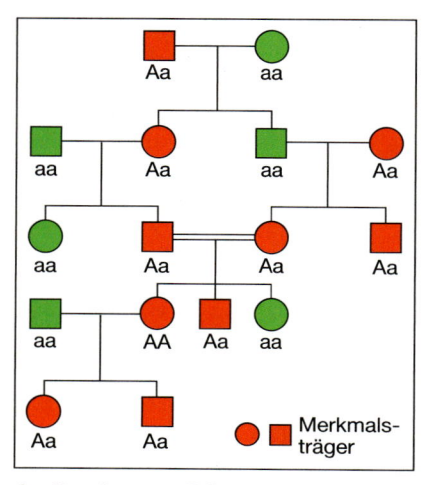

1 Dominanter Erbgang

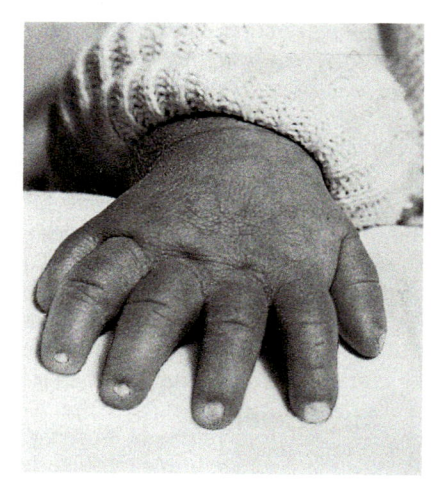

2 Vielfingrigkeit

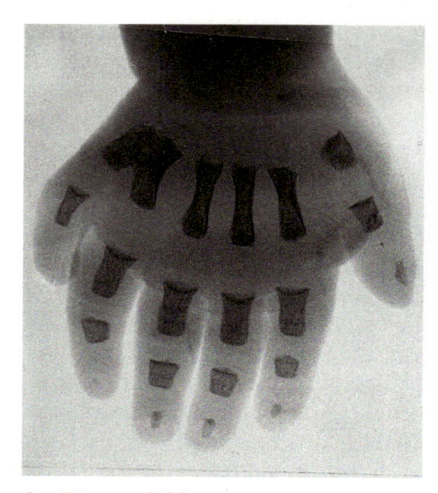

3 Röntgenbild

Genetisch bedingte Erkrankungen. Die Erblichkeit eines Merkmals oder einer Krankheit wird meist dadurch erkannt, dass es in manchen Familien häufiger auftritt als im Durchschnitt der Bevölkerung. Erst nach der Entdeckung der Vererbungsregeln und der Erbanlagen gab es für solche rätselhaften „Familienkrankheiten" eine schlüssige Erklärung. All diese Erkrankungen sind genetisch bedingt und werden nach den Vererbungsregeln an die Nachkommen weitergegeben. Mithilfe von Stammbaumanalysen kann man die Gesetzmäßigkeiten der zugrunde liegenden Erbgänge aufdecken.

Dominante Erbkrankheiten. Ein Teil der Erbkrankheiten beim Menschen wird dominant an die Nachkommen vererbt. Selbst wenn die Kinder das mutierte Gen nur von einem Elternteil besitzen, tritt bei ihnen die Krankheit auf. Dominant vererbte Krankheiten zeigen sich bei allen Trägern der entsprechenden Erbanlage, sowohl im rein- als auch mischerbigen Genotyp. Mit mindestens 50 % Wahrscheinlichkeit wird die Krankheit in jeder Folgegeneration auftreten (Bild 1).

Zu den dominant vererbten Krankheiten gehören z. B. die erbliche Schwerhörigkeit oder der Minderwuchs. Bei der Kurzfingrigkeit sind aufgrund eines Gendefekts die Finger- oder Handwurzelknochen verkürzt oder sie fehlen ganz. Anhand der Kurzfingrigkeit konnte man 1905 erstmals den dominanten Erbgang beim Menschen nachweisen.

Vielfingrigkeit. Aufgrund eines fehlerhaften Gens kommen gelegentlich Kinder mit mehr als fünf Fingern oder Zehen zur Welt. Bei ihnen ist meist ein Fingerstrahl verdoppelt. Man spricht dann von Polydaktylie.

Chorea Huntington. Diese dominant vererbbare Krankheit ist eine fortschreitende Nervenerkrankung, die meist zwischen dem vierten und fünften Lebensjahrzehnt ausbricht. Innerhalb von einigen Jahren kommt es zum Verlust der motorischen Kontrolle, der geistigen Fähigkeiten und zu starken Wesensveränderungen. Die heimtückische Krankheit gehört zu den häufigsten genetisch bedingten neurologischen Erkrankungen.

Männer und Frauen sind gleichermaßen betroffen. Die Ursache ist ein Gendefekt auf dem Chromosom 4.

Therapie. Während man Vielfingrigkeit operativ beheben kann oder Schwerhörigen mit einem Hörgerät hilft, ist eine symptomatische Behandlung der Chorea Huntington nur sehr begrenzt möglich und das Voranschreiten dieser Krankheit nicht zu verhindern. Keine Erbkrankheit kann bisher ursächlich geheilt werden. Dazu müsste das mutierte Gen in allen Zellen ausgetauscht oder korrigiert werden. Betroffene verdienen daher rücksichtsvolle Beachtung und sensible Behandlung.

Häufigkeit dominant vererbter Krankheiten	
Krankheit	Häufigkeit
Vielfingrigkeit	1 : 500
erbliche Schwerhörigkeit	1 : 2000
Kurzfingrigkeit	1 : 5000
erbliche Kleinwüchsigkeit	1 : 10000
Chorea Huntington	1 : 15000
erbliche Nachtblindheit	1 : 100000

Aufgaben

1 Ein Kind leidet an dominant vererbter Schwerhörigkeit. Erstelle ein Kreuzungsschema, das zu diesem Phänotyp führt. Bezeichne das mutierte Gen mit A, das normale mit a.

In Kürze

Erblich bedingte Krankheiten sind selten, aber oft sehr schwerwiegend. Wird ein Gen dominant vererbt, tritt die Krankheit in jedem Fall bei dem Träger des Gens auf. Eine Heilung von Erbkrankheiten ist derzeit noch nicht möglich.

Rezessiv vererbte Krankheiten

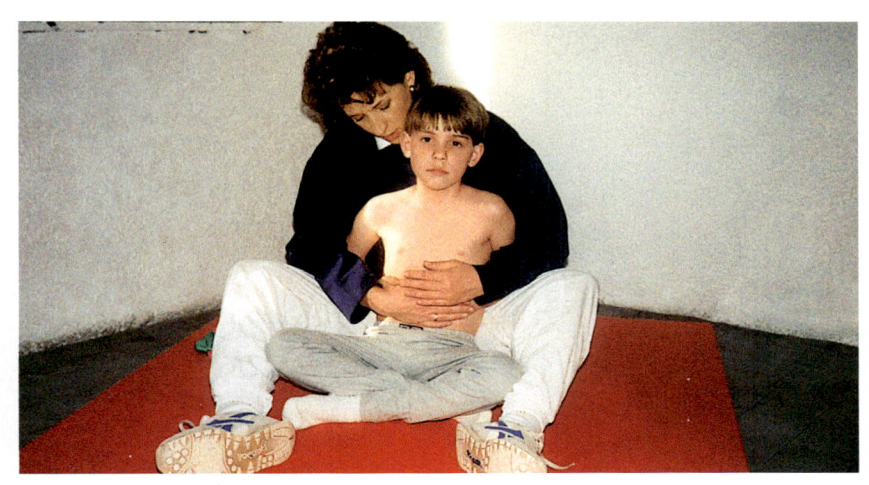

1 Krankengymnastik bei Mukoviszidose: Der Junge übt spezielle Atemtechniken. *2 Erbgang bei PKU*

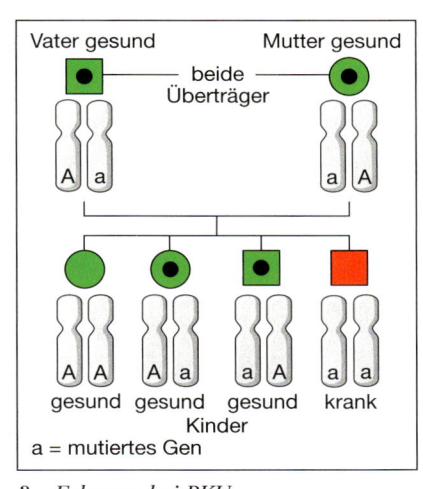

Rezessive Erbkrankheiten. Während bei dominanter Vererbung jeder Träger eines Gendefekts auch Merkmalsträger ist, gilt dies bei *rezessiver Vererbung* nur bei *Reinerbigkeit*. Mischerbige sind phänotypisch gesund, vererben aber das defekte Gen, oft ohne es zu wissen, an ihre Nachkommen weiter. Dass ein mutiertes Gen bei beiden Eltern vorkommt, ist eher unwahrscheinlich. Deshalb treten rezessive Erbkrankheiten oft über mehrere Generationen nicht in Erscheinung. Dieser Erbgang lässt sich somit durch Stammbaumanalyse nicht so einfach nachvollziehen wie der dominante Erbgang. Unter Verwandten ist aber die Wahrscheinlichkeit, dieselbe Erbanlage zu haben, viel größer. Nachkommen aus Verwandtenehen sind daher häufiger von Erbkrankheiten betroffen als die übrige Bevölkerung.

Mukoviszidose. Bei uns ist Mukoviszidose die häufigste rezessiv vererbte Stoffwechselkrankheit. Sie verursacht unter anderem Hustenreiz, Atemnot, Lungenentzündung und schwere Verdauungsstörungen. Dies sind Folgen einer Genmutation auf dem Chromosom 7. Sie führt dazu, dass die Drüsen mehrerer Organe sehr zähflüssige Sekrete bilden, die vor allem die Bronchien und Ausfuhrgänge der Bauchspeicheldrüse verstopfen. Trotz intensiver Behandlung vor allem mit Schleim verflüssigenden Medikamenten und Antibiotika sowie Atemgymnastik liegt die durchschnittliche Lebenserwartung heute nur bei etwa 40 Jahren.

Phenylketonurie. An *Phenylketonurie* (PKU) leidet bei uns einer von 10 000 Menschen. Sie wird durch ein rezessives Gen auf dem Chromosom 12 verursacht. Den Betroffenen fehlt ein *Enzym* in der Leber. Dadurch kann die *Aminosäure Phenylalanin* nicht im Stoffwechsel verwertet werden. Sie kommt in allen natürlichen Proteinen der Nahrung vor. Durch die hohe Anreicherung dieser Aminosäure im Blut, der Rückenmarks- und Gehirnflüssigkeit kommt es unbehandelt unter anderem zu Hirnschädigungen, die schwere geistige Defekte und epileptische Krampfanfälle zur Folge haben. Als erfolgreiche Therapie zur Vorbeugung bietet sich eine Spezialdiät mit *phenylalaninarmer* Kost an. Diese Diät muss ab der Geburt nicht nur bis zur vollkommenen Ausreifung des Gehirns, sondern mindestens bis zur Pubertät streng eingehalten werden. In Deutschland werden alle Neugeborenen auf PKU untersucht.

Häufigkeit rezessiv vererbter Krankheiten	
Krankheit	Häufigkeit
Mukoviszidose	1 : 2500
Taubstummheit	1 : 3000
Phenylketonurie	1 : 10 000
Milchunverträglichkeit	1 : 17 000
Albinismus	1 : 10 000

Aufgaben

1 Was versteht man unter rezessiven Erbmerkmalen? Wann erscheinen sie im Phänotyp?

2 Warum besteht bei Verwandtenehen ein erhöhtes Risiko, dass die Kinder an einem rezessiven Erbleiden erkranken?

3 Mit welcher Wahrscheinlichkeit wird bei dem in Bild 2 abgebildeten Erbschema ein PKU-krankes Kind geboren werden?

4 Erkundige dich in der Apotheke nach Medikamenten für Kinder, die an Mukoviszidose leiden. Wozu dienen diese Präparate?

In Kürze

Rezessive Erbkrankheiten kommen nur bei den Menschen zum Tragen, die das entsprechende Gen reinerbig besitzen. Bei Verwandtenehen gibt es ein erhöhtes Risiko für erbkranke Kinder. Viele Stoffwechselerkrankungen lassen sich auf rezessive Genmutationen zurückführen.

X-chromosomal-rezessiv vererbte Krankheiten

1 Testkarte für die Farbtüchtigkeit

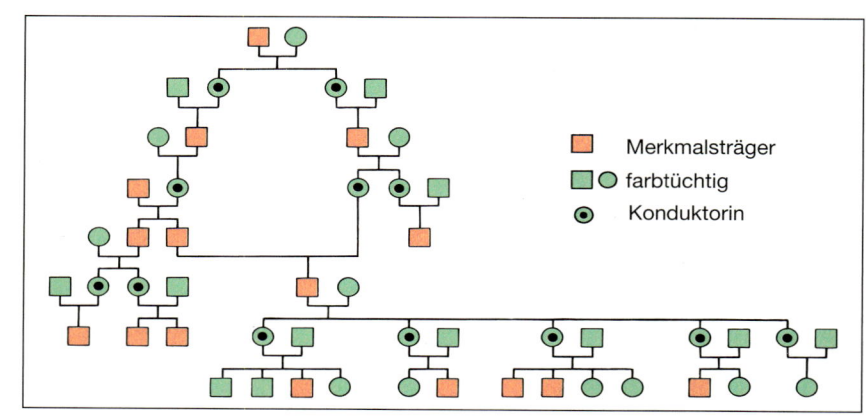

2 Stammbaum einer Familie, in der Rot-Grün-Schwäche vorkommt

Etwa 9 % der *männlichen* und 0,5 % der *weiblichen* Bevölkerung haben einen erblichen Sehfehler, die *Rot-Grün-Schwäche*. Auf der Testkarte (Bild 1) können Betroffene keine Zahl erkennen. Das gehäufte Auftreten dieser Erkrankung bei Männern legte die Vermutung nahe, dass die Vererbung hier mit dem Geschlecht zusammenhängt; sie wurde deshalb fälschlicherweise als geschlechtsgebundene Vererbung bezeichnet.

X-chromosomaler Erbgang. Tatsächlich verhält es sich so, dass die Erbanlagen für die Unterscheidung von Rot und Grün auf dem *X-Chromosom* liegen. Anders als auf dem kleinen *Y-Chromosom*, das fast nur geschlechtsbestimmende Gene trägt, finden sich auf dem X-Chromosom zahlreiche Gene, die außer der Geschlechtsbestimmung noch viele andere Informationen für verschiedene Körpermerkmale und Enzyme beinhalten. Über 3700 Genorte sind mittlerweile auf dem X-Chromosom bekannt (Bild 3).

Rot-Grün-Schwäche. Rot-Grün-Schwäche geht auf eine *Mutation* des Gens für die Unterscheidung von Rot und Grün zurück und wird rezessiv vererbt. Aus diesem Grund sind Männer als Merkmalsträger viel häufiger: Bei ihnen prägt sich das Merkmal schon aus, wenn sie – mit dem X-Chromosom ihrer Mutter – ein einziges Allel des defekten Gens geerbt haben. Denn Männer haben kein zweites homologes X-Chromosom, auf dem das normale, dominante Allel das mutierte, rezessive Allel unterdrücken könnte. Man nennt sie dann für das betreffende Merkmal *hemizygot*. Frauen können hingegen *heterozygot* und trotzdem farbtüchtig sein, da sie auf ihrem zweiten X-Chromosom das normale, dominante Allel tragen. Sie können jedoch das Gen an ihre Kinder weitergeben. Solche Frauen nennt man *Überträgerinnen* oder *Konduktorinnen*. Frauen, die eine Rot-Grün-Schwäche haben, müssen *reinerbig* sein, d. h., sie haben von beiden Elternteilen den Gendefekt geerbt. Dies kommt aber äußerst selten vor.

Bluterkrankheit. Die *Bluterkrankheit* oder *Hämophilie* wurde als Krankheit der Zaren und Könige bekannt, da sie in europäischen Herrscherhäusern gehäuft auftrat. Bei Blutern ist die *Gerinnungsfähigkeit* des Blutes stark vermindert. Selbst kleinste Blutungen können für sie lebensbedrohlich werden. Blutern fehlt aufgrund eines Gendefekts auf dem X-Chromosom einer von 13 verschiedenen Gerinnungsstoffen, den man als *Faktor VIII* bezeichnet. Dies führt zu einer stark verminderten Blutgerinnung. Das mutierte Allel verhält sich rezessiv gegenüber dem normalen Allel. Damit erklärt sich, dass praktisch alle Bluterkranken Männer

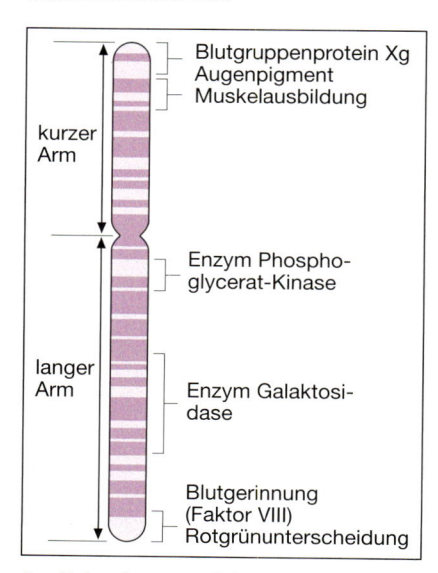

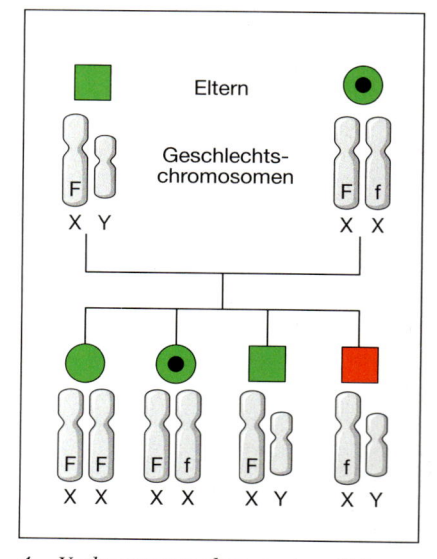

3 Erbanlagen auf dem X-Chromosom

4 X-chromosomal-rezessiver Erbgang

X-chromosomal-rezessiv vererbte Krankheiten

sind: Denn hemizygote Männer haben kein normales, dominantes Allel zum Ausgleich wie mischerbige Frauen, die als Konduktorinnen zwar das Gen weitervererben, aber immer phänotypisch gesund sind. Nur aus der Ehe einer Konduktorin mit einem bluterkranken Mann könnte eine bluterkranke Tochter hervorgehen.

Die Bluterkrankheit ist bis heute nicht heilbar, kann aber durch medikamentöse Verabreichung des Faktors VIII behandelt werden. Inzwischen wird dieser Gerinnungsstoff nicht mehr aus dem Blutplasma von Spenderblut, sondern gentechnisch mithilfe von Bakterien hergestellt.

Häufigkeit X-chromosomal-rezessiv vererbter Krankheiten	
Krankheit	Häufigkeit
Rot-Grün-Schwäche	1 : 100
Muskeldystrophie (Typ Dychenne)	1 : 3000 bis 1 : 5000
Bluterkrankheit (Hämophilie A)	1 : 5000
Die Angaben beziehen sich nur auf Männer	

Aufgaben

1 Welche Erkrankung liegt bei Muskeldystrophie vor? Informiere dich.

2 Mit welcher Wahrscheinlichkeit erkrankt eine Frau an Hämophilie? Begründe anhand eines Erbschemas.

3 Nenne wesentliche Unterschiede zwischen autosomal-rezessivem und X-chromosomal-rezessivem Erbgang.

In Kürze

Die Vererbung von Genen, die auf dem X-Chromosom liegen, folgt anderen Erbgängen als die autosomale Vererbung. Rot-Grün-Schwäche und Bluterkrankheit beruhen auf einer Mutation auf dem X-Chromosom und werden rezessiv vererbt.

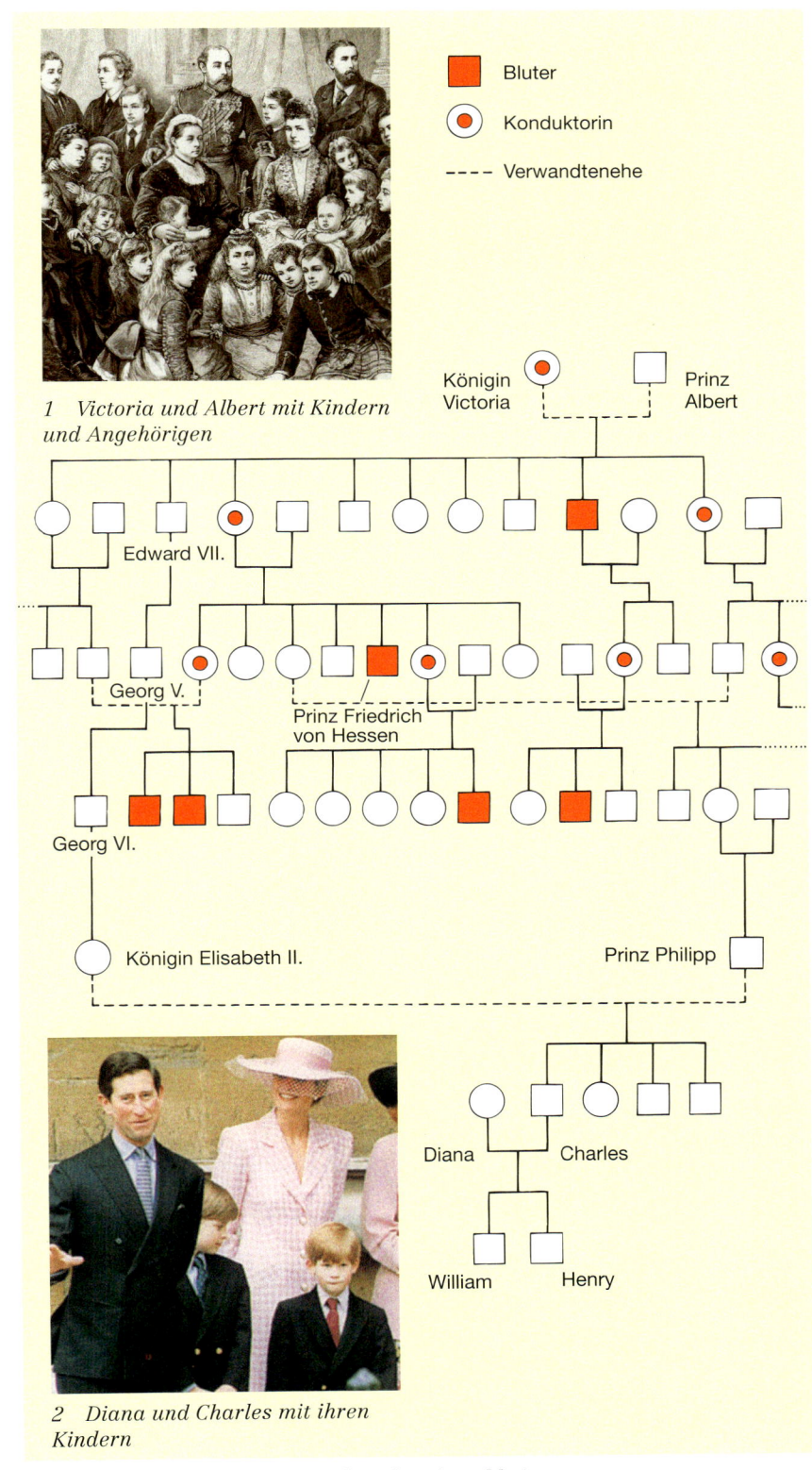

1 Victoria und Albert mit Kindern und Angehörigen

2 Diana und Charles mit ihren Kindern

3 Stammbaum zur Vererbung der Bluterkrankheit

Pränatale Diagnostik

Mithilfe der *pränatalen*, also *vorgeburtlichen Diagnostik* ist es möglich durch verschiedene Untersuchungsmethoden genetisch bedingte Krankheiten und Fehlbildungen sowie Chromosomenanomalien beim Ungeborenen festzustellen. Pränatale Diagnostik gewinnt zunehmend als Teil der Vorsorgeuntersuchung bei Schwangeren sowie in der genetischen Beratung an Bedeutung.

Ultraschalluntersuchung. Mit dieser gefahrlosen Untersuchung (vgl. S. 86, Bild 2 und 3) kann der Arzt schon sehr früh auf mögliche Fehlbildungen schließen, aber auch die Lage des Fetus in der Gebärmutter feststellen und seine Größe und den Entwicklungsstand beurteilen.

Chorionzottenbiopsie. Mit einem dünnen Katheter entnimmt man zwischen der 10. und 12. Schwangerschaftswoche etwas *Chorionzottengewebe*. Dies ist ein embryonales Zellgewebe der *Plazenta*. Die daraus gewonnenen Zellkulturen werden auf Chromosomenveränderungen untersucht.

Fruchtwasseruntersuchung. Bei der so genannten *Amniozentese* entnimmt der Arzt zwischen der 15. und 20. Schwangerschaftswoche mit einer feinen Nadel etwas Fruchtwasser aus der Fruchtblase. Diese *Amnionflüssigkeit* enthält abgelöste Zellen des Fetus, aus denen man nach Anlegen einer Zellkultur Chromosomenanomalien feststellen kann. Anhand dieser Zellkulturen und biochemischer Untersuchungen des Fruchtwassers kann man heute über 100 Stoffwechselstörungen bestimmen.

Präimplantationsdiagnostik (PID). Dieses Verfahren unterscheidet sich grundlegend von allen anderen Untersuchungsmethoden, denn es ist an die *künstliche Befruchtung außerhalb des Mutterleibs* (*In-vitro-Fertilisation* = IVF) gekoppelt. Bevor der Embryo in die Gebärmutter implantiert wird, werden ihm Zellen entnommen und diese genetisch untersucht. So können bereits vor der eigentlichen Schwangerschaft erblich geschädigte Embryonen ermittelt und unter Umständen aussortiert werden. Dies entspräche aber einer künstlichen Auslese. Die Abtötung von Embryonen lässt sich jedoch nicht mit dem in Deutschland derzeit geltenden Embryonenschutzgesetz vereinbaren. Während in einigen anderen europäischen Ländern die PID bereits angewendet wird, ist sie bei uns noch nicht zugelassen.

Problematik. Die Grenzen aller pränatalen Diagnoseverfahren liegen im *ethischen Bereich*. Die Untersuchungen sollten stets nur dazu dienen, mögliche Krankheiten festzustellen, um frühzeitige Hilfsmaßnahmen einleiten zu können. Niemals dürfen sie zu gesellschaftspolitischen oder familienplanerischen Maßnahmen wie z. B. zur Auswahl des gewünschten Geschlechts missbraucht werden. Die Entscheidung, ab welchem Behinderungs- oder erblichen Schädigungsgrad eine Abtreibung ethisch vertretbar sein kann, ist sehr schwer zu treffen und muss vom Gesetzgeber klar reglementiert sein.

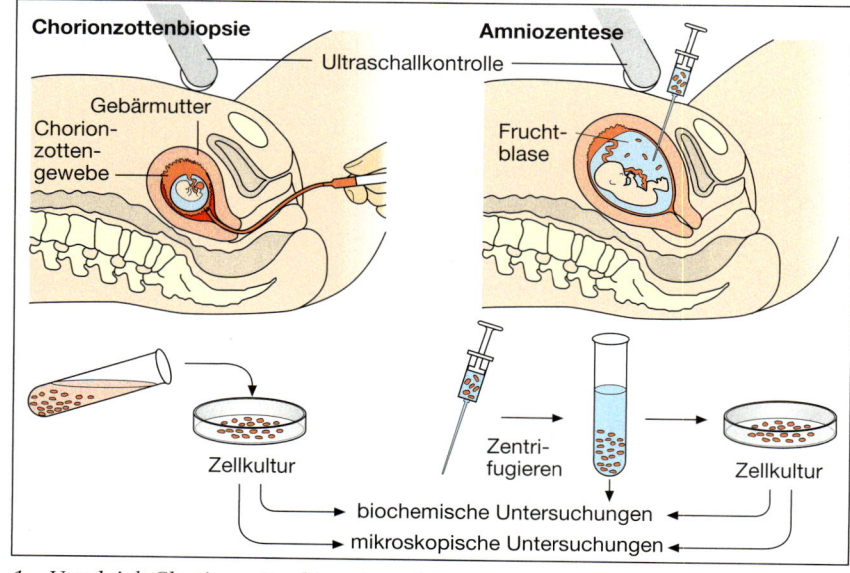

> „Ich habe gute Erfahrungen mit der vorgeburtlichen Untersuchung gemacht, und ich würde sie wieder machen lassen. Für mich war es eine zuverlässige Hilfe und eine sichere Stütze, zu wissen, dass Julia behindert sein wird. Ich konnte langsam in die Situation hineinwachsen und mich noch vor der Geburt ausreichend informieren."
>
> *Mutter eines Kindes mit Downsyndrom*

1 Vergleich Chorionzottenbiopsie und Amniozentese

Aufgaben

1 Durch welche vorgeburtlichen Untersuchungen konnte die Mutter das Downsyndrom ihres Kindes diagnostizieren lassen? Beschreibe.

In Kürze

Mithilfe der pränatalen Diagnostik kann der Arzt schon im Mutterleib und bei der PID noch vor der Schwangerschaft mögliche Krankheiten des Ungeborenen feststellen. Wichtige Methoden der pränatalen Diagnostik sind: Ultraschall- und Fruchtwasseruntersuchung, Chorionzottenbiopsie und Präimplantationsdiagnostik. In allen Fällen stellen sich ethische Probleme, da im Einzelfall über Schwangerschaftsabbruch und künstliche Auslese entschieden wird.

Genetische Beratung

1 Genetisches Beratungsgespräch

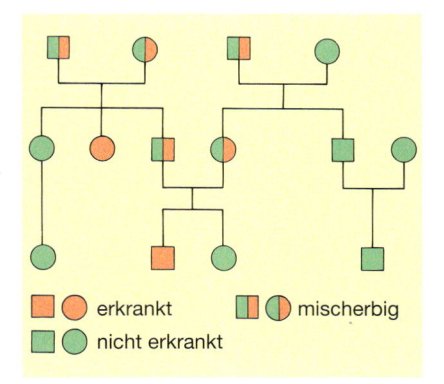

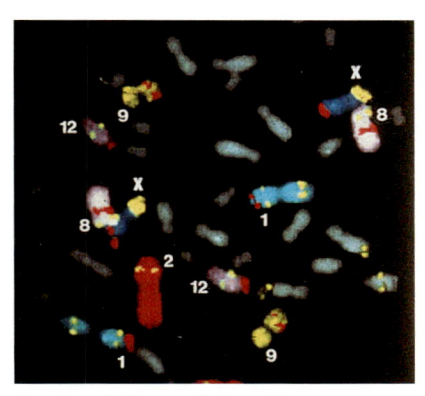

2 Stammbaumanalyse
■ ● erkrankt
■ ● mischerbig
■ ● nicht erkrankt

3 Speziell angefärbte Chromosomen

Die Methoden, um Erbkrankheiten und Fehlbildungen eines Kindes bereits vorgeburtlich festzustellen, haben sich immer mehr verbessert. Ebenso stieg in der Bevölkerung das Wissen um solche Krankheiten und damit das Risikobewusstsein von Paaren. Der Wunsch nach einem gesunden Kind ließ den Bedarf an genetischer Beratung stark ansteigen. Die meisten Kinder kommen gesund zur Welt und entwickeln sich normal. Bei 2 bis 3 % der Neugeborenen treten allerdings Krankheiten und Fehlbildungen auf, die genetisch bedingt sein können. Wenn Paare das Risiko einer genetisch bedingten Beeinträchtigung ihres Kindes ermitteln wollen, können sie eine *genetische Beratungsstelle* aufsuchen.

Risikofälle. Eine genetische Beratung ist bei folgenden Risikofällen angebracht:
- Die Eltern haben bereits ein Kind mit einer genetisch bedingten Erkrankung oder Fehlbildung.
- Ein Elternteil leidet an einer Erbkrankheit, oder in der Familie sind Erbleiden vorgekommen.
- Das Elternpaar ist miteinander verwandt.
- Eine Frau hatte schon mehrere Fehlgeburten ohne gynäkologisch feststellbare Ursache.
- Die Frau ist älter als 35 Jahre.

Darüber hinaus gibt es noch Fehlbildungsrisiken durch schädigende Einflüsse während der Schwangerschaft, wie bestimmte Virusinfektionen der Mutter, z. B. mit Rötelviren, der Belastung mit radioaktiver Strahlung, starken Medikamenten sowie dem Konsum von Alkohol oder illegalen Drogen.

Ziele und Aufgaben. Die genetische Beratung soll Ratsuchenden und betroffenen Familien helfen,
- die medizinischen Fakten einschließlich der Diagnose, den vermutlichen Krankheitsverlauf und die möglichen Behandlungsmethoden zu erfassen;
- den erblichen Anteil an der Erkrankung zu erkennen und das Risiko für die einzelnen Familienmitglieder als Genträger abzuschätzen;
- mit dem möglichen Risiko umzugehen;
- eine verantwortungsbewusste Entscheidung zu treffen, die ihrem Risiko, den familiären Zielen und den ethischen und religiösen Wertvorstellungen entspricht;
- sich gegebenenfalls so gut wie möglich auf die Behinderung des Kindes einzustellen und es anzunehmen.

Diagnosemethoden. Um das Risiko für eine genetisch bedingte Krankheit abzuschätzen, steht am Anfang einer genetischen Beratung die Stammbaumanalyse, die möglichst viele Familienmitglieder erfassen sollte. Vom Ergebnis hängt es ab, ob weitere Untersuchungen nötig sind. Den genaueren Aufschluss über mögliche erbliche Defekte können das Erstellen von Karyogrammen bei den Betroffenen selbst oder Familienmitgliedern ergeben. Für immer mehr Erbkrankheiten stehen Gentests zur Verfügung, um mutierte Gene bei einzelnen Familienmitgliedern direkt nachzuweisen. Die verschiedenen Möglichkeiten der pränatalen Diagnostik (vgl. S. 52) finden Anwendung, wenn in der Schwangerschaft ein erhöhtes Risiko einer Fehlbildung des Embryos besteht.

Die Entscheidung für oder gegen eigene Kinder oder bei einer schwerwiegenden Beeinträchtigung des Fetus für einen Schwangerschaftsabbruch müssen die Eltern jedoch selbst treffen. Die genetische Beratung soll sie dabei unterstützen.

Aufgaben

1 Nenne Gründe für eine genetische Familienberatung.

2 Erkläre, welche Ziele die pränatale Diagnostik verfolgt.

In Kürze

Die genetische Familienberatung hilft Ratsuchenden anhand von Familienanalyse und verschiedenen Diagnosemöglichkeiten das Risiko abschätzen zu können, ein erbkrankes Kind zu bekommen. Sie hilft bei der Entscheidungsfindung. Am Beginn der genetischen Beratung steht die Stammbaumanalyse.

Zur Diskussion: Erblich behindert?

1 und 2   Soziale Integration und intensive Förderung – beides ist für behinderte Kinder besonders wichtig

Info 1
Besuch eines Behindertenzentrums

In ganz Bayern gibt es flächendeckend Zentren, in denen behinderte Menschen wohnen, arbeiten und ihre Freizeit gestalten. Viele dieser Einrichtungen kann man mit Schülergruppen besuchen. Bei der Erkundung eines Behindertenzentrums sollt ihr euch so unbefangen wie möglich verhalten.

Wohnung der körperlich Behinderten: Worin unterscheidet sich die Wohnung von eurer? Was sind behindertengerechte Einrichtungen?

Werkstätten: Welche Arbeiten werden ausgeführt? Was ist Ziel dieser Beschäftigung? Was geschieht mit den gefertigten Arbeiten? Welche Ausbildungs- und Unterrichtsmöglichkeiten gibt es?

Freizeitgestaltung: Wie verbringen Behinderte den Abend, das Wochenende, die Ferien? Welche Möglichkeiten der Freizeitbeschäftigung und aktiver Sportausübung gibt es?

Info 2
Aus der Stellungnahme der AG Erwachsener mit Mukoviszidose

„Wir Betroffenen sollten uns klar gegen die Pränataldiagnostik aussprechen. Es gilt nicht nur, dagegen Stellung zu beziehen, dass andere über die Werthaftigkeit unseres Lebens urteilen bzw. diesem Leben die Werthaftigkeit absprechen. Es geht auch darum, zu verhindern, dass mit der angewandten Pränataldiagnostik und dem damit eng verküpften Schwangerschaftsabbruch in unserer Bevölkerung ein Bewusstsein entsteht, welches Behinderten und ihren Angehörigen zunächst immer ablehnender, vielleicht bald feindlich gegenübersteht.

Nicht zuletzt gilt es auch, mit den Behinderten ihre speziellen Tugenden … zu erhalten – in einer und für eine Gesellschaft, die an menschlichen Werten zu verarmen droht."

Info 3
Das sagen Eltern eines Kindes mit Downsyndrom

„Es dauerte lange, bis wir unser Kind so annehmen konnten, wie es ist, aber heute ist es super."

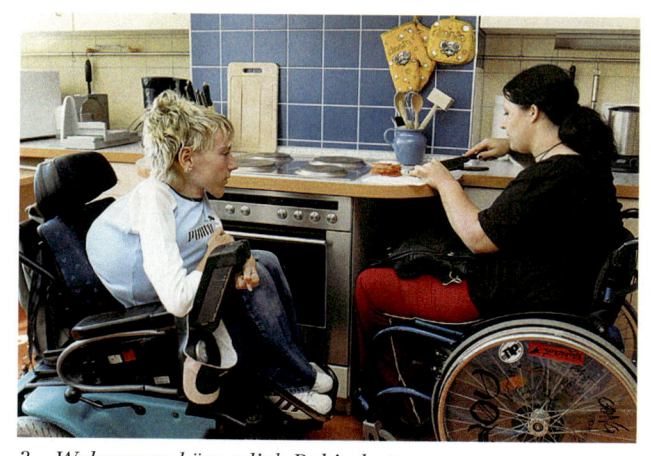

3   Wohnraum körperlich Behinderter

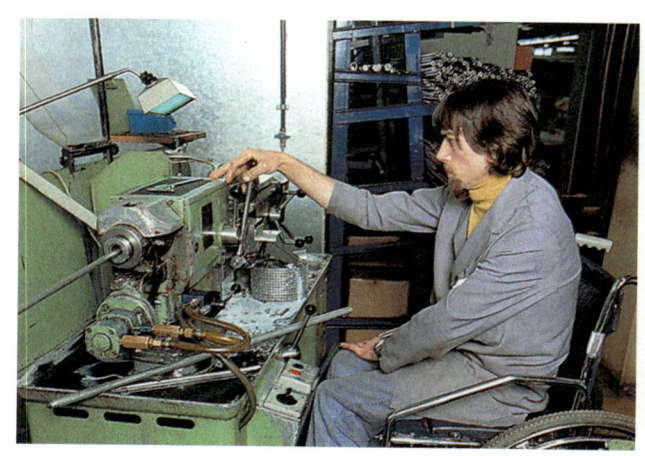

4   In einer Behindertenwerkstatt

Zur Diskussion: L(l)ebens-W(w)ert?

Lebensunwertes Leben im Dritten Reich

Sterilisierung von Behinderten
„§ 1 Wer erbkrank ist, kann durch chirurgischen Eingriff unfruchtbar gemacht (sterilisiert) werden, wenn … mit großer Wahrscheinlichkeit zu erwarten ist, dass seine Nachkommen an schweren körperlichen oder geistigen Erbschäden leiden werden.
§ 2 Erbkrank im Sinne dieses Gesetzes ist, wer an einer der folgenden Krankheiten leidet:
1. angeborener Schwachsinn, …
6. erblicher Blindheit, 7. erbliche Taubheit, 8. schwere erbliche körperliche Missbildungen …
Ferner kann unfruchtbar gemacht werden, wer an schwerem Alkoholismus leidet … Hat das Gericht die Unfruchtbarmachung endgültig beschlossen, so ist sie auch gegen den Willen des Unfruchtbarzumachenden auszuführen …"

Aus dem Gesetz zur Verhütung erbkranken Nachwuchses vom 14. Juli 1933

Zwischen 1934 und 1945 wurden etwa 180 000 Frauen und Männer nach diesem Gesetz zwangssterilisiert.

Euthanasie. Am 1. September 1939 erließ Adolf Hitler einen Geheimbefehl: „Reichsleiter Bouhler und Dr. med. Brand sind … beauftragt, die Befugnisse bestimmter Ärzte so zu erweitern, dass … unheilbar Kranke bei kritischer Beurteilung … der Gnadentod gewährt werden kann." Noch im selben Jahr begann die als „geheime Reichssache" durchgeführte Massentötung durch Vergasung von geisteskranken, alten und behinderten Menschen. Insgesamt fielen über 120 000 Menschen dieser als „Euthanasie" (Sterbehilfe) und „Vernichtung lebensunwerten Lebens" bezeichneten Mordaktion zum Opfer.

Menschliche Embryonen als Ersatzteillager? In Großbritannien, den USA und anderen Ländern dürfen seit einigen Jahren menschliche embryonale Stammzellen gewonnen werden, mit denen auch geforscht werden darf. Die Wissenschaftler hoffen, aus Stammzellen Gewebe entwickeln zu können, um daraus „Ersatzteile" für kranke Menschen herzustellen: Nerven, Muskeln, Organe und Knochen. Bisher unheilbare Krankheiten wie Alzheimer, Parkinson oder Mukoviszidose könnten so vielleicht einmal heilbar sein. In Deutschland war der Widerstand gegen diese Methoden groß, seit dem 1. Juli 2002 ist aber die Forschung mit aus dem Ausland importierten embryonalen Stammzellen unter bestimmten Voraussetzungen erlaubt. Die Gewinnung eigener embryonaler Stammzellen bleibt verboten.

Meinung A: „Man muss abwägen, was schwerer wiegt: der Schutz werdenden Lebens oder die Heilung Schwerkranker. Schwerkranken die Heilungschancen zu verweigern ist ethisch nicht vertretbar."

Meinung B: „Vor allem in Deutschland sollte man vorsichtig sein, den Schutz des Lebens aufs Spiel zu setzen. Wenn man damit beginnt, auszuwählen, welcher Embryo überleben soll, welcher nicht, ist der Anfang gemacht, lebenswertes von nicht lebenswertem Leben zu unterscheiden, und das erinnert an die Tötung Behinderter im Euthanasieprogramm der Nationalsozialisten."

Meinung C: „Wir können es uns nicht leisten, anderen Ländern die Forschung auf einem so wichtigen Gebiet zu überlassen. Da sich die Entwicklung nicht aufhalten lässt, sollte man in Deutschland das Forschungsverbot mit menschlichen Embryonen aufheben."

Bewertung der Präimplantationsdiagnostik (PID). In Deutschland werden zurzeit Pro- und Kontra-Argumente in Bezug auf eine gesetzliche Zulassung der PID diskutiert.

Argumente für PID
- Möglichkeit für Eltern mit Gendefekten, trotzdem sicher ein gesundes Kind zu bekommen
- Geringere Zahl von Abtreibungen wegen Nachweis oder Verdacht von geschädigten Embryonen.
- Der aus wenigen Zellen bestehende Embryo ist noch kein personaler, absolut schutzwürdiger Mensch.

Argumente gegen PID
- Ab der Befruchtung besitzt der Embryo eine unantastbare Menschenwürde und ein absolutes Lebensrecht (Grundgesetz Art. 1 und 2).
- Gefahr der Euthanasie (Tötung „unwerten Lebens"), da die Möglichkeit des Verwerfens bei „negativen" Eigenschaften des Kindes besteht. Dies bedeutet letztendlich den Einstieg in die Menschenzucht.
- Selektion („Auslese") bestimmter erwünschter Embryonen zur Erzeugung von (optimalen) „Wunschkindern".
- Es könnte zu einem Recht, zur Pflicht oder einem Zwang zum gesunden Kind kommen; folglich könnte die Toleranz gegenüber Behinderten abnehmen.

1 Ausschnitt aus einem Propagandaplakat für Euthanasie von 1938

Teste dein Grundwissen …

1 Erbgang bei der Wunderblume

Auf den Punkt gebracht

Die Weitergabe von Erbanlagen erfolgt nach bestimmten Gesetzmäßigkeiten. Lange vor der Entdeckung der Chromosomen und der DNA erkannte Gregor Mendel durch Kreuzungsexperimente diese Gesetzmäßigkeiten, die in den drei mendelschen Regeln zusammengefasst wurden. Auch Merkmale des Menschen werden nach diesen Regeln vererbt. Modifikationen sind umweltbedingte, nicht erbliche Merkmalsveränderungen. Bei einer Mutation ist die Erbinformation selbst verändert. Sie wird nur weitervererbt, wenn das Erbgut der Keimzellen betroffen ist. Man unterscheidet Genom-, Chromosomen- und Genmutationen. Fehlerhafte Chromosomenverteilungen in der Meiose sind die Ursache für Genommutationen, wie z. B. das Downsyndrom.

1 Mithilfe der mendelschen Regeln kann man die Vererbung zahlreicher Merkmale bei Lebewesen nachvollziehen.
a Formuliere die wesentlichen Inhalte der drei mendelschen Regeln.
b Ein Züchter möchte mit schwarzen Meerschweinchen auch weiße Tiere züchten. Erkläre anhand eines Erbschemas, wie er sein Zuchtziel verwirklichen könnte.

2 Bild 1 zeigt ein Beispiel für einen intermediären Erbgang.
a Was ist intermediäre Vererbung?
b Interpretiere Bild 1 und stelle dazu ein Vererbungsschema auf.
c Welche mendelschen Gesetze sind hier dargestellt?

3 Ein Kind hat die Blutgruppe 0 und ist rhesuspositiv, die Mutter hat Blutgruppe A und ist rhesusnegativ.
a Welche Blutgruppen sind beim Vater möglich? Stelle dazu passende Erbschemata auf.
b Benenne die möglichen Genotypen des Vaters in Bezug auf die beiden Blutgruppensysteme.
c Welche Blutgruppen kann der Vater dieses Kindes nicht haben?

4 Bei Mutationen ist das Erbgut verändert.
a Welcher Unterschied besteht zwischen einer Keimbahnmutation und einer somatischen Mutation? Nenne jeweils ein Beispiel dazu.
b Erläutere die Unterschiede zwischen Genom-, Chromosomen- und Genmutation.

5 Genommutationen wie die Trisomie 21 haben schwerwiegende Auswirkungen.
a Kennzeichne das Downsyndrom anhand von Geno- und Phänotyp.
b Wie kommt es zu diesen Fehlern bei der Chromosomenverteilung?
c Welche Genommutationen gibt es bei den Geschlechtschromosomen? – Erläutere ihre Entstehung an einem Kreuzungsschema.

6 Merkmale können dominant oder rezessiv vererbt werden.
a Nenne je ein Beispiel für eine dominant und eine rezessiv vererbte Krankheit.
b In welchen Genotypen kommen die mutierten Allele im Phänotyp jeweils zur Ausprägung?
c Übertrage die zwei Stammbäume aus den Bildern 2 und 3 in dein Heft. Gib dazu die möglichen Genotypen aller Familienmitglieder an.

... Gesetzmäßigkeiten der Vererbung

Durch Stammbaumanalyse lässt sich ermitteln, ob genetisch bedingte Erkrankungen dominant oder rezessiv vererbt werden. Dominante Gene prägen sich im Phänotyp sowohl im rein- als auch mischerbigen Zustand aus, rezessive Gene treten dagegen nur homozygot äußerlich in Erscheinung. Sind von einer Erbkrankheit vor allem Männer betroffen, liegt eine X-chromosomal-rezessive Vererbung vor.

Viele Erbkrankheiten lassen sich heute durch Gentests am Betroffenen selbst oder bereits vorgeburtlich mithilfe der pränatalen Diagnostik nachweisen. Vor allem die Präimplantationsdiagnostik wirft hier ethische Probleme auf. Die genetische Beratung klärt über Diagnosemethoden auf und hilft bei der Entscheidungsfindung.

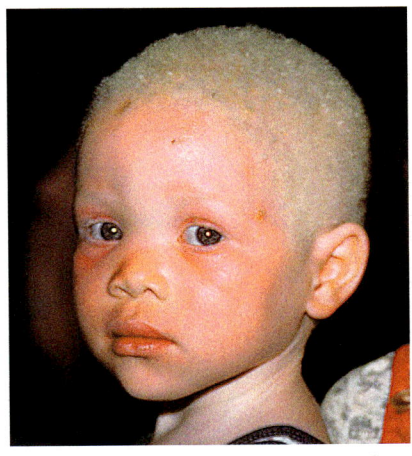

4 Albinismus wird rezessiv vererbt

7 Das mutierte Gen für die Bluterkrankheit sitzt auf einem Geschlechtschromosom.
a Erkläre, weshalb in der Regel nur Männer an der Bluterkrankheit leiden.
b Stelle ein Erbschema auf, bei dem auch eine bluterkranke Tochter entstehen kann.

8 Pränatale Diagnostik ist oft die Grundlage für genetische Untersuchungen.
a Was versteht man unter pränataler Diagnostik?
b Erläutere kurz die verschiedenen Untersuchungsmöglichkeiten pränataler Diagnostik.
c Welchem Zweck dienen diese Untersuchungen?
d Inwiefern entstehen hier oft schwerwiegende ethische Probleme?

9 Immer mehr Menschen suchen eine genetische Beratungsstelle auf.
a In welchen Fällen kann eine genetische Familienberatung sinnvoll sein?
b Welche Ziele und Aufgaben verfolgt die genetische Beratung?
c Welcher Diagnosemöglichkeiten bei der betroffenen Mutter und den Familienangehörigen bedient sich die genetische Beratung? Beschreibe sie.

○ □ gesund Frau/Mann
● ■ krank
  A mutiertes, dominantes Allel
  a normales, rezessives Allel

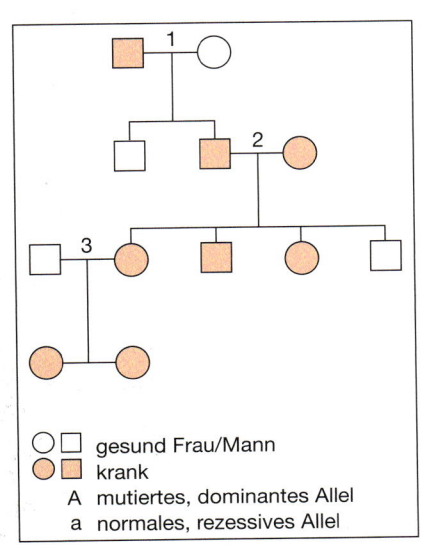

2 Erbschema dominanter Erbgang

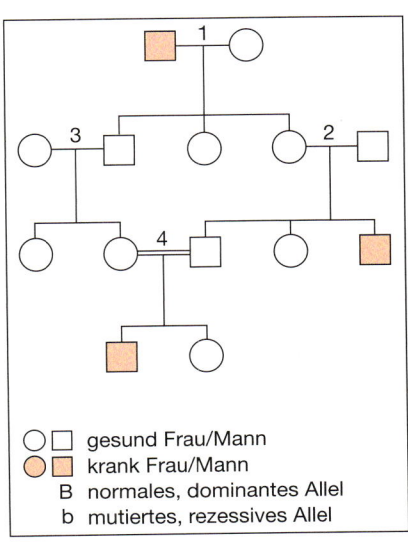

○ □ gesund Frau/Mann
● ■ krank Frau/Mann
  B normales, dominantes Allel
  b mutiertes, rezessives Allel

3 Erbschema rezessiver Erbgang

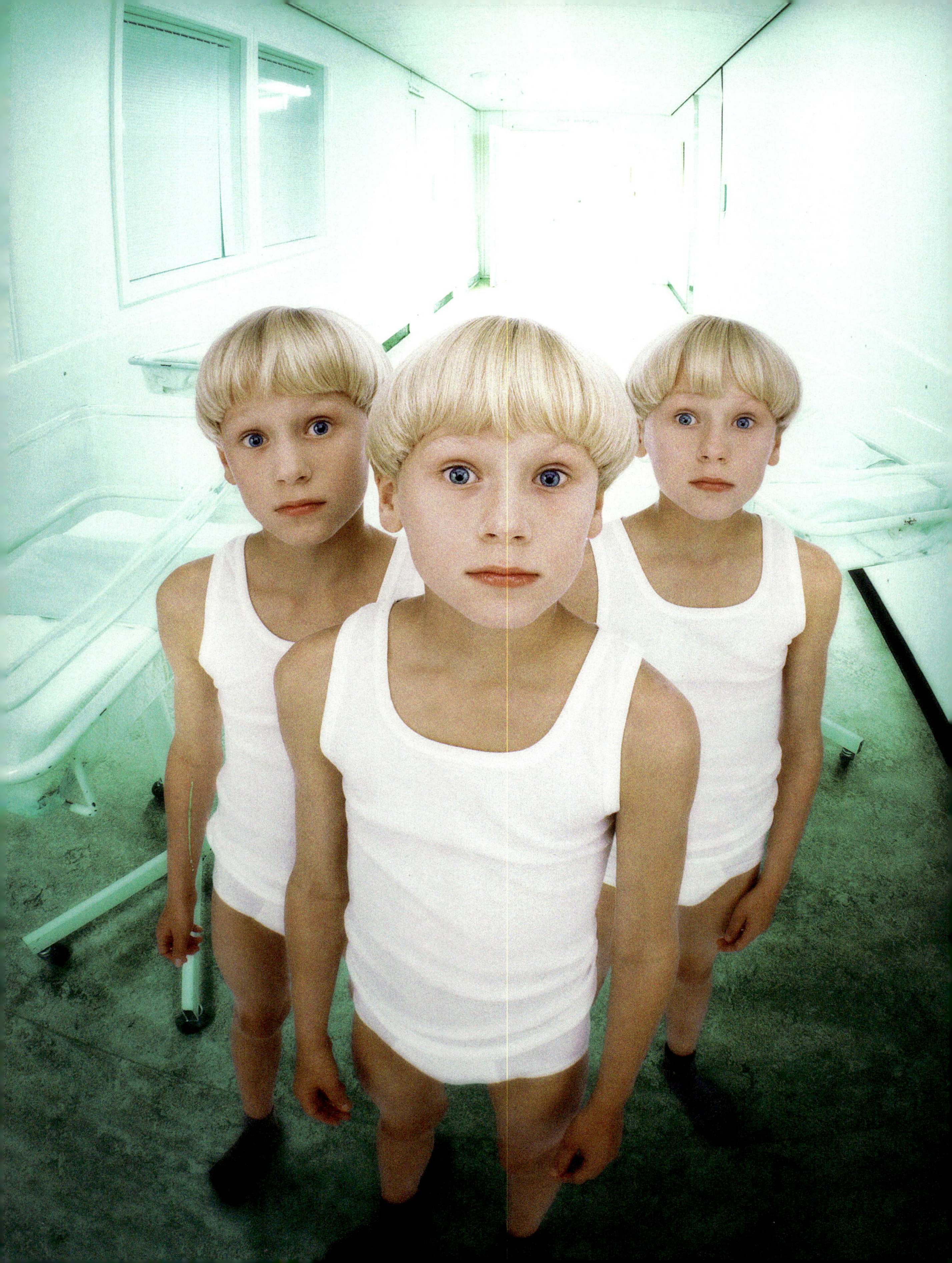

Angewandte Genetik

„Das Klonen von Menschen ist ein Angriff auf die Grundlagen unserer freiheitlichen und demokratischen Rechtsordnung."
Bundesjustizministerium, 1997

„Eltern könnten das Bedürfnis verspüren, Größe und Verhalten ihres Kindes per Genmanipulation zu beeinflussen."
Süddeutsche Zeitung, 29.9.1998

„Ich denke, dass wir ewig über Prinzipien diskutieren können. Aber was die Menschen wollen, ist nicht krank zu sein. Wenn wir ihnen dabei helfen, werden wir sie auf unserer Seite haben."
J. D. Watson, 1998

Als im Jahr 1997 das Schaf Dolly als Ergebnis eines Klonierungsexperiments geboren wurde, begann eine heftige Auseinandersetzung zwischen Befürwortern und Gegnern des Klonens sowie der Gentechnik. Sie hält bis heute unvermindert an. Bei diesem öffentlich ausgetragenen Streit werden allerdings sehr häufig die Begriffe *Klonen, Biotechnologie* und *Gentechnik* falsch verwendet.

Biotechnologie. Mithilfe der Biotechnologie versucht der Mensch *biologische Prozesse,* die in *der Natur* schon seit Jahrmillionen ablaufen, für sich im Kleinen, aber auch im Rahmen industrieller Produktionen zu nutzen. So bedient er sich z.B. bei der Herstellung alkoholischer Getränke der Gärung der Hefepilze und zur Produktion von Sauermilcherzeugnissen setzt er Bakterien ein.

Gentechnik. Absicht der Gentechnik ist es, *in das Erbgut von Lebewesen gezielt einzugreifen,* um Organismen und ihre Nachkommen genetisch zu verändern. Beispielsweise kann man normale, durch den Maiszünsler gefährdete Maispflanzen mithilfe der Gentechnik so manipulieren, dass deren Nachkommen selbst ein Gift gegen diesen Schädling erzeugen.

Klonierung. Diese Form der Reproduktion findet im Prinzip ebenfalls schon in der Natur statt. So sind etwa Ausläufer von Erdbeeren oder Stecklinge bei Weiden, aber auch Zwiebeln oder Knollen Klone ihrer Mutterpflanze.

Ziel des Klonens durch den Menschen ist es, *genetisch identische Nachkommen* zu erzeugen. Klone sind immer erbgleiche Nachkommen, die durch ungeschlechtliche Vermehrung entstanden sind. Da das Klonen nicht verändern, sondern identisch kopieren will, ist es das genaue Gegenteil der Gentechnik.

Pharming. Inzwischen hat die Wissenschaft auch Verfahren entwickelt, bei denen biotechnologische und gentechnische Methoden kombiniert werden. Ein Beispiel dafür ist das Pharming. Dabei züchtet man gentechnisch veränderte Lebewesen, um aus ihnen Medikamente zu gewinnen. So brachte man z.B. das menschliche Gen für die Produktion des so genannten Faktors IX in die isolierten Zellkerne eines Schafembryos ein. Die mit dem menschlichen Gen manipulierten Zellkerne injizierte man anschließend in entkernte Eizellen eines Schafs und implantierte diese dann in zwei Leihmütter.

Das Ergebnis dieses Experiments waren die Klonschafe Polly und Molly, die mit ihrer Milch den Faktor IX ausscheiden. Bei diesem Stoff handelt es sich um ein Protein, das zur Blutgerinnung benötigt wird und daher für Menschen mit Hämophilie (Bluterkrankheit) als Medikament lebensnotwendig ist. Polly und Molly stellen somit lebende Pharmafabriken dar.

1 „Gentechnik"

◁ *Geklonte Menschen – bald Realität? Das Bild zeigt eine Fotomontage.*

Aufgaben

1 Nimm Stellung zu den am Anfang des Kapitels geäußerten Aussagen.

2 Erkläre den wesentlichen Unterschied zwischen Gentechnik und Klonen anhand der beiden Bilder.

3 Ist das Klonen durch den Menschen ein biotechnologisches oder ein gentechnisches Verfahren? Begründe.

4 Versuche zu erklären, was man im Rahmen der Gentechnik unter dem Begriff Baby-Design versteht.

Pflanzenzucht und ...

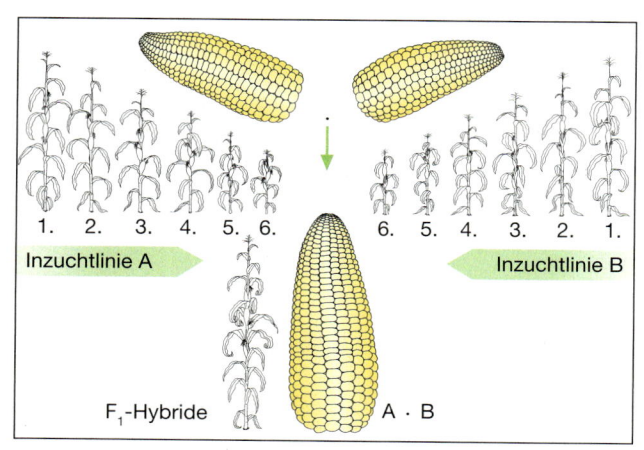

1 Heterosiseffekt in der F_1-Generation

2 Klonierung durch Zellkulturtechnik

Zuchtziele. Vor etwa 12 000 Jahren begannen die ersten Ackerbauern Tiere und Pflanzen zu züchten. Aus der Fülle der Wildarten wählte man vor allem solche aus, die große, wohlschmeckende Früchte oder Samen besaßen, die sich leicht anbauen, ernten und problemlos lagern ließen. Sie baute man weiter an.

Heute ist zu diesen Zielen eine Reihe neuer hinzugekommen. Dazu zählen unter anderem die Widerstandsfähigkeit gegen Krankheiten und Schädlinge, die Anpassung an Klima und Bodenbeschaffenheit oder die Optimierung bestimmter Inhaltsstoffe.

Auslesezüchtung. Bis zum Ende des 19. Jahrhunderts war die *Auslesezüchtung* die einzige Züchtungsmethode. Durch sie entstanden zahlreiche so genannte *Landsorten,* die robust und anspruchslos, aber nicht besonders ertragreich waren.

Ihr verdanken wir auch die Süßlupine. Allerdings ging man bei ihrer Zucht schon zielgerichtet und mit statistischer Genauigkeit vor. Ausgangspflanze war die Wildform der Lupine, die bitter schmeckt, giftig ist, nur langsam wächst und harte Samenschalen besitzt. Dadurch eignet sie sich bestenfalls zur Gründüngung, obwohl sie sich durch den hohen Proteingehalt der Samen zur Verfütterung anbieten würde.

Reinhold von Sengbusch suchte nun in den Jahren 1928/29 nach Mutationen der Lupine. Er fand unter 1,5 Millionen Pflanzen fünf Exemplare ohne giftige Bitterstoffe. Diese züchtete er weiter und stieß dann unter 10 Millionen Nachkommen auf eine einzige, die seinen Wünschen entsprach: Sie wächst schnell, schmeckt süß, ist giftfrei und hat eine weiche Samenschale. Diese vermehrte er als neue Sorte weiter.

Kombinationszüchtung. Grundlage der Kombinationszüchtung ist die dritte mendelsche Regel, nach der in der F_2-Generation neue Merkmalskombinationen auftreten, die bei keinem der Eltern vorhanden sind. So kreuzte man eine Getreidesorte, die kleine Körner, aber eine Resistenz gegen den Mehltau besitzt, mit einer großkörnigen Sorte, die aber anfällig für den Mehltau ist. Daraus entstand eine neue Sorte, in der beide positiven Eigenschaften der Eltern (große Körner und Mehltauresistenz) kombiniert sind. Kreuzt man diese Pflanzen über viele Generationen untereinander, entstehen durch diese *Inzuchtkreuzungen* reinerbige Sorten.

Hybridzüchtung. Reinerbige Sorten, die durch Inzucht entstehen, sind häufig weniger fruchtbar und zeigen eine geringere Wüchsigkeit. Kreuzt man zwei solcher Inzuchtlinien miteinander, sind die Nachkommen in der F_1-Generation häufig vitaler und größer als ihre Eltern. Man bezeichnet diese Erscheinung, die man z. B. beim Mais oder der Sonnenblume ausnutzt, als *Heterosiseffekt.*

Zell- und Gewebekultur. In der Pflanzenzucht gewinnt die Nutzung von Zell- und Gewebekulturen an Bedeutung. Dabei regeneriert man aus Gewebeteilen, Pollen, Einzelzellen oder Protoplasten wieder ganze Pflanzen.

Bei der *Protoplastenkultur* entnimmt man einer Pflanze etwas Gewebe und zertrennt es mithilfe eines Enzyms (Pektinase) in Einzelzellen. Bei diesen löst man anschließend die Zellwände durch ein weiteres Enzym (Cellulase) auf und erhält so „nackte" Zellen, die *Protoplasten*. Durch die Zugabe bestimmter Pflanzenhormone entsteht aus jedem Protoplasten ein Zellhaufen, ein *Kallus*. Dieser wiederum entwickelt sich schließlich zu einer ganzen funktionstüchtigen Pflanze. Alle aus den Protoplasten einer Pflanze entstandenen Nachkommen stammen von somatischen Zellen ab und besitzen daher dieselbe genetische Information. Sie sind Klone. Viele unserer Zimmerpflanzen werden auf diese Weise produziert.

Unter geeigneten Bedingungen kann man Protoplasten auch miteinander verschmelzen und dabei sogar Arten miteinander kombinieren, die auf natürliche Weise nicht kreuzbar sind. So hat man beispielsweise aus Kartoffel- und Tomatenprotoplasten die *Tomoffel* erzeugt.

... Tierzucht

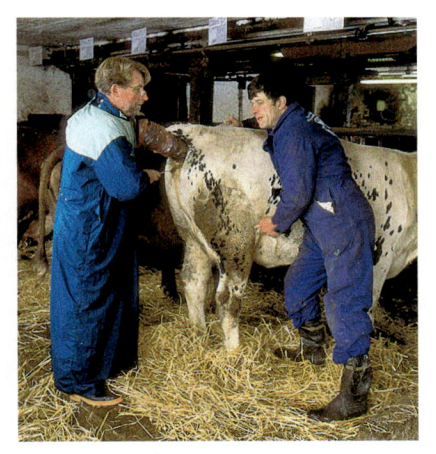

1 Künstliche Besamung

2 Pietrain-Schwein

3 Embryotransfer

Auch die Tierzucht bedient sich noch immer klassischer Methoden wie der *Kombinationszüchtung* oder der *Hybridzüchtung*. Allerdings geht man dabei heute teilweise neue Wege. Früher führte man in der Regel die Kühe zur Paarung zum Dorfstier. Dieser konnte im günstigsten Fall 50 bis 100 Nachkommen pro Jahr zeugen. Heute ist an die Stelle des Stiers die künstliche Besamung getreten: So können mit dem portionierten Sperma eines Bullen pro Jahr viele Tausend Kälber gezeugt werden.

Zuchtziel. Im Prinzip verläuft die Tierzüchtung nach denselben Regeln wie die Pflanzenzucht. Beim Tier ist die herkömmliche Züchtung aber schwieriger, weil die *Generationsrate* (die Nachkommen pro Generation) geringer ist und das *Generationsintervall* (der Zeitraum bis zur Fortpflanzungsfähigkeit der nächsten Generation) viel länger dauert als bei Pflanzen. Das Ziel der Tierzüchtung ist dabei die Fixierung neu geschaffener Eigenschaftskombinationen.

Inzuchtdepression. Um den Heterosiseffekt erzielen zu können, benötigt man möglichst reinerbige Linien. Dazu paart man nah verwandte Individuen mehrere Generationen lang untereinander. Anders als in der Pflanzenzucht, wo die Inzucht, etwa bei Selbstbestäubern, etwas ganz Normales ist, kann sie in der Tierzucht jedoch große Nachteile haben.

So treten dabei bisher rezessiv vererbte, nicht erwünschte Eigenschaften durch die Reinerbigkeit verstärkt auf. Ein Beispiel für diese *Inzuchtdepression* ist das Pietrain-Schwein, bei dem mit zunehmender Fleischfülle auch die Stressanfälligkeit stark zugenommen hat. Die Inzuchtdepression tritt in unterschiedlicher Form auch bei anderen Tieren – etwa bei Hochleistungsrindern – auf und stellt nicht nur ein ökonomisches, sondern auch ein ethisches Problem dar.

Embryotransfer. Zur Steigerung der Generationsrate hat man den Embryotransfer entwickelt. Dazu regt man den Eierstock einer wertvollen Hochleistungskuh mithilfe von Hormonen dazu an, nicht nur wie üblich ein Ei freizusetzen, sondern fünf bis zehn, im günstigsten Fall sogar bis zu 40. Die Eier dieser *Superovulation* werden mit dem Sperma eines Bullen künstlich besamt. Nach einigen Tagen spült man die sich daraus entwickelnden Embryonen aus der Gebärmutter aus und überträgt sie in Leih- oder Ammenmütter.

So kann man in einem einzigen Jahr von einer ausgesuchten Kuh nicht nur ein Junges, sondern eine ganze Reihe von Kälbern erhalten. Diese sind genetisch verschieden, also keine Klone, obwohl die beim Embryotransfer benutzten Eizellen alle von derselben Kuh und die Spermien vom selben Bullen stammen.

Aufgaben

1 Erkläre am Beispiel der Süßlupine das Prinzip der Auslesezüchtung.

2 Auf welcher wissenschaftlichen Erkenntnis beruht die Kombinationszüchtung? Erkläre.

3 Beschreibe, was man unter dem Heterosiseffekt versteht und wodurch er erzielt werden kann.

4 Was versteht man unter einer Protoplastenkultur?

5 Begründe, warum die Inzuchtdepression sowohl ein ökonomisches als auch ein ethisches Problem darstellt.

6 Erkläre, warum die Kälber eines Embryotransfers keine Klone sind.

In Kürze

Die älteste Form der Pflanzen- und Tierzüchtung ist die Auslesezüchtung. Bei der Kombinationszüchtung versucht man positive Eigenschaften zweier Lebewesen in den Nachkommen zu fixieren. Bei der Hybridzüchtung tritt oft der Heterosiseffekt auf. Beim Schaffen von reinerbigen Lebewesen kann man in der Tierzucht die nicht erwünschte Inzuchtdepression beobachten. Neue Zuchtformen sind bei Pflanzen die Protoplastenkultur und bei Tieren der Embryotransfer.

Klassische und neue Methoden des Klonens

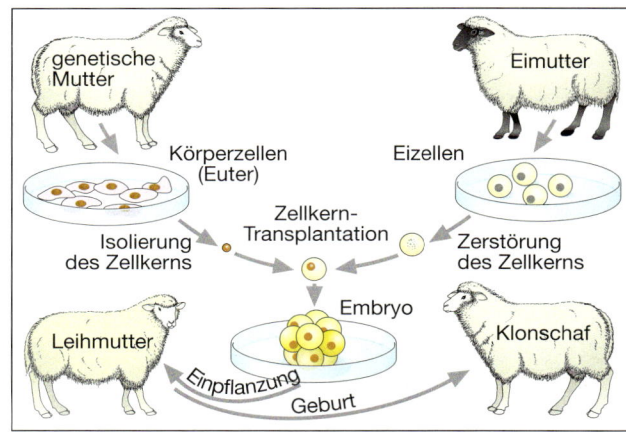

1 Geklonte Affen

2 Entstehungsweg des Klonschafs Dolly

Klonen in der Natur. Klonen, das heißt, die *ungeschlechtliche Vermehrung* von Lebewesen, ist keine Erfindung des Menschen. Auch die Natur klont und erzeugt so *genetisch identische Nachkommen*: Die Tulpe wächst aus einer *Brutzwiebel* oder der Krokus aus einer *Knolle*. Auch die vegetative Vermehrung von Bakterien durch einfache *Zellteilung* oder von Schimmelpilzen durch *Sporen* sind Formen des Klonens.
Ohne natürliche Klone sähe auch unser Speisezettel ziemlich karg aus: Erdbeeren vermehren sich durch *Ausläufer,* die Küchenzwiebel wächst aus einer *Tochterzwiebel,* die Kartoffel aus einer *Mutterknolle* und Weinstock, Zuckerrohr oder Banane pflanzen sich durch *Stecklinge* fort.
Aber auch bei Tieren und Menschen bringt die Natur gelegentlich Klone hervor. So entstehen z. B. *eineiige Zwillinge* aus einem Embryo, der sich in einem sehr frühen Stadium in zwei Hälften teilt. Daraus entwickeln sich dann zwei genetisch identische Menschen, zwei Klone.
Klassische Formen des Klonens. Im Bereich der Pflanzen klont der Mensch wichtige Nutzorganismen. Weiden und Pappeln zieht er aus Stecklingen heran, Nadelbäume aus Gewebekulturen. Die Banane lässt sich überhaupt nur noch durch Klonen vermehren, da sie im Lauf der Züchtung so stark verändert wurde, dass sie inzwischen keine Samen mehr ausbildet. Auch Bakterien, die aufgrund eines gentechnischen Eingriffs Medikamente produzieren, werden heute großtechnisch geklont.

Embryonensplitting. Seit Anfang der 1980er Jahre wird das Embryonensplitting bei Säugetieren durchgeführt. Dabei teilt (splittet) man einen Embryo im Zweizellstadium in zwei Embryonalzellen, die im Reagenzglas weitergezüchtet werden. Einige Zeit später setzt man sie in die Gebärmutter von Ammenmüttern ein. So entstehen schließlich zwei Klone. Mit dieser Form des Klonens wurden 1996 in der Schweiz mehr als 70 Kühe erzeugt und in Amerika 1997 zwei Affen.

Die Dolly-Methode. Im Jahre 1997 gelang ein Experiment, das bis dahin als unmöglich galt. Man reproduzierte aus einer *ausdifferenzierten Körperzelle* eines erwachsenen Säugetieres ein neues Lebewesen. Dazu wurde in die entkernte Eizelle eines Schafes der Zellkern einer Körperzelle eines anderen Schafes transplantiert. Die manipulierte, diploide Eizelle wurde von einem dritten Schaf, einer Leihmutter, ausgetragen. Dolly, das Produkt dieses Experiments, ist ein Klon des Schafes, von dem der Zellkern der Körperzelle stammt. Allerdings waren bis zum Gelingen viele Versuche nötig: 277 manipulierte Eizellen wurden verbraucht, um ein Schaf zu erzeugen. Das Experiment wurde inzwischen vielfach bei Schafen, Rindern oder Mäusen erfolgreich wiederholt.

Aufgaben

1 Erkläre, warum man bei der Fortpflanzung von Schimmelpilzen durch Sporen von Klonen spricht.

2 Überlege, weshalb die Banane heute nur noch durch Klonen vermehrt werden kann.

3 Fertige eine beschriftete Skizze an, die das Embryonensplitting veranschaulicht.

4 Was ist das Erstaunliche an der Dolly-Methode?

5 Welche weiteren Formen des Klonens werden hier genannt? Beschreibe sie.

In Kürze

Klonen ist keine Erfindung des Menschen. Auch in der Natur entstehen mit Ausläufern, Brutzwiebeln oder Knollen genetisch identische Nachkommen. Der Mensch klont, indem er Vorgänge in der Natur kopiert oder Techniken wie Embryonensplitting und Kerntransplantation anwendet.

Zur Diskussion: Klonen beim Menschen

(Sprechblase:) GUT, DANN SIND WIR ALSO EINSTIMMIG DAFÜR, DAS KLONEN VON MENSCHEN ZU VERBIETEN!

Embryonenschutzgesetz
§ 6 Klonen

(1) Wer künstlich bewirkt, dass ein menschlicher Embryo mit der gleichen Erbinformation wie ein anderer Embryo, ein Foetus, ein Mensch oder ein Verstorbener entsteht, wird mit Freiheitsstrafe bis zu fünf Jahren oder mit Geldstrafe bestraft.

(2) Ebenso wird bestraft, wer einen in Absatz 1 bezeichneten Embryo auf eine Frau überträgt.

(3) Der Versuch ist strafbar.

Menschenklone wachsen nicht

724 Eizellen von Rhesusaffen und keine Schwangerschaft: Forscher um Gerald Schatten an der Universität von Pittsburg melden in Science (300, S. 297) das Scheitern ihrer Klon-Versuche. Offenbar kommt zu den üblichen Problemen beim Klonen ein grundlegendes: Die Aufteilung der Chromosomen während der weiteren Zellteilung funktioniert nicht.

Für diese Aufteilung ist die „Spindel" zuständig – und dieser Zell-Apparat sieht in den geklonten Rhesusaffen-Embryonen chaotisch aus. Denn es fehlen zwei Proteine, die für die Organisation der Spindel zuständig sind. Bei den meisten Tieren sind diese Proteine in der ganzen unbefruchteten Eizelle verteilt, nur bei den Altweltaffen (Hunds- und Menschenaffen) nicht. Dort sind sie an den Chromosomen konzentriert und gehen daher beim Entkernen der Eizelle – dem ersten Schritt des Klonens – verloren.

Die Presse, 11. 4. 2003

Wort der Deutschen Bischofskonferenz zu Fragen von Gentechnik und Biomedizin (2003)

Das Ziel, Krankheiten zu heilen, die bislang nur gelindert werden konnten, verfolgt man auch mit dem so genannten *therapeutischen Klonen*. Dazu müssen nämlich durch Klonen menschliche Embryonen hergestellt werden. Diese dienen nur als Rohstoff zur Entnahme embryonaler Stammzellen. Dabei darf nicht übersehen werden: Beim therapeutischen Klonen wird menschliches Leben, das immer zugleich personales und von Gott bejahtes Leben ist, zum Ersatzteillager degradiert. Vom therapeutischen Klonen zu unterscheiden ist das so genannte *reproduktive Klonen*, also die komplette Herstellung der genetischen Kopie eines schon bestehenden Menschen. Es verbietet sich vor allem aus zwei Gründen. Aufgrund des Herstellungsverfahrens wird dem Klon die sonst übliche Mischung mütterlicher und väterlicher Gene vorenthalten. Außerdem wird der geklonte Mensch instrumentalisiert. Er wird nicht um seiner selbst willen erzeugt, sondern mit bestimmten Absichten, als Mittel zum Zweck, z. B. als Kopie eines als besonders vorzugswürdig erachteten Menschen, vielleicht eines berühmten Zeitgenossen, oder aber als Ersatzteillager für Organspenden.

Schöne neue Welt

„Bokanowsky-Verfahren", wiederholte der Direktor, und die Studenten unterstrichen das Wort in ihren Heftchen. Ein Ei – ein Embryo – ein erwachsener Mensch: Das Natürliche. Ein bokanowskysiertes Ei dagegen knospt und sprosst und teilt sich. Acht bis sechsundneunzig Knospen – und jede Knospe entwickelt sich zu einem voll ausgebildeten Embryo, jeder Embryo zu einem voll entwickelten Menschen. Sechsundneunzig Menschenleben entstehen zu lassen, wo früher nur eines stand: ... gewiss ein gewaltiger Fortschritt gegenüber der Natur! Völlig identische Geschwister, aber nicht lumpige Zwillinge oder Drillinge wie in den alten Zeiten des Lebendgebärens, als sich ein Ei manchmal zufällig teilte, sondern Dutzendlinge, viele Dutzendlinge auf einmal.

Aus: Aldous Huxley, Schöne neue Welt, 1932

Die heimliche Supermacht im Klonen

„Erst nachweisen, dann reden", ist die Devise der Wissenschaftlerin Lu Guangxiu, die im Alter von 61 Jahren einer von vielen chinesischen Arbeitsgruppen vorsteht, die sich dem Klonen verschrieben haben. In der Provinzhauptstadt Changsha konzentrieren sich 60 Wissenschaftler auf die Unfruchtbarkeit und deren Behandlung. Das Team arbeitet systematisch und wissenschaftlich korrekt. Mehr als 80 Embryonen wurden bereits als Klone von Erwachsenen erzeugt, und vier davon hatten das Vielzellen-Stadium erreicht, in dem der Embryo üblicherweise in die Gebärmutter implantiert wird.

Über diesen Erfolg ist Frau Guangxiu stolz, weil ihr heimlicher Konkurrent aus den USA, Advance Cell Technology, vor mehr als einem Jahr die damals entwickelten Embryonen nur bis zu einem Stadium von sechs Zellen erhalten konnte.

Herbert Hasenbein, Telepolis, 28. 1. 2003

Nachgehakt: Neue Züchtungstechniken

Neue Techniken erweitern seit einigen Jahren die Methoden der Züchtung. Dazu zählen der Umgang mit Geschlechtszellen außerhalb des Tierkörpers, die Gefrierkonservierung von Zellen und Embryonen sowie künstliche Nährmedien, mit deren Hilfe sich Zellen und Gewebe von Pflanzen und Tieren züchten lassen. Die Gentechnik ermöglicht es, gezielt einzelne Gene zu übertragen – auch zwischen Lebewesen, die nicht näher miteinander verwandt sind. Dadurch wird das Zuchtverfahren erheblich beschleunigt.

Transgene Pflanzen
Das Bakterium Bacillus thuringiensis (Bt) produziert ein Protein, das im Darm der Maiszünsler-Raupe, eines Fressfeindes vom Mais, giftig wirkt. Gentechnisch auf den Mais übertragen, veranlasst das Bakterien-Gen im Mais die Produktion des Giftes. So schützt sich dieser Bt-Mais selbst vor dem Schädling.

Transgene Tiere
In einigen Fällen ist es gelungen, Lebewesen mit artfremden Genen auszustatten, deren Merkmale sich ausprägen und vererbt werden: Karpfen mit Forellen-Wachstumsgenen oder Lachse mit einem Flundergen (im oberen Foto). Diese Technik ist wegen ihrer möglichen Folgen sehr umstritten.

Chimären
Man teilt wenige Tage alte Embryonen von zwei Individuen, z. B. von mehr oder weniger nah verwandten Arten oder Rassen, und bringt sie kreuzweise wieder zusammen. In einer Ammenmutter entwickelt sich daraus ein Tier, das aus Zellen zusammengesetzt ist, die von zwei verschiedenen Individuen stammen.

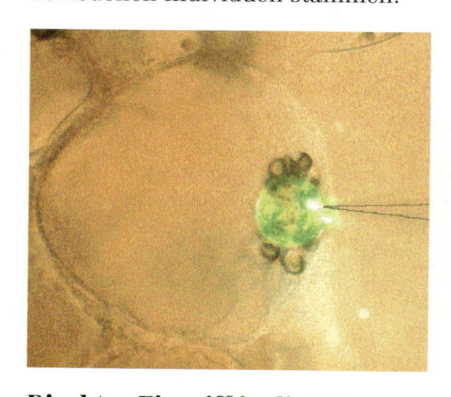

Polyploidie
Mithilfe von Colchicin, dem Gift der Herbstzeitlosen, lässt sich die Ausbildung der Spindelfaser bei der Mitose verhindern. Dadurch liegt in den Tochterzellen der doppelte Chromosomensatz vor. Aus diploiden Pflanzen werden so polyploide. Diese sind oft größer und widerstandsfähiger als die diploiden verwandten Arten.

Anzucht aus haploiden Zellen
Aus haploiden Keimzellen verschiedener Pflanzen lassen sich ganze Organismen regenerieren. Dazu verdoppelt man zunächst deren Chromosomensatz mithilfe von Colchicin. Auf geeigneten Nährböden wachsen daraus diploide Pflanzen. Durch dieses Verfahren entstandene Gerstensorten sind bereits im Handel.

Direkter Eingriff in die DNA
Bei Pflanzen verändert man durch Mikroinjektion Gene in situ (an Ort und Stelle). Man kann dabei DNA-Bausteine in ein Gen einfügen, daraus entfernen oder modifizieren. So lässt sich das vom Gen kodierte Protein qualitativ oder quantitativ verändern. Das Ergebnis können neue Stoffwechselprodukte (z. B. Öle) sein.

Gefahren und Grenzen der Züchtung

Gefahren. Durch die Züchtung schafft der Mensch neue Sorten und Rassen. Da er dabei versucht, die für ihn negativen Eigenschaften der Lebewesen durch Selektion zu eliminieren, kommt es zwangsläufig zu einer *Verminderung der genetischen Reserven*. Ganze Rassen können dadurch unter Umständen für immer von der Erde verschwinden.

Das ist auch der Fall, wenn bestimmte Rassen oder Sorten nicht weiter fortgepflanzt werden, weil dem Menschen ihre Eigenschaften nicht mehr zusagen. Durch diese „negative Züchtung" sind beispielsweise das Rotbunte Weideschwein oder das Baldinger Tigerschwein etwa um 1970 ausgestorben. Beides waren kleine, anspruchslose, hochbeinige Schweine mit dichtem Fell.

Genreserven. Seit einiger Zeit versucht man Gegenden auf der Erde, in denen es noch Genreserven in Form von nicht durch Zucht veränderten pflanzlichen und tierischen Wildformen gibt, unter Schutz zu stellen und in ihrem Naturzustand zu belassen. Derartige *Genzentren* finden sich vor allem in den Entwicklungsländern, z. B. in den besonders artenreichen tropischen Regenwäldern.

Da diese Regionen aber durch eine zunehmende Industrialisierung immer stärker gefährdet sind, geht man inzwischen dazu über, weltweit ein Netz von *Genbanken* anzulegen. In Gatersleben werden beispielsweise 44 000 verschiedene Pflanzensamen und im National Seed Storage Laboratory (USA) rund eine Million konservierter Keimlinge aufbewahrt. Aus diesen Genreserven können bei Bedarf verloren gegangene Sorten ersetzt oder neu kombiniert werden.

Biologische Grenzen der Züchtung. Eine ungehinderte, auf reine Linien bedachte Züchtung führt bei Tieren in vielen Fällen zur *Inzuchtdepression* und zu Eigenschaften, die dem Menschen nicht mehr nützen. Natürliche Barrieren ergeben sich aber auch bei der Bastardisierung weit oder nicht verwandter Eltern. Kreuzt man ein Pferd mit einem Esel zum Maultier, besitzt das Kreuzungsprodukt 63 Chromosomen: 32 vom Pferd und 31 vom Esel. Die im Vergleich zum Esel höhere Anzahl an Chromosomen führt beim Maultier zu einer Steigerung der Vitalität und Körpergröße. Die ungerade Anzahl der Chromosomen aber ermöglicht keine geordnete Verteilung bei der Keimzellenbildung (Meiose). Daher bleibt das Maultier steril und kann nicht weitergezüchtet werden.

Ethische Grenzen der Züchtung. Eine Züchtung wird immer da ihre Grenzen finden, wo verantwortungslos mit Pflanzen und Tieren umgegangen wird. Bedenklich wird sie immer dann sein, wenn man Tiere nur der Kuriosität wegen züchtet oder wenn das Züchtungsprodukt ohne die Obhut des Menschen in der Natur nicht mehr allein überleben könnte. So „produziert" man etwa Zwergpferde für den Zirkus, Hunde ohne Fell oder Kühe, die nur noch mit Kaiserschnitt gebären können.

Immer wieder entstehen durch die Züchtung auch Gefahren für den Menschen selbst. Durch die Kreuzung einer ursprünglich aus Europa stammenden friedfertigen Honigbiene mit einer afrikanischen entstand in Südamerika eine aggressive Art, die auch als „Killerbiene" bekannt geworden ist.

Bei der gentechnischen Veränderung von Pflanzen verwendet man auch Antibiotika-Resistenzgene. Diese setzt man ein, um die erfolgreich veränderten, transgenen Organismen von den nicht veränderten unterscheiden zu können. Die Resistenzgene aber stehen im Verdacht, dass sie – z. B. im Darm von Mensch oder Tier – von Mikroorganismen aufgenommen werden. Sind dies etwa Bakterien, die Infektionskrankheiten verursachen, könnte man diese Krankheitserreger nicht mehr wie bisher erfolgreich mit Antibiotika bekämpfen. Sowohl in der Tier- als auch in der Humanmedizin würde dies große Probleme bereiten.

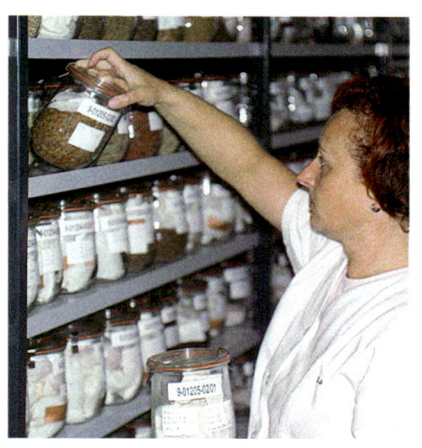

1 Genbank in Gatersleben

2 Zwergpferd

Aufgaben

1 Wie trägt die Züchtung dazu bei, dass Sorten und Rassen auf der Erde aussterben?

2 Erkläre, weshalb ein Maultier nicht weitergezüchtet werden kann.

3 Suche weitere Beispiele, die zeigen, dass Züchtung für den Menschen auch gefährlich sein kann.

In Kürze

Durch Züchtung können Pflanzen- und Tierrassen aussterben. Der Züchtung sind durch die Natur biologische Grenzen gesetzt. Der Mensch besitzt gegenüber den gezüchteten Lebewesen eine große Verantwortung.

Gentechnik

1 Genetischer Code: Für alle gleich!

Ob Elefant, Mensch, Heuschrecke, Steinpilz, Darmbakterium oder Kokospalme: Bei allen Lebewesen auf der Erde ist die Erbinformation in Form von DNA gespeichert. Dabei gilt für alle derselbe genetische Code: Ein bestimmtes „Schlüsselwort" aus drei Basen wird in eine bestimmte Aminosäure „übersetzt". Daher ist es möglich, Teile der Erbinformation einer Tier- oder Pflanzenart auf eine andere zu übertragen und sie bei der fremden Art zu verwirklichen. Die dabei verwendeten Verfahren fasst man unter dem Begriff *Gentechnik* zusammen.

„Werkzeuge". Die ersten Gentechnik-Experimente gelangen um das Jahr 1970. Kurz zuvor waren Bakterienenzyme entdeckt worden, die DNA-Moleküle in kurze Abschnitte „zerschneiden" können, die *Restriktionsenzyme*. Jedes dieser Enzyme hat dabei „seine" eigene Basenfolge, die es auf der DNA findet und an der es schneidet.

Binde-Enzyme können die DNA-Abschnitte wieder zusammenfügen.

Ein weiteres Werkzeug der Gentechnik sind *Plasmide,* kleine, ringförmige DNA-Abschnitte aus Bakterien.

Insulin – das erste gentechnisch hergestellte Medikament. Bei der Zuckerkrankheit Diabetes produziert die Bauchspeicheldrüse gar kein oder zu wenig Insulin. Dieses lebenswichtige Hormon senkt den Blutzuckerspiegel. Um schwere Schädigungen zu vermeiden, muss dem Körper bei Diabetes Insulin in genau dosierten Mengen zugeführt werden.

Früher wurde Insulin aus der Bauchspeicheldrüse von Rindern und Schweinen gewonnen. Dabei benötigte man 23 500 Tiere, um 450 g Insulin herzustellen – eine Menge, die gerade zur Versorgung von 750 Diabetikern ausreichte. Einige Diabetiker reagierten allergisch auf Tierinsulin. Daher wurde bei Tierinsulin eine Aminosäure ausgetauscht, damit es mit menschlichem Insulin identisch ist. Das herkömmliche Verfahren zur Herstellung von Humaninsulin ist zeitaufwändig und teuer. Seit 1982 wird Insulin von gentechnisch veränderten Darmbakterien, den Colibakterien, hergestellt.

Arbeitsschritte der Gentechnik. An diesem Beispiel lassen sich grundlegende Arbeitsschritte der Gentechnik verdeutlichen:

- Aus menschlichen Zellen wird DNA gewonnen und mit einem Restriktionsenzym zerlegt.
- Bakterien-Plasmide werden mit demselben Enzym geschnitten.
- Die Bruchstücke der menschlichen DNA, die das Insulin-Gen enthalten, und die Plasmide werden gemischt und anschließend mithilfe eines Binde-Enzyms zusammengefügt.
- Die Plasmide, die jetzt Teile der menschlichen Erbinformation enthalten, werden in Colibakterien eingeschleust. Bei jeder Zellteilung werden sie künftig kopiert und an beide Tochterzellen weitergegeben.
- Jetzt muss man die Bakterien „vereinzeln". Dazu gießt man

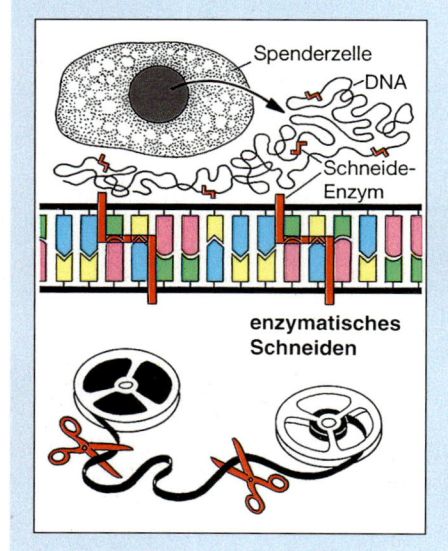

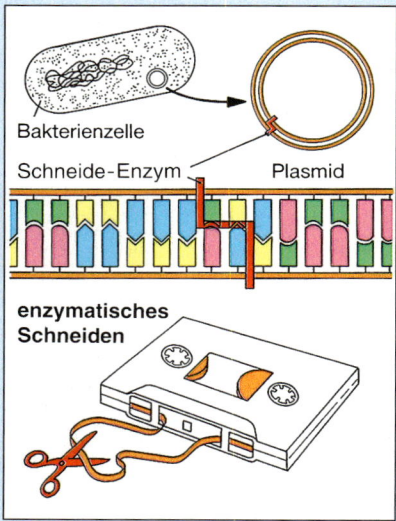

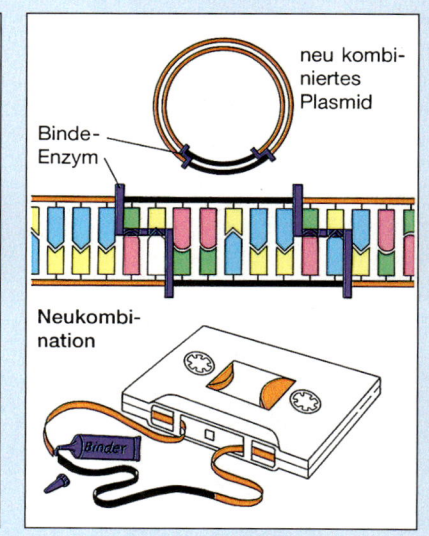

2 Gentechnik. Schema und Modell wichtiger Arbeitsschritte

Gentechnik

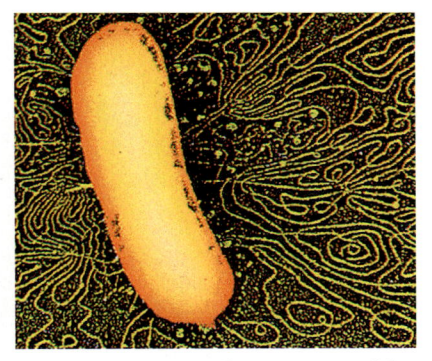

1 Colibakterienzelle mit ausgeschleuderter DNA. Vergrößerung 15 000fach

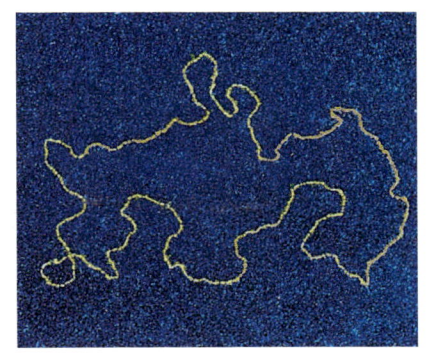

2 Ein Plasmid eines Colibakteriums

einige Tropfen der stark verdünnten Bakterienkultur in eine Schale mit Nährboden. Die Bakterien verteilen sich auf dem Nährboden.
- Aus jeder einzelnen Bakterienzelle entsteht durch fortgesetzte Teilung nach einigen Tagen ein deutlich sichtbarer Fleck, eine Bakterienkolonie. Alle Bakterien einer solchen Kolonie sind erbgleich, bilden also einen *Klon*.
- Mit besonderen Methoden kann man diejenigen Kolonien auffinden, deren Zellen das Gen für die Insulinherstellung eingebaut haben und Insulin bilden. Solche Zellen werden weitergezüchtet.
- Schließlich wird das von den Bakterien gebildete Insulin aus der Kultur abgetrennt.

Genübertragung. Um das Genom von Säugetierzellen mit Fremdgenen zu kombinieren, verwendet man häufig *Viren* als Einschleuser. Die winzigen Krankheitserreger schleusen ihre eigene Erbinformation in die Chromosomen ihres Wirts ein. Diese „Genfähren" können beispielsweise benutzt werden, um bestimmte Krankheiten zu heilen.
Es ist aber auch möglich, Gene mit einer sehr feinen Glasnadel direkt in den Zellkern zu übertragen.

Aufgaben

1 Beschreibe mithilfe des Schemas auf dieser Doppelseite die wesentlichen Arbeitsschritte der Gentechnik.

2 Vergleiche die herkömmlichen Züchtungsmethoden mit den Möglichkeiten der Gentechnik.

3 Nenne Merkmale, die Bakterien zu bevorzugten Forschungsobjekten der Gentechnik machen.

4 Erläutere, wie Wissen über die Erbinformation eines Menschen missbräuchlich verwendet werden könnte.

In Kürze

Bei der Gentechnik werden tierische, pflanzliche oder menschliche Gene auf eine andere Art übertragen. Mit Restriktionsenzymen wird die DNA geschnitten und in Bakterienplasmide eingeschleust. Mithilfe von Bakterien wird der gewünschte DNA-Abschnitt vervielfacht. Zur Übertragung auf den Zielorganismus benutzt man Viren als Genfähren oder überträgt die Fremd-DNA direkt in den Zellkern.

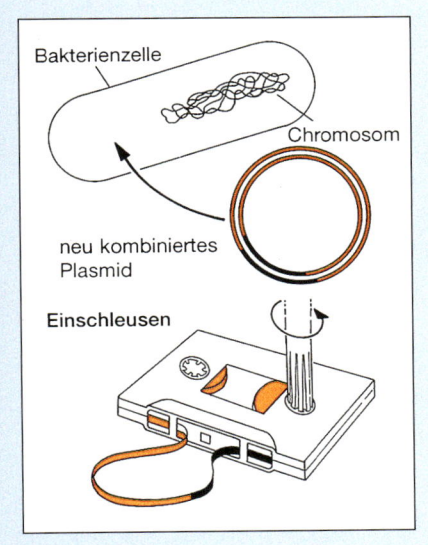

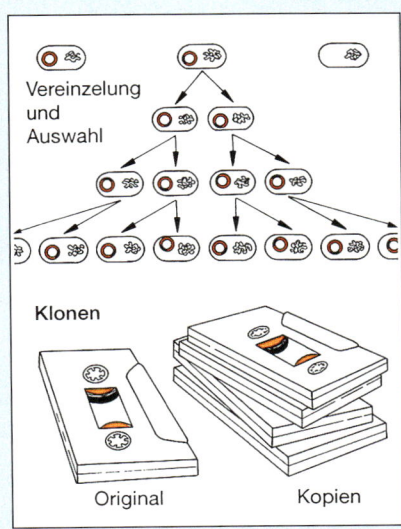

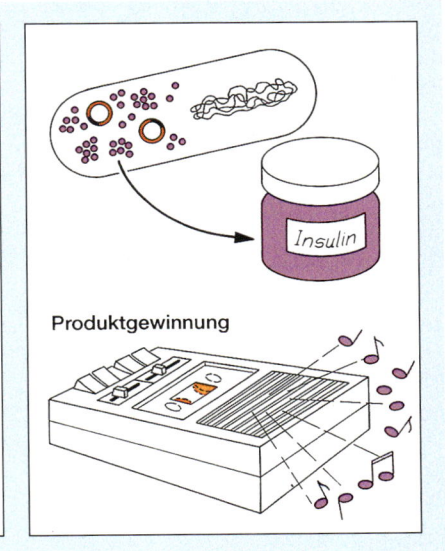

Transgene Pflanzen

1 Transgene Kartoffeln

2 Herbizidresistente Sojapflanze

3 Acker-Schmalwand

Zur Optimierung von Nutzpflanzen werden heute immer mehr *transgene Pflanzen* erzeugt. Dies sind Lebewesen, in die fremde DNA auf experimentellem Weg übertragen wurde.

Kartoffeln als Bioreaktoren. Ein Beispiel für eine transgene Nutzpflanze ist die amylosefreie Kartoffel. Als Speicherstoff enthält die normale Kartoffel Stärke. Diese besteht zu etwa einem Drittel aus der schwer löslichen *Amylose* und zu etwa zwei Dritteln aus dem leicht löslichen *Amylopektin*. Da in der Papier-, Textil- und Bauindustrie große Mengen an amylosefreier Stärke als Bindemittel und Kleister benötigt werden, muss die Stärke aus normalen Kartoffeln zunächst von der Amylose gereinigt werden. Zur Vereinfachung dieses aufwändigen Verfahrens hat man nun auf gentechnischem Wege Kartoffeln geschaffen, die gewissermaßen als Bioreaktoren amylosefreie Stärke bilden. Diese Kartoffeln werden seit 1999 in Freilandversuchen getestet.

Herbizidresistenz von Soja. Aufgrund ihres Öl- und Eiweißgehalts sind allein in Europa etwa 30 000 Lebensmittel auf dem Markt, die Soja enthalten. Zur Ertragssteigerung muss auf den Sojafeldern das Unkraut bekämpft werden. Zahlreiche der dazu verwendeten Herbizide haben allerdings den Nachteil, dass sie nicht zwischen der Nutzpflanze und dem Unkraut „unterscheiden" können. Mit gentechnischen Methoden hat man nun Sojapflanzen geschaffen, die gegen ein ganz bestimmtes Unkrautvernichtungsmittel *(„Round-up")* widerstandsfähig sind. Dazu fügte man in die Soja-DNA ein Gen von Bakterien ein, das jene auf natürliche Weise gegen „Round-up" unempfindlich macht. Die so veränderten transgenen Sojapflanzen können nun mit dem Herbizid besprüht werden ohne Schaden zu nehmen, während alle anderen Pflanzen zugrunde gehen.

Gentomate. Weltweit gehen jährlich etwa zehn Millionen Hektar Ackerfläche wegen zu intensiver Bewässerung verloren. Kurzfristig erhöht dies zwar die Produktivität, schädigt die Böden aber anschließend durch Versalzung so stark, dass man darauf kaum noch Nutzpflanzen anbauen kann. Deshalb wurde nun das Erbgut von Tomaten so verändert, dass sie auf diesen salzigen Böden noch genießbare Früchte hervorbringen. Dazu schleuste man ein bestimmtes Gen der Acker-Schmalwand (eines Kreuzblütlers) in das Erbgut der Tomate ein. Die Pflanzen speichern dadurch das aufgenommene Salz in den Zellvakuolen ihrer Blätter und reichern es nicht in den Früchten an.

Wurzelbärtigkeit. Die schwerwiegendste Krankheit bei der Zuckerrübe ist die Wurzelbärtigkeit (Rhizomania). Sie wird von einem Virus verursacht. Mithilfe der Gentechnik macht man nun Rüben resistent gegen die Krankheit. Dazu isolierte man zunächst aus einer mit Rhizomania befallenen Zuckerrübe das Gen für das Hüllprotein des Virus. Das Virusgen schleuste man dann in ein Bakterium ein. Infiziert man damit gesunde Zuckerrüben, stellen diese jetzt in ihren Zellen Virus-Proteinhüllen her. Die Virushüllen wirken dort als Schutz gegen das Virus. Für das Virus scheinen die Zellen nämlich schon infiziert zu sein und es breitet sich in ihnen daher nicht mehr aus.

Aufgaben

1 Definiere den Begriff „transgene Pflanzen".

2 Erkläre, wie es möglich wurde, dass Tomaten auf versalzten Böden wachsen können.

3 Beschreibe den Weg, der zu rhizomaniaresistenten Zuckerrüben führte.

In Kürze

Transgene Pflanzen sind Organismen, in deren Erbgut fremde DNA eingebracht wurde. Mit gentechnischen Verfahren versucht der Mensch pflanzliche Inhaltsstoffe zu verbessern, Nutzpflanzen gegen bestimmte Herbizide und Krankheitserreger resistent zu machen oder ihre Zellstruktur zu verändern.

Transgene Tiere

1 Transgenes Schaf: Polly

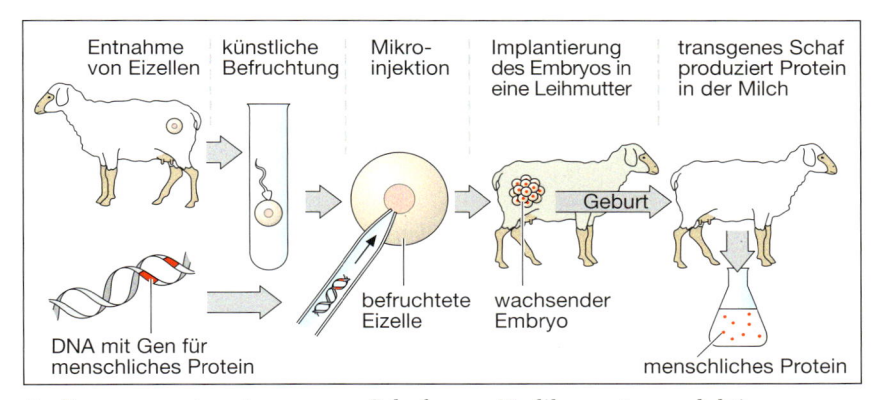

2 Erzeugung eines transgenen Schafes zur Medikamentenproduktion

Nachdem 1982 erstmals der Transfer fremder Gene bei Mäusen gelungen war, brach ein regelrechter Boom aus, diese Technologie auch bei anderen Tierarten anzuwenden.

Seit 1985 produziert der Mensch nun transgene Nutztiere. Diese spielen bisher vor allem in der Biomedizin eine Rolle. Bei diesem Gentransfer überträgt man häufig menschliche Gene mithilfe der *Mikroinjektion* in frisch befruchtete Eizellen (Zygoten) von Tieren. Allerdings ist das Verfahren sehr aufwändig und noch immer wenig effizient. Nur etwa 1 bis 4 % der Nachkommen haben das Fremdgen auch wirklich integriert. Die *transgenen Nutztiere* – vorzugsweise Rind, Schaf, Ziege oder Kaninchen – produzieren als lebende Bioreaktoren nun Proteine, die durch Melken zu gewinnen sind. Daraus sollen in erster Linie Medikamente hergestellt werden. Bislang ist aber noch kein auf diese Weise produziertes Medikament auf dem Markt.

Schafe als Pharmaproduzenten. Allein in Europa leiden etwa 100 000 Menschen an einem *erblichen Lungenemphysem*, einer Krankheit, bei der das Lungengewebe sehr rasch abgebaut wird. Ursache ist das genetisch bedingte Fehlen des Enzyms *Alpha-Anti-Trypsin* (AAT). Eine schottische Firma hat *Tracy*, ein transgenes Schaf, geschaffen, das mit seiner Milch das AAT ausscheidet. Allerdings kostet ein Liter davon noch mehr als tausend Euro.

Fehlt beim Menschen aufgrund eines genetischen Defekts ein *Blutgerinnungsfaktor*, führt dies zu einer Form der *Hämophilie*, der Bluterkrankheit. Die bisher aus Blutplasma gewonnenen Medikamente enthalten nicht selten pathogene Viren und sind zudem nicht in ausreichender Menge verfügbar. Daher hat man mit Polly und Molly transgene Schafe gezüchtet und geklont. Sie erzeugen in ihren Milchdrüsen den Gerinnungsfaktor.

Herzmittel von Ziegen. Nach einem gentechnischen Eingriff bei Ziegen konnte man erreichen, dass die Milch und das Blut dieser transgenen Tiere *Antithrombin* enthält. Das Protein wird als Medikament bei bestimmten Herzerkrankungen eingesetzt. Da es gerinnungshemmend wirkt, benötigt man es auch bei Herzoperationen. Dabei soll es in erster Linie die Bildung von Blutgerinnseln verhindern.

Transgene Kaninchen. Viele Menschen leiden an der Pompe-Krankheit. Dabei sterben täglich Hunderte von Muskelzellen ab, was unaufhaltsam zum Tod führt. Den Betroffenen fehlt das Enzym Alpha-Glucosidase. In Belgien hat man transgene Kaninchen gezüchtet, die das Enzym mit ihrer Milch ausscheiden. Die weitere Forschung wurde jedoch aufgegeben, da man das Medikament kostengünstiger aus Zellkulturen gewinnen konnte.

Schweine als Organspender. Werden zwischen nicht verwandten Arten Organe übertragen, spricht man von *Xenotransplantation* (von griech. *xenos:* fremd). Beim Menschen plant man, dabei vor allem Organe von Schweinen zu nutzen, da diese etwa die gleiche Größe und einen ähnlichen Bau wie die des Menschen besitzen. Als Hürde erweist sich bisher allerdings eine äußerst starke Abstoßungsreaktion, die innerhalb weniger Minuten eintritt. Deshalb arbeitet man nun daran, transgene Schweine zu schaffen, die diese Abstoßungsreaktion ausschalten.

Aufgaben

1 Überlege, warum Schaf und Ziege als bevorzugte lebende Bioreaktoren verwendet werden.

2 Erkläre mithilfe von Bild 2, wie es möglich wurde, dass Tracy mit ihrer Milch das menschliche Enzym AAT ausscheidet.

3 Erkläre, warum es schwierig ist, Organe von Tieren auf den Menschen zu übertragen.

In Kürze

Als transgene Tiere bevorzugt man Säugetiere. Sie werden heute gentechnisch so verändert, dass sie als so genannte Bioreaktoren menschliche Proteine herstellen. Diese sollen als Medikamente für den Menschen genutzt werden.

Zur Diskussion: Gentechnisch veränderte Lebensmittel

Fettreduzierte Pommes frites

In den Knollen herkömmlicher Kartoffelsorten ist die Stärke ungleichmäßig verteilt. Bei der Zubereitung von Chips oder Pommes frites benötigen Bereiche mit geringerem Stärkegehalt längere Frittierzeiten und nehmen daher mehr Fett auf. Aus Kartoffeln mit gleichmäßiger Verteilung der Stärke in der Knolle könnten fettreduzierte Produkte hergestellt werden. Transgene Kartoffeln mit diesen Eigenschaften wurden bereits entwickelt und in den USA intensiv im Freiland getestet. Dazu wurde ein Gen aus Bakterien, das eine Rolle beim Stärkestoffwechsel spielt, auf Kartoffeln übertragen. Ein möglicher Interessent für die transgenen Kartoffeln könnte die Fastfood-Industrie sein.

1 Pommes frites

Butterfinger und Chips

Im September 1998 kam mit dem Schokoriegel „Butterfinger" das erste gentechnisch veränderte Nahrungsmittel auf den deutschen Markt, das auf der Verpackung auch auf diesen Umstand hinwies. Das Produkt enthält eine Maissorte, der man ein zusätzliches Gen zur Resistenz gegen ein Schadinsekt, und zwar den Maiszünsler, eingefügt hatte. Eine Kampagne von verschiedenen Umweltorganisationen, aber auch die schlechten Verkaufszahlen führten dazu, dass das Produkt jedoch schon 1999 wieder vom deutschen Markt genommen wurde. Auch in verschiedenen Tortilla-Chips konnte inzwischen gentechnisch veränderter Mais nachgewiesen werden.

2 Butterfinger

Die Antimatsch-Tomate

Tomaten bauen beim Reifen rasch ihre Zellwände ab und werden dadurch matschig. In diesem Zustand lassen sie sich aber nicht gut verkaufen. Das für den Zellabbau verantwortliche Enzym (Polygalacturonase) wird von einem Gen auf der DNA kodiert. Um dieses „Matsch-Gen" auszuschalten, brachte man eine Negativkopie des Gens (Antisense-Gen) in den Organismus ein. Dadurch kann die Pflanze das Enzym nicht mehr herstellen. Die Tomate ist damit zwar nicht absolut matschfrei, weil es noch weitere die Zellwände auflösende Enzyme gibt. Sie hält aber länger, kann am Strauch reifen und ihre Geschmacksstoffe voll entfalten. Aus technischen Gründen wurde in die Pflanze neben dem Antisense-Gen noch das Gen für eine Antibiotika-Resistenz (Kanamycin-Resistenz) eingebaut.

3 Die Antimatsch-Tomate – das erste gentechnisch veränderte Lebensmittel

Mais- und Sojaprodukte

Folgende Produkte aus zugelassenen transgenen Mais- und Sojasorten (z. B. Bt-Mais) sind nicht kennzeichnungspflichtig:
- raffiniertes Sojaöl und Sojafett (z. B. der Sojaanteil bei pflanzlichen Fetten in Margarine),
- Sojalecithin und andere Emulgatoren aus Soja,
- raffiniertes Maisöl und Verarbeitungsprodukte aus Maisstärke, z. B. Dextrose, Maltodextrine, Sorbit, Glucosesirup.

Novel-Food-Verordnung

Die am 15. Mai 1997 in Kraft getretene Novel-Food-Verordnung regelt vor allem den Umgang mit gentechnisch veränderten Lebensmitteln. Das Gesetz bezieht sich dabei in erster Linie entweder auf Lebensmittel und Lebensmittelzutaten, die
- genetisch veränderte Organismen enthalten oder aus solchen bestehen oder
- aus genetisch veränderten Organismen hergestellt wurden, solche jedoch nicht enthalten.

Außerdem regelt es die Zulassung dieser Produkte für den Handel und schreibt vor, dass für Produkte, die mehr als 1 % gentechnisch veränderte Substanzen enthalten, eine besondere Kennzeichnung erforderlich ist.

Kenntnisse der Verbraucher

Nach einer Umfrage glauben etwa 50 % der Deutschen, dass eine normale Tomate keine Gene besitzt. Sie setzen „gesund" und „ökologisch" mit „genfrei" gleich. Demgegenüber gelten gentechnisch veränderte Lebensmittel als ungesund und gefährlich.

Der genetische Fingerabdruck

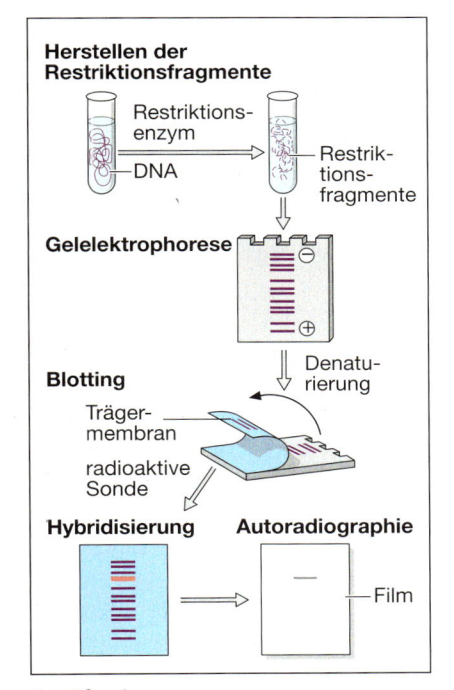

1 Blotting

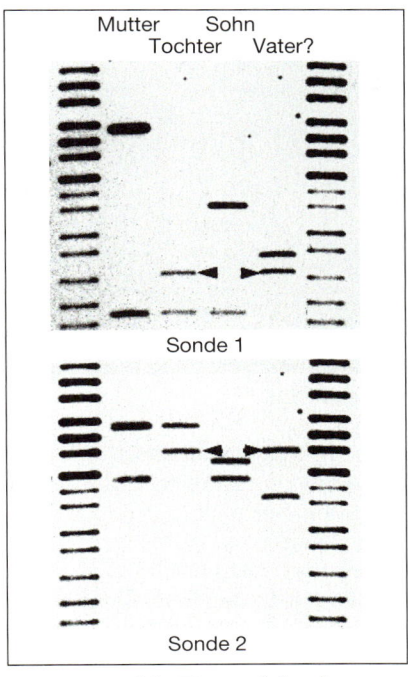

2 Genetischer Fingerabdruck

Anwendungsmöglichkeiten. Früher erlaubte bei einem Vaterschaftsnachweis der Vergleich der Blutgruppen nur einen Ausschluss einer bestimmten Person. Ein *genetischer Fingerabdruck,* auch *DNA-Fingerprinting* genannt, gilt dagegen meist als eindeutiger, gerichtsverwertbarer Beweis. Man setzt dieses Verfahren auch zur Aufklärung von Straftaten, zur medizinischen Diagnostik und in der genetischen Beratung ein.

Fragmentieren. Die DNA enthält sich wiederholende, offenbar sinnlose Basenfolgen, man nennt sie auch repetitive Sequenzen oder Minisatelliten. Sie sind über das ganze Genom verteilt und bei jedem Menschen unterschiedlich lang. Zunächst schneidet man die DNA außerhalb der Bereiche der Minisatelliten mit Restriktionsenzymen in klar definierte Fragmente (Restriktionsfragmente). Dies ist möglich, weil diese ganz bestimmte Basenfolgen erkennen. Auf diese Weise erhält man beim Fragmentieren der DNA verschiedener Menschen unterschiedlich lange DNA-Fragmente.

Gelelektrophorese. Die Restriktionsfragmente kann man trennen, indem man die DNA anschließend in ein gelartiges Medium überführt, das sich in einem elektrischen Feld befindet. Bedingt durch ihre negative Ladung wird die DNA zum Pluspol gezogen. Lange Stücke wandern dabei langsam und somit nur eine kurze Strecke, kurze Stücke schnell und weit. Die DNA wird außerdem denaturiert, also in Einzelstränge gespalten.

Blotting und Hybridisierung. Die so gewonnenen einsträngigen DNA-Fragmente werden auf eine Membran übertragen. Das dabei angewandte Verfahren bezeichnet man als Blotting (engl. *blotting paper:* Löschpapier).
Um nun spezielle DNA-Fragmente sichtbar zu machen, setzt man eine radioaktiv markierte *Sonde* ein. Das ist ein definierter, einsträngiger DNA-Abschnitt. Er vereinigt sich, also *hybridisiert,* nur dann mit einem einsträngigen DNA-Fragment zu einem Doppelstrang, wenn eine vollständige Basenpaarung gelingt.

Nach der Hybridisierung legt man einen Röntgenfilm auf die Membran, man erstellt eine *Autoradiographie.* Überall dort, wo die radioaktiv markierte Sonde an die DNA gebunden wird, ist auf dem Film eine Schwarzfärbung, eine *Bande,* zu erkennen.

Vererbung der Banden. Beim Fingerprinting erhält man für jeden Menschen typische Banden der Minisatelliten-Fragmente. Diese bezeichnet man auch als genetischen Fingerabdruck. Da die Banden nach den mendelschen Regeln vererbt werden, lassen sich die Bandenmuster der Kinder aus den Mustern ihrer Eltern zusammensetzen. Allerdings erlaubt ein genetischer Fingerabdruck überhaupt keine Aussage über genetisch bedingte Eigenschaften des betreffenden Individuums.

PCR. Für einen genetischen Fingerabdruck reichen geringe Mengen DNA aus, die man beispielsweise in Spuren von Blut, Sperma, in Haarwurzeln oder Mundschleimhautzellen des Speichels findet. Reicht die vorhandene DNA-Menge nicht aus, kann man die DNA mit der *Polymerase-Kettenreaktion* (*PCR;* vgl. S. 30) millionenfach vervielfältigen.

Aufgaben

1 Der genetischer Fingerabdruck in Bild 2 wurde für einen Vaterschaftsnachweis verwendet. Welches Ergebnis zeigt das Bandenmuster?

2 Zeige auf, welche Bedeutung die PCR im Rahmen des DNA-Fingerprintings hat.

In Kürze

Beim DNA-Fingerprinting zerschneidet man die zu untersuchende DNA mithilfe von Restriktionsenzymen in Fragmente. Diese werden durch die Gelelektrophorese und die Autoradiographie als Bandenmuster sichtbar. Die Bandenmuster werden nach den mendelschen Regeln vererbt.

Der DNA-Chip

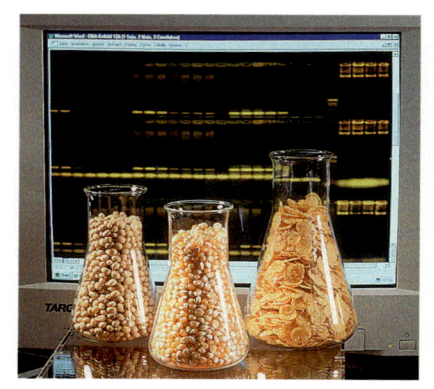

1 Genanalyse bei Lebensmitteln

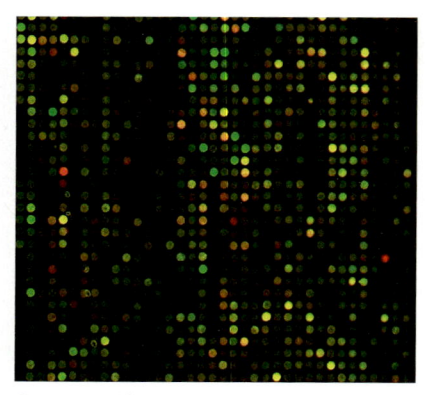

2 DNA-Chip

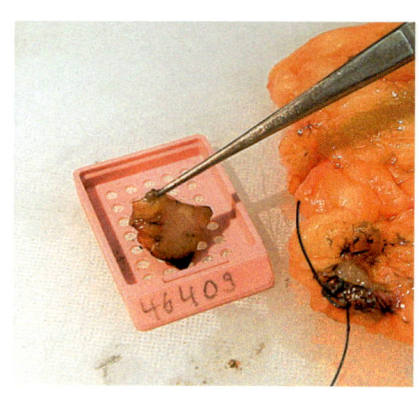

3 Tumorgewebe

Seit 1996 gibt es den so genannten *DNA-Chip*. Dabei handelt es sich um ein molekularbiologisches Messinstrument, das eine Symbiose zwischen Computer- und Biotechnologie darstellt. Mit ihm lassen sich in kurzer Zeit große Mengen an DNA analysieren, wodurch man unter anderem Mutationen aufspüren oder Krankheiten diagnostizieren kann.

Funktionsprinzip. Der nur fingernagelgroße DNA-Chip besteht aus einem festen Träger, z. B. einem *Glasplättchen,* auf das in regelmäßigen Abständen zahlreiche *einsträngige DNA-Fragmente mit bekannter Basensequenz* aufgetragen wurden.

Die zu untersuchende DNA wird für den Nachweis in kleinere Abschnitte zerschnitten, in Einzelstränge gespalten, vervielfältigt und durch einen fluoreszierenden Farbstoff markiert. Dann bringt man sie mit dem DNA-Chip in Kontakt. An den Stellen, an denen die Basen zu 100 % übereinstimmen, verbindet sich die Test-DNA mit der Chip-DNA zu einem Doppelstrang. Anschließend wird falsch oder nicht gepaarte DNA ausgewaschen.

Anhand der Fluoreszenzmarkierung der DNA kann man nun mithilfe eines Laserstrahls feststellen, in welchen Bereichen eine Basenpaarung vorliegt. Das Leuchtsignal wird an Computern ausgewertet.

Transgenen Pflanzen auf der Spur. In der Europäischen Union müssen seit 1997 Lebensmittel gekennzeichnet sein, wenn sie mehr als 1 % gentechnisch veränderte Substanzen enthalten. Solch niedrige Schwellenwerte können mit bisherigen Analyseverfahren nicht bestimmt werden. Hier hilft jetzt der DNA-Chip, der in kürzester Zeit auch noch die geringsten Mengen an transgener Substanz nachweist. Dies ist wichtig, weil beispielsweise 60 % der US-amerikanischen Soja-Ernte und 35 % der Maisernte von transgenen Pflanzen stammen. Auch bei uns sind diese Produkte überall im Handel.

Krebsdiagnostik. Die DNA in Tumorgewebe unterscheidet sich deutlich von normaler DNA: Sie ist durch Mutationen, vervielfachte Gene oder fehlende Genabschnitte gekennzeichnet. Um solche Veränderungen schnell nachweisen zu können, eignet sich der DNA-Chip sehr gut. Man benötigt nur eine kleine Gewebeprobe. Aus ihr wird die DNA extrahiert, mithilfe der PCR vervielfältigt und auf einen DNA-Chip aufgetragen.

Im Vergleich zu den bisherigen, relativ unsicheren Nachweismethoden, bei denen man die Zellformen und die Färbeeigenschaften des verdächtigen Gewebes untersuchte, sind die Ergebnisse der Chip-Diagnose wesentlich eindeutiger und sicherer.

DNA-Chip statt Arzt? In den USA hat man einen DNA-Chip entwickelt, der bei bestimmten Krankheiten das wirksamste Medikament für den Patienten ermittelt. Dabei geht man davon aus, dass ein bestimmtes Enzym für die Wirkung von Medikamenten im Körper von Bedeutung ist. Bei etwa 10 % der Bevölkerung tritt ein Gendefekt auf, durch den dieses Enzym fehlt, nicht richtig funktioniert oder zu gut funktioniert. Erhalten diese Menschen das Medikament, wirkt es entweder nur schwach, gar nicht oder führt zu unerwünschten Nebenwirkungen. Mit dem DNA-Chip lässt sich der Zustand des Gens, das für die Enzymproduktion verantwortlich ist, inzwischen problemlos identifizieren. Dadurch ist es möglich, das Medikament entsprechend zu dosieren und so die Wirkung zu optimieren.

Aufgaben

1 Beschreibe, wie ein DNA-Chip funktioniert.

2 Begründe, weshalb es wichtig ist, gentechnisch veränderte Substanzen in Lebensmitteln nachweisen zu können.

3 Zeige auf, in welchen Bereichen der DNA-Chip einsetzbar ist.

In Kürze

Der DNA-Chip ist ein Hilfsmittel zur Analyse von DNA. Man kann ihn zur Ermittlung von gentechnisch veränderten Pflanzen, aber auch zur Diagnose von Krankheiten einsetzen.

Zur Diskussion: Gentechnik – pro und kontra

1 „Tut mir leid, dieser Herr war vor Ihnen da."

2 „Nebenwirkung? Welche Nebenwirkung?"

Meinung: „Beim Verzehr von transgenem Bt-Mais geht das Ampicillinresistenz-Gen, das man beim Gentransfer einsetzt, auf Bakterien im Verdauungstrakt des Menschen oder Tieres über. Dadurch werden die Bakterien resistent und das Ampicillin verliert seine Wirkung. Aus behandelbaren Krankheiten können auf diese Weise schwere medizinische Probleme entstehen. Nach einem Bericht der WHO tauchen weltweit immer mehr resistente Krankheitserreger auf."

Stellungnahme: „Antibiotikaresistenz-Gene sind in der Natur weit verbreitet und werden von Bakterien untereinander effektiv ausgetauscht. Die Tatsache, dass sich Antibiotikaresistenzen mehr und mehr ausbreiten, ist eine Folge der intensiven, teilweise missbräuchlichen Verwendung von Antibiotika in der Humanmedizin und als Tierfutterzusatz, jedoch nicht der Verwendung gentechnisch veränderter Pflanzen."

Kompendium Gentechnologie und Lebensmittel

Transplantationspatienten sterben, weil Transplantate fehlen. Die Xenotransplantation ist möglicherweise ein Ausweg.

Schweizerische Akademie der Naturwissenschaften, Jan. 1998

Gegen die Erzeugung transgener Tiere und die Tiertötung sprechen keine kategoriellen Argumente, sondern auch hier muss das den Tieren zugefügte Leid gegen mögliche Nutzen abgewogen werden.

Büro für Technikfolgen-Abschätzung beim Deutschen Bundestag, Berlin

In Ländern wie China, Indien, Burma oder Indonesien hängt die Ernährung fast ausschließlich vom Reis ab. Weil dieser aber kaum Vitamin A enthält, sterben jährlich bis zu 1 Million Menschen an Vitamin-A-Mangel und 2,5 Millionen Kinder erblinden.

Mithilfe der Gentechnik hat man nun eine Reissorte geschaffen, die reich an Provitamin A ist, das im Körper zu Vitamin A umgewandelt wird.

Kompendium Gentechnologie und Lebensmittel

3 Reismahlzeit in Afrika

Genveränderte Organismen in der Natur sind eine Gefahr: Da sie sich selbst vermehren, bedrohen sie die Artenvielfalt und die Reinheit traditioneller Sorten.

Umweltinstitut München

Die Gentechnik eröffnet den Menschen neues Wissen. Sie kann Krankheit und Leiden vermindern. Solange diese Zielsetzungen verantwortungsbewusst verfolgt werden, ist die Gentechnik ethisch zu rechtfertigen.

Plattform Gentechnik & Wir, Österreich

Teste dein Grundwissen ...

1 Eineiige Zwillinge

1 Das Bild oben zeigt eineiige Zwillinge.
a Beschreibe, wie eineiige Zwillinge entstehen.
b Begründe, warum es sich bei eineiigen Zwillingen um Klone handelt.
c Nenne Beispiele für natürliche Klone aus dem Pflanzenreich.
d Was versteht man unter Embryonensplitting? Wo wird es angewandt?
e Welcher Unterschied besteht in Bezug auf das Klonen zwischen den eineiigen Zwillingen und dem Klonschaf Dolly?

Auf den Punkt gebracht

Mithilfe der Biotechnologie und Gentechnik verändert der Mensch die Natur nach seinen Vorstellungen. Die älteste Form der Pflanzen- und Tierzüchtung ist die Auslesezüchtung. Bei der Kombinationszüchtung versucht man positive Eigenschaften zweier Lebewesen in den Nachkommen zu fixieren. Bei der Hybridzüchtung tritt häufig der Heterosiseffekt auf.
Neue Zuchtformen sind bei Pflanzen die Protoplastenkultur und bei Tieren der Embryotransfer.
Ziel des Klonens sind genetisch identische Nachkommen. Demgegenüber greift die Gentechnik in das Erbgut von Lebewesen ein, um diese Organismen und ihre Nachkommen genetisch zu verändern. Bei Pflanzen verbessert man unter anderem

2 Polly mit Leihmutter

2 Polly im Bild links entstand auf die gleiche Weise wie das Klonschaf Dolly.
a Skizziere den Entstehungsweg von Polly.
b Warum ist Polly kein Produkt der Gentechnik?
c Wer müsste auf dem Bild links noch vorhanden sein, wenn man die gesamte Familie von Polly darstellen wollte?
d Erkläre den Satz: „Der Mann ist der größte Luxus, den sich die Natur leistet."
e Welche Gefahren sind mit einem möglichen Klonen von Menschen verbunden?

3 Bei der Gerste wird das Verfahren der Protoplastenkultur angewandt. Die Pflanzen auf einem Getreidefeld stammen dann alle von einer Pflanze ab.
a Erkläre, was man unter einer Protoplastenkultur versteht.
b Die Protoplastenkultur hat große Vorteile gegenüber der traditionellen Züchtung. Begründe.
c Beschreibe, wodurch es zum Heterosiseffekt kommt.
d Pflanzen, die einer Protoplastenkultur entstammen, haben keine Mutter. Begründe.

... Angewandte Genetik

die Inhaltsstoffe oder macht sie gegen bestimmte Herbizide und Krankheitserreger resistent.
Tiere werden heute gentechnisch so verändert, dass sie als so genannte Bioreaktoren vor allem Medikamente produzieren.
Die Novel-Food-Verordnung (1997) regelt den Umgang mit gentechnisch veränderten Lebensmitteln sowie deren Kennzeichnung.
Der genetische Fingerabdruck ist für jeden Menschen einmalig. Dabei erzeugt man mithilfe zerschnittener DNA typische Bandenmuster.
Der DNA-Chip verbindet die Computer- mit der Biotechnologie. Er ist ein Hilfsmittel zur Identifizierung von DNA.

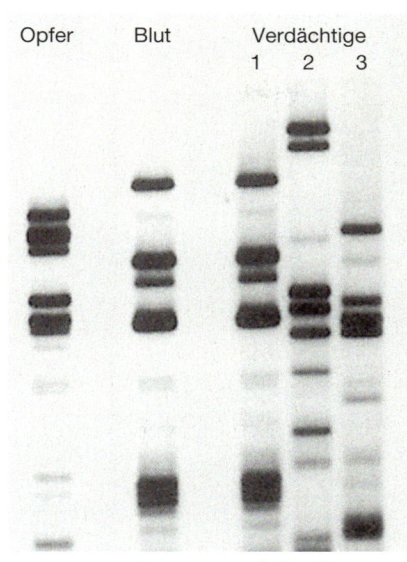

3 Genetischer Fingerabdruck

6 Im Bild siehst du einen genetischen Fingerabdruck mit Bandenmustern eines Mordopfers, dreier möglicher Täter sowie von Blut, das man am Tatort vorfand.
a Erkläre, wie ein genetischer Fingerabdruck angefertigt wird.
b Versuche herauszufinden, von wem das Blut am Tatort stammt.
c Begründe, warum die Polymerase-Kettenreaktion (PCR) häufig die Voraussetzung für einen genetischen Fingerabdruck ist.

4 In dem auf Bild 4 gezeigten Bioreaktor produzieren gentechnisch veränderte Bakterien Insulin.
a Beschreibe die wesentlichen Arbeitsschritte, die dies ermöglichen.
b Erläutere die Funktion von Restriktionsenzymen.
c Nenne Merkmale, durch die Bakterien besonders für gentechnische Verfahren geeignet sind.
d Begründe, warum es wichtig ist, Insulin und andere Medikamente gentechnisch herzustellen.
e Wozu werden in der Gentechnik Bakteriengene für Antibiotikaresistenzen verwendet? Warum sind sie so umstritten?

5 Die so genannte Antimatsch-Tomate war eine der ersten gentechnisch veränderten Nutzpflanzen.
a Erkläre, was man unter der Antimatsch-Tomate versteht.
b Beschreibe den gentechnischen Eingriff, der zur Antimatsch-Tomate führte.
c Nenne wesentliche Inhalte der Novel-Food-Verordnung.
d Ab welchem Anteil an gentechnisch verändertem Material muss dies auf der Verpackung angegeben sein?
e Suche eine Erklärung dafür, dass Speiseöl aus transgenen Sojapflanzen nicht kennzeichnungspflichtig ist.

4 Bioreaktor zur Insulinproduktion

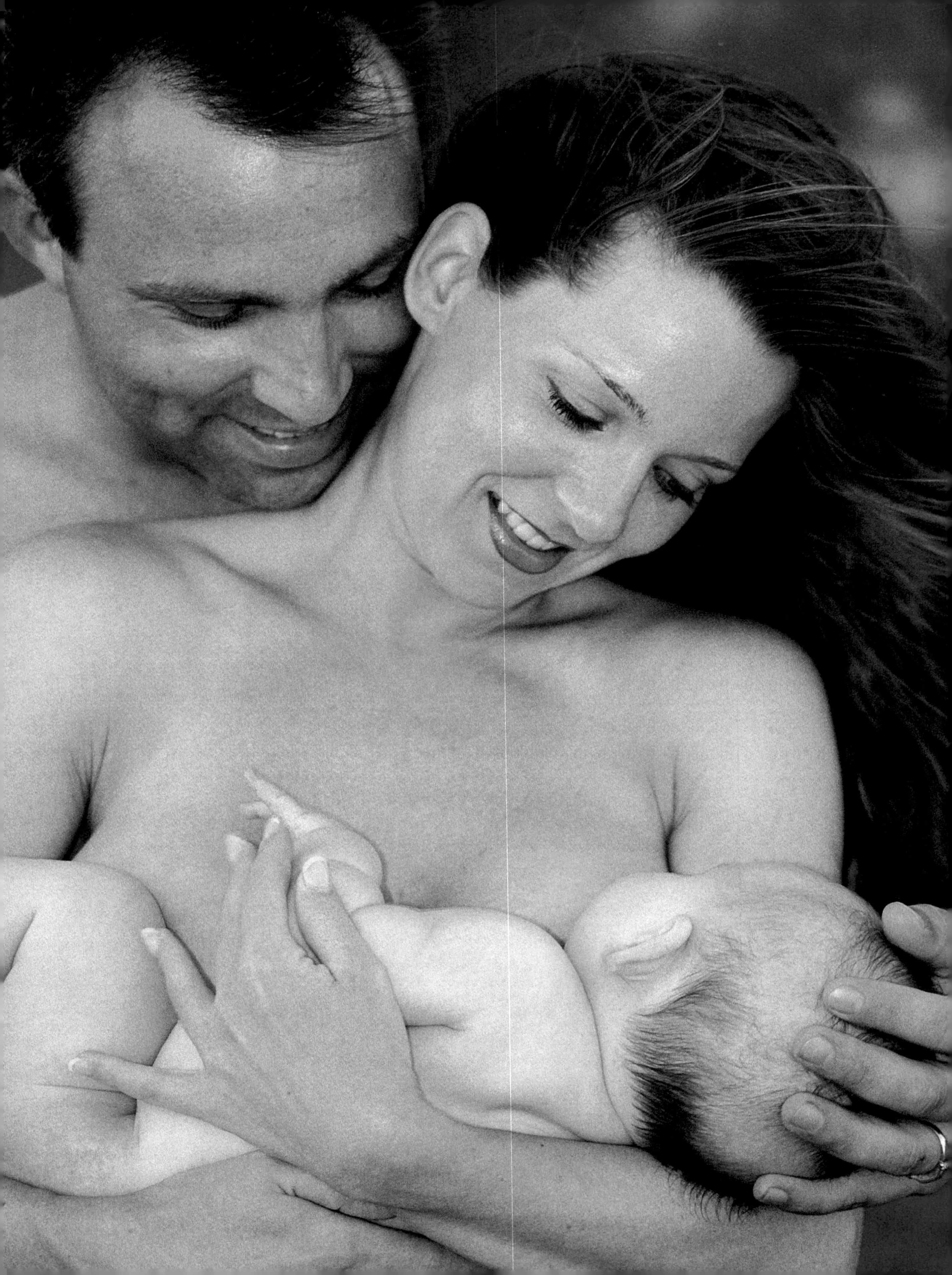

Verantwortliche Elternschaft

Der Wunsch, eine Familie zu gründen, bestimmt auch heute noch die Lebensplanung der meisten jungen Leute. Viele träumen von einer Familie, in der Mann und Frau in Liebe und Freundschaft miteinander verbunden sind, in der sich die Kinder gut mit ihren Eltern verstehen, in der man sich gegenseitig vertraut und hilft. Wenn Frauen und Männer ihren Kinderwunsch verwirklichen, übernehmen sie eine große Verantwortung. Denn wir wissen heute: Kein Lebewesen hat eine so lange Kindheit und Jugendzeit wie der Mensch. Zudem ist kein anderes Lebewesen in dieser Zeit so sehr auf die Fürsorge und Hilfe seiner Bezugspersonen bei seiner Entwicklung angewiesen.

Leitbild Ehe. In den verschiedenen menschlichen Kulturen gehen Frau und Mann meist eheliche Bindungen ein. Partnerschaften, die aus einem Mann und einer Frau bestehen, sind dabei deutlich in der Überzahl. Diese *Einehe* oder *Monogamie* versteht sich als *Lebens- und Sexualgemeinschaft,* die auf Dauer angelegt ist – auch wenn die Wirklichkeit oft anders aussieht.

Ihre Aufgabe wird vor allem darin gesehen, dass die Partner gegenseitig ihre Bedürfnisse nach Halt und Geborgenheit, Lust und Zärtlichkeit, Trost und Hilfe befriedigen. Diese Wünsche verlieren auch dann nicht ihre Bedeutung, wenn die Partner sich ihren Kinderwunsch erfüllen und aus der Paarbeziehung eine *Familie* wird.

Keimzelle Familie. In der Familie verwirklicht sich eine Grundform menschlichen Zusammenlebens. Sie wird deshalb auch als „Keimzelle" unserer Gesellschaft bezeichnet: Hier werden Werte, Überzeugungen und Verhaltensweisen gelernt und eingeübt, die für ein menschenwürdiges Leben und Zusammenleben in unserer Gesellschaft unentbehrlich sind.

Familienformen. Kinder wachsen in den vielfältigsten Familien auf. Es gibt Kinder, deren Mütter und Väter zusammen leben, bei anderen haben sie sich getrennt. Andere dagegen haben nur einen Elternteil oder sind adoptiert worden. Es gibt Kinder, die bei den Großeltern oder anderen Verwandten leben. Wieder andere haben homosexuelle Eltern oder Pflegeeltern. Aber wo immer sie auch aufwachsen, Kinder brauchen *Bezugspersonen,* die sie lieben, für sie sorgen und sie in ihrer Entwicklung unterstützen.

Ehe und Familie. Unser *Grundgesetz* stellt Ehe und Familie unter den besonderen *Schutz* der staatlichen Ordnung. Damit wird sowohl die Wichtigkeit der Familie für die Gesellschaft anerkannt als auch die besondere Bedeutung der Ehe als Grundlage für die Familie betont. Denn eine *stabile Partnerschaft* der Eltern bietet sehr gute Voraussetzungen für eine gesunde Entwicklung der Kinder.

Grundgesetz, Art. 6 Abs. 1
Ehe und Familie stehen unter dem besonderen Schutz der staatlichen Ordnung.

Bayerische Verfassung, Art. 124 Abs. 1
Ehe und Familie sind die natürliche und sittliche Grundlage der menschlichen Gemeinschaft und stehen unter dem besonderen Schutz des Staates.

Aufgaben

1 Wenn du von „Familie" sprichst: An wen denkst du dabei?

2 Sammelt in eurer Klasse Fotos, die etwas mit Familie zu tun haben. Welche Eindrücke von Familie vermitteln sie?

3 Welche Gründe können ausschlaggebend gewesen sein, Ehe und Familie besonders zu schützen?

---

1 Die Paarbeziehung ist das Fundament der Familie.

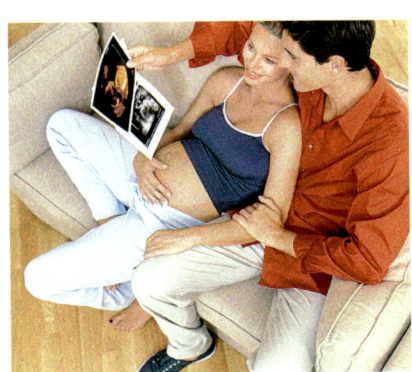

2 Verantwortliche Elternschaft beginnt lange vor der Geburt.

3 Kinder wünschen sich Eltern, die sich gut verstehen.

Biologische Hintergründe zur Partnerwahl

1 Selbstdarstellung in der Gruppe

2 Flirtendes Paar

Paarbildung. Unter den Primaten benötigt der Mensch bei weitem die längste Entwicklungszeit von der Geburt bis zur Geschlechtsreife. Er kommt relativ unreif auf die Welt und ist besonders lange auf eine sorgfältige Betreuung angewiesen.
Das verlangt vor allem von den Müttern einen hohen Einsatz an Zeit, Energie und Arbeitskraft. Um diesen hohen Aufwand zu senken, wäre es sinnvoll, wenn Frauen versuchten Männer an ihren Aufgaben zu beteiligen. Frauen sollten einen Partner bevorzugen, der willens und fähig ist, eine stabile Beziehung einzugehen und sich fürsorglich um den Nachwuchs zu kümmern.
Die sorgfältige Auswahl eines geeigneten Partners ist für beide Geschlechter von großer Bedeutung.

Partnerfindung. Es konnte beobachtet werden, dass gemeinsam aufgewachsene Personen selten sexuell attraktiv aufeinander wirken. Diese *Inzestvermeidung* sichert die Erbgutdurchmischung bei der sexuellen Fortpflanzung. Andererseits haben Untersuchungen ergeben, dass Menschen bei der Partnerwahl Personen bevorzugen, die ihnen selbst möglichst ähnlich sind.
Das Idealbild, das eine Person von ihrem möglichen Partner hat, wird zuerst durch das *Mann- bzw. Frauschema* bestimmt. Aber auch prägungsähnliche Lernvorgänge während der eigenen Entwicklung und das gültige Schönheitsideal des Kulturkreises sind von Bedeutung.
Nach einer neueren Studie wünschen sich beide Geschlechter einen Partner, der „nett", „verständnisvoll", „verträglich" und „gesund" ist. - Männer achten bei der Wahl ihrer Partnerin besonders auf deren Attraktivität, Jugendlichkeit und Häuslichkeit. Frauen hingegen legen Wert auf Zuverlässigkeit, Ehrlichkeit, Kinderliebe und sozialen Status.
Biologen sehen sich durch diese *Partnerleitbilder* darin bestätigt, dass auch heute noch Eigenschaften und Fähigkeiten gefragt sind, die sowohl eine stabile Partnerbeziehung als auch eine gute Erziehung und Versorgung der Kinder versprechen.
Allerdings begrenzen die Lebensumstände die Möglichkeiten der Partnerwahl. Rund 70 % der Paare lernen sich am Arbeitsplatz, bei der Ausübung ihres Hobbys oder bei Treffen mit gemeinsamen Freunden kennen – entweder weil die Hemmungen zum Kennenlernen dort am geringsten sind oder weil sich dort besonders ähnliche Leute begegnen.
Die Kontaktaufnahme zum anderen Geschlecht stellen sich verschiedene Biologen als einen in mehreren Abschnitten verlaufenden Prozess vor.

Selbstdarstellung und Wahrnehmungsphase. Jede Partnersuche beginnt mit der *Selbstdarstellung*. Dabei ziehen wir durch unser Aussehen und Verhalten Aufmerksamkeit auf uns und geben den Beobachtern die

---

Verhalten sich Männer und Frauen unterschiedlich?
Der Tendenz nach belegt dies ein Experiment aus dem Jahr 1989, bei dem Wissenschaftler attraktive Männer und Frauen losgeschickt haben, um Studentinnen und Studenten an amerikanischen Hochschulen als Versuchspersonen „anzumachen".
50 Prozent aller angesprochenen Studenten ließen sich zu einem Kaffee einladen. Von diesen folgten 69 Prozent dem Angebot, mit in die Wohnung der Frau zu kommen. 75 Prozent dieser Studenten wären noch am selben Abend zum Sex bereit gewesen.
Von den Studentinnen nahm ebenfalls die Hälfte den Kaffee an. Jedoch ließen sich nur 6 Prozent von ihnen zu einem Wohnungsbesuch überreden, keine aber zum Geschlechtsverkehr.

78

Biologische Hintergründe zur Partnerwahl

Möglichkeit einer ersten Einschätzung. Um attraktiv zu wirken, betonen wir besonders Elemente des Mann- bzw. Frauschemas. Männer achten hauptsächlich auf die Figur und die Bewegungen der Frau. Frauen hingegen benutzen vor allem das Gesicht des Mannes als Informationsquelle. Für eine erste Beurteilung der Attraktivität des anderen benötigen wir meist nur etwa fünf bis acht Sekunden. Der so entstehende Eindruck kann Empfindungen wie Sympathie, Ablehnung, Respekt oder Unsicherheit hervorrufen.

Wer weiterhin Interesse hat und dies auch zeigen möchte, muss jetzt Kontakt aufnehmen und überprüfen, ob der erste Eindruck den Kriterien des persönlichen Partnerleitbilds standhält. Ein Flirt kann beginnen.

Flirt- und Werbephase. Bevor wir einen Partner auswählen, versuchen wir möglichst viele Informationen über ihn zu erhalten. Dazu müssen die aneinander interessierten Personen miteinander in Kontakt treten. Wir sagen dazu auch: Sie flirten miteinander. Dabei spielt man sich durch den Austausch von Worten und Gesten gegenseitig Informationen zu.

In der Regel ist das *Flirtverhalten* durch einen Wechsel von Zuwendung und Abkehr gekennzeichnet. Es kann sich in Mustern wie Blickkontakt und Blickabwendung, Anlächeln und Verlegenheitsgesten äußern.

Aus dem Tierreich wissen wir, dass meist jenes Geschlecht den Partner wählt, das mehr in die Fortpflanzung investiert. Sind das die Weibchen, so wählen sie den Partner und die Männchen konkurrieren um die Partnerin. Dieses Prinzip der *Weibchenwahl* findet sich auch beim menschlichen Werbeverhalten wieder. Es zeigt sich dort in der aktiven Rolle der Frau bei der Steuerung des Flirts. Die Frau verstärkt durch ihre Reaktionen die Aktivitäten des um sie werbenden Mannes oder blockt sie ab. Wenn sie den Mann bei seinem *Werbeverhalten* bestärken möchte, zeigt sie das mit verschiedenen Signalen an. Das Heben der Augenbrauen, wiederholte Blickkontakte, Lächeln, „head-toss", „hair-flip" oder das Zurückziehen der Schultern sind häufige Aufforderungssignale. Sie zeigen hohes Interesse an. Je eindeutiger sie sind, umso höher ist ihre Wirkung. Wenn Frauen einen langfristigen Partner suchen, begutachten sie mögliche „Kandidaten" sehr genau. Sie entscheiden in der Regel nicht so schnell wie Männer. Frauen sind abwartender und schätzen ihr Gegenüber kritischer und realistischer ein. Falls es die „Liebe auf den ersten Blick" gibt, wird sie eher bei Männern anzutreffen sein als bei Frauen.

Körperkontakt. Je intensiver die Beziehung wird, umso höher wird auch die Wahrscheinlichkeit der gegenseitigen Berührung. Dabei gibt es geschlechtsspezifische Unterschiede: Männer suchen möglichst schnell den Körperkontakt, Frauen meiden ihn so lange wie möglich. Frauen legen Wert auf eine liebevolle Beziehung und setzen für intime Berührungen in der Regel eine höhere Vertrautheit voraus als Männer.

Bindungsphase. Wenn zwei Menschen sich gut verstehen und einander lieben, haben sie in der Regel auch das Bedürfnis, die Beziehung aufrechtzuerhalten. Liebe schafft Nähe, Vertrauen und Sicherheit. Sie erleichtert so den Aufbau einer partnerschaftlichen Kooperation.

Diese ist nicht nur für eine dauerhafte Beziehung, sondern auch für die Erziehung und Obhut möglicher Kinder von entscheidender Bedeutung. Dabei scheint nach heutigen Erkenntnissen auch die Sexualität wesentlich zur Förderung der Paarbindung beizutragen. In den meisten Kulturen ist es üblich, die *Paarbindung* in einem ritualisierten Treueversprechen, der *Eheschließung*, zum Ausdruck zu bringen.

Vielfalt menschlichen Verhaltens. In zahlreichen Kulturen konnten identische Verhaltensweisen bei der Partnerwahl beobachtet werden. Das menschliche Verhalten ist jedoch sehr komplex und lässt sich nur schwer in feste Kategorien pressen. Die Regeln der Evolution können die Sexualstrategien des Menschen sicherlich nur zum Teil erklären.

Flirtsignale ...

1 Beim „hair-flip" hebt das Mädchen eine Hand und fährt mit den Fingern durch das Haar.

2 Ein „head-toss" ist eine schnelle Bewegung des Kopfes nach hinten, bei der der Hals entblößt wird.

Aufgaben

1 Wie lassen sich die Ergebnisse des auf der linken Seite beschriebenen Experiments (Kasten) erklären?

2 Ist aus biologischer Sicht die „Liebe auf den ersten Blick" eher der Ausnahme- oder der Regelfall? Begründe.

Sexualität und Befruchtung

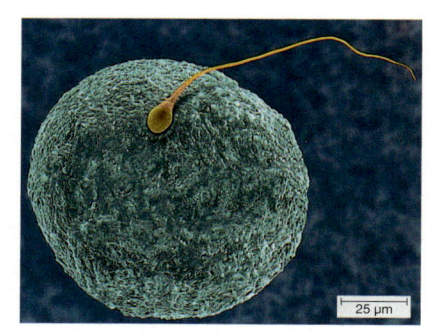

1 Ein Spermium trifft auf eine Eizelle.

Sexualität. Dieser Begriff umfasst zunächst alle Gefühle, Bedürfnisse und Verhaltensweisen, die mit dem Geschlechtstrieb in Zusammenhang stehen. Sexualität zwischen männlichen und weiblichen Individuen wird als *Heterosexualität* bezeichnet. Bei Beziehungen zwischen gleichgeschlechtlichen Partnern spricht man von *Homosexualität*.

Im engeren, rein biologischen Sinn versteht man unter Sexualität das Vorhandensein *geschlechtlich differenzierter Keimzellen*, die miteinander verschmelzen können. Diese besitzen beim Menschen im Gegensatz zu den Körperzellen einen einfachen Chromosomensatz. Die männliche Keimzelle heißt Samenzelle oder *Spermium*, die weibliche Keimzelle wird *Eizelle* genannt.

Sexualität dient dazu, väterliche und mütterliche Erbanlagen bei der Fortpflanzung neu zu kombinieren. Es entstehen Individuen, die sich von anderen durch neue Merkmalskombinationen unterscheiden.

Beim *Geschlechtsverkehr*, der geschlechtlichen Vereinigung von Frau und Mann, gelangen etwa 200 bis 300 Millionen Spermien in die Scheide der Frau. Von ihnen durchwandern nur etwa 300 erfolgreich die Gebärmutter und treffen schließlich im Eileiter auf die Eizelle. Die Wanderungsgeschwindigkeit der Spermien beträgt etwa 18 cm pro Stunde.

Befruchtung. Die Eizelle ist nach dem Eisprung für etwa 12 bis 24 Stunden befruchtungsfähig. Die Spermien dagegen besitzen für zwei bis vier Tage, unter günstigen Umständen sogar für sieben Tage die Fähigkeit zur Befruchtung.

Treffen die im Eileiter aufwärts wandernden Spermien auf die Eizelle, dringen einige von ihnen in ihre Schutzhüllen ein. Bei der *Befruchtung* oder *Zeugung* vereinigt sich jedoch stets nur ein Spermium mit der Eizelle: Sobald die Zellmembran des ersten Spermiums mit der Zellmembran der Eizelle verschmilzt, wird ein *Blockademechanismus* aktiviert. Er verhindert, dass weitere Spermien in die Eizelle eindringen. Dies ist äußerst wichtig, da mit jedem weiteren Spermium zusätzliche Chromosomensätze in die Eizelle gelangen und so eine normale Entwicklung behindern würden.

Der Zellkern des Spermiums dringt sodann in das Zellplasma der Eizelle ein. Es kommt zur *Kernverschmelzung*. Der Chromosomensatz des väterlichen und der des mütterlichen Erbguts vereinigen sich. Sie bilden – etwa 24 Stunden nach Beginn des Befruchtungsvorgangs – den Zellkern der befruchteten Eizelle oder *Zygote*. Die neu entstandene Zelle enthält wie jede normale Körperzelle 23 Chromosomen vom Vater und 23 Chromosomen von der Mutter. Damit ist die Befruchtung abgeschlossen.

Erste Zellteilungen. Mit der Verschmelzung von Ei- und Samenzelle wird das Entwicklungsprogramm der Zygote gestartet. Sie teilt sich zunächst in zwei identische Tochterzellen. Durch weitere Teilungen entsteht ein vielzelliger Keim, der durch den Eileiter zur Gebärmutter transportiert wird. Mit der *Einnistung* des Keims in die Gebärmutterschleimhaut beginnt die eigentliche Schwangerschaft.

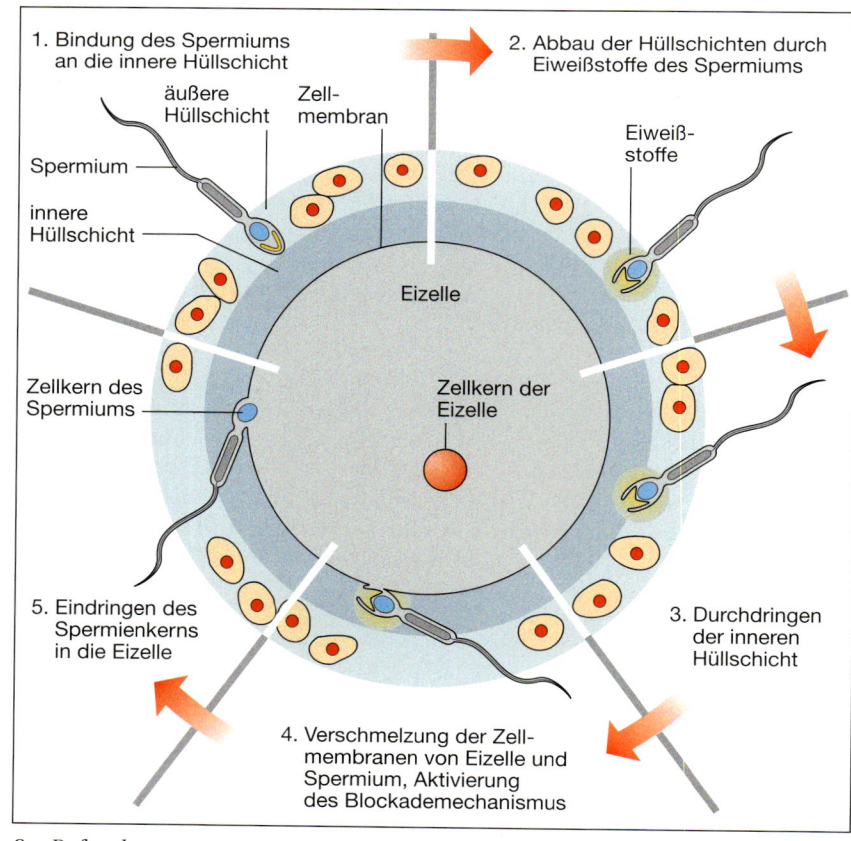

2 Befruchtung

1. Bindung des Spermiums an die innere Hüllschicht
2. Abbau der Hüllschichten durch Eiweißstoffe des Spermiums
3. Durchdringen der inneren Hüllschicht
4. Verschmelzung der Zellmembranen von Eizelle und Spermium, Aktivierung des Blockademechanismus
5. Eindringen des Spermienkerns in die Eizelle

Familienplanung und Empfängnisverhütung

Ein Kind benötigt von Anfang an Fürsorge, Zuwendung, Geborgenheit und Anregung. Dies alles können die Eltern ihrem Kind nur geben, wenn sie ihm viel Zeit und Energie widmen und ihre eigenen Bedürfnisse zurückstellen. Nicht in jedem Alter und nicht in jeder Situation sind Menschen dazu in der Lage oder dazu bereit. Eine Partnerschaft, in der beide Partner sich gefühlsmäßig, sozial und materiell auf ein Kind einstellen, gilt heute als wichtige Bedingung dafür, dass Kinder glücklich und gut versorgt aufwachsen können.

Mithilfe der modernen Verhütungsmittel können heute auch Frauen unabhängiger planen und berufliche Wünsche ebenso verwirklichen wie Partnerschaft und Familie. Verhütung darf aber nicht zu Lasten nur eines Partners gehen. Wenn ein Paar gemeinsam entscheidet, dass und wie es verhüten will, übernehmen wirklich beide Partner Verantwortung. Dabei sollte jeder die Gefühle und Bedürfnisse des anderen achten. Einige Paare entscheiden sich auch für zeitweise Enthaltsamkeit.

Es gibt zahlreiche Möglichkeiten, eine Schwangerschaft zu verhüten, aber es gibt keine Methode, die man rundum optimal nennen könnte. Sie alle haben Vor- und Nachteile. Die wichtigsten Methoden der modernen Empfängnisverhütung sind in der Tabelle zusammengefasst.

Ein Besuch bei einer Beratungsstelle oder der Frauenärztin bzw. dem Frauenarzt hilft dabei, die Verhütungsfrage anhand der persönlichen und medizinischen Situation verantwortlich zu erörtern. Adressen finden sich in jedem Telefonbuch.

Aids

Krankheiten, die durch Geschlechtsverkehr übertragen werden, haben schon immer die Gesundheit des Menschen bedroht. Verglichen mit Geschlechtskrankheiten wie Tripper oder Syphilis ist die Immunschwächekrankheit Aids jedoch viel gefährlicher:
- Die Krankheit ist nach wie vor unheilbar.
- Zwischen Ansteckung und Krankheitsausbruch können viele Jahre vergehen, in denen ein Infizierter andere Menschen anstecken kann. Während dieser Zeit verläuft die Infektion ohne Krankheitszeichen und ist nur durch einen HIV-Test nachweisbar.

Das Kondom ist das einzige Verhütungsmittel, das gleichzeitig vor Aids und anderen sexuell übertragbaren Krankheiten schützt. Es ist wichtig zu wissen, was Aids ist und wie man sich davor schützen kann. Liebe schließt den Anspruch ein, mit dem eigenen Leben und dem Leben anderer sorgsam umzugehen.

Verhütungsmethoden

Methode	Beschreibung	Pearl-Index*	Wertung
Antibabypille	Verhindert durch die Hormone Östrogen und/oder Gestagen den Eisprung	0,2–2,5	Sehr sicher bei regelmäßiger Einnahme, Nebenwirkungen möglich, nicht geeignet für Frauen mit Venenleiden, Stoffwechselerkrankungen und starke Raucherinnen
Kondom	Dünner Gummischutz, der über das steife Glied gestreift wird und die Spermien auffängt	3–14	Ziemlich sicher bei richtiger Anwendung, schützt zusätzlich vor Aids und Geschlechtskrankheiten
Diaphragma (biegsamer Metallring mit weicher Latexkappe)	Wird vor dem Geschlechtsverkehr mit einer Spermien abtötenden Creme bestrichen, in die Scheide eingeführt und bleibt dort 6–8 Stunden; verhindert, dass Spermien den Muttermund passieren	4–10	Wird vom Frauenarzt angepasst; gute Sicherheit bei richtigem Sitz (regelmäßige Kontrolle notwendig) und bei Verwendung eines Spermizidgels
Spermizide (Schaumzäpfchen, Gels, Cremes, Tabletten)	Enthalten Spermien abtötende Substanzen, müssen mindestens 10 Min. vor dem Verkehr in die Scheide eingeführt werden	5–20	Sollten nur in Kombination mit Kondom oder Diaphragma (wenn laut Beipackzettel dafür geeignet) verwendet werden, dann relativ sicher; leichtes Brennen möglich
Natürliche Methoden 1. Kalendermethode 2. Basaltemperatur 3. Schleimbeobachtung	Bestimmung der fruchtbaren und unfruchtbaren Tage, während der fruchtbaren Tage Enthaltsamkeit oder Verhütung mit Barrieremethoden	5–30	Ausschließlich in Kombination empfehlenswert, nur sicher bei besonderer Disziplin und Kontrolle, lange Erfahrung notwendig, nicht geeignet für Mädchen und Frauen mit unregelmäßigem Zyklus
Coitus interruptus	Der Mann zieht kurz vor dem Samenerguss den Penis aus der Scheide.	10–30	Nicht empfehlenswert, erfordert viel Kontrolle; für beide Partner unbefriedigend
Ungeschützter Geschlechtsverkehr	Geschlechtsverkehr, bei dem keinerlei Verhütungsmethode angewendet wird	80	Nicht empfehlenswert

*Der Pearl-Index gibt die Sicherheit einer Verhütungsmethode an. Vermerkt wird, wie viele Frauen von 100 innerhalb eines Jahres schwanger werden, obwohl sie mit dieser Methode verhüten.

Vorgeburtliche Entwicklung

Mit der Vereinigung von Ei- und Samenzelle beginnt das Leben eines neuen Menschen und damit eine Entwicklung, die erst mit dem Tod endet. Man unterscheidet dabei zwischen der pränatalen – also vor der Geburt stattfindenden – und der postnatalen Entwicklung. Die pränatale Entwicklung lässt sich in drei Abschnitte gliedern: Keimphase, Embryonalphase und Fetalphase. Die postnatale Entwicklung umfasst alle Prozesse, die nach der Geburt ablaufen.

Die Keimphase. Wenige Stunden nachdem sich die Kerne von Ei- und Samenzelle vereinigt haben, beginnen die ersten Zellteilungen. Aus der Zygote werden zunächst zwei Zellen, dann vier, acht usw., bis sich eine Zellkugel bildet, die einer Maulbeere ähnlich sieht. Sie wird im Eileiter zur Gebärmutter transportiert. Etwa am vierten Tag nach der Befruchtung verwandelt sich der *Maulbeerkeim* in einen hohlen Zellball, der *Bläschenkeim* genannt wird. Dieser senkt sich mithilfe von Enzymen in die Gebärmutterschleimhaut ein. Diesen Vorgang nennt man *Einnistung*.

Das Stadium der ersten Zellteilungen bis zur Einnistung ist etwa mit dem 10. Tag nach der Befruchtung abgeschlossen und wird als *Keimphase* bezeichnet.

Die Embryonalphase. Die Embryonalphase ist die Zeit der *Organbildung*. Sie endet mit der achten Woche nach der Befruchtung. Der Arzt spricht schon von der 10. Schwangerschaftswoche (SSW), da er nicht nach dem Zeitpunkt der Befruchtung, sondern nach dem Datum der letzten Menstruation rechnet.

Das weitere Schicksal der vorhandenen Zellen ist festgelegt. Danach lassen sich drei Gruppen von Zellen unterscheiden, die man als *Keimblätter* bezeichnet. Aus dem äußeren Keimblatt entwickeln sich vor allem das Nervensystem, die Sinnesorgane und die Haut. Aus dem mittleren Keimblatt formen sich in erster Linie das Skelett, die Muskulatur, die Kreislauforgane sowie die Harn- und Geschlechtsorgane. Aus dem inneren Keimblatt entstehen hauptsächlich die Anlagen der Verdauungs- und Atemwege. Dabei bilden sich Schutzhüllen um den Keim, der ab jetzt *Embryo* genannt wird.

Entscheidend für die erfolgreiche Weiterentwicklung des Embryos ist die *Kommunikation zwischen* den nun bereits differenzierten *Zellen*. Durch elektrische und chemische Signale beeinflussen sich die Zellen und stoßen sich gegenseitig zum nächsten Entwicklungsschritt an.

Bereits in der 8. SSW sind Hirnströme nachweisbar. Individuelle Merkmale wie Gesichtszüge und die Mus-

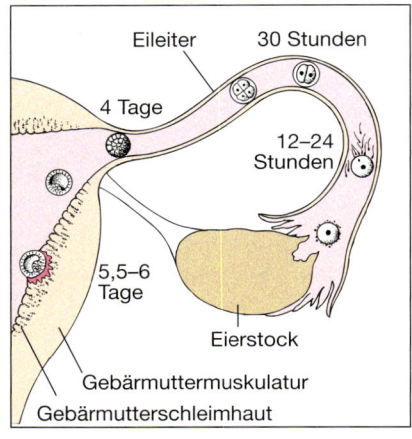

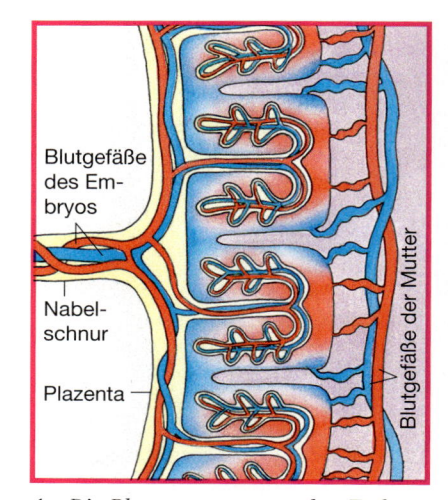

1 Entwicklung in der ersten Woche

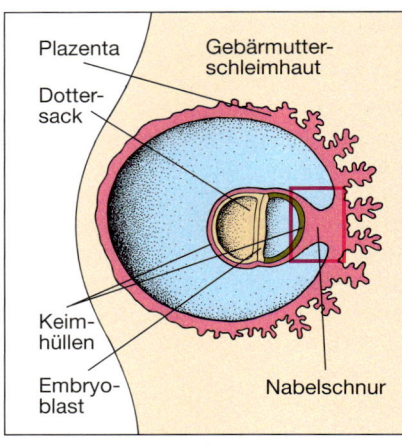

2 Zwei Wochen alter Keim

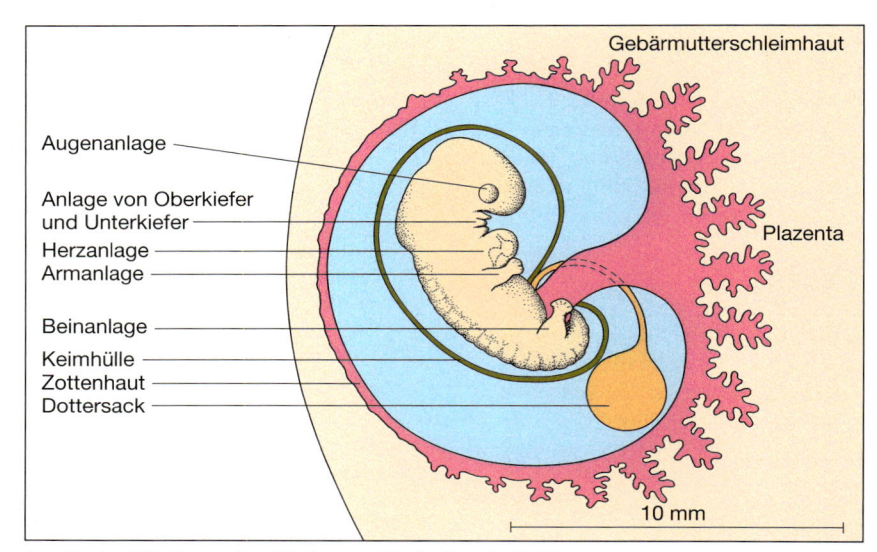

3 Sechs Wochen alter Embryo – Ende der 8. SSW

4 Die Plazenta versorgt den Embryo.

Vorgeburtliche Entwicklung

ter der Hautleisten von Fingern und Zehen prägen sich aus.

Ernährung des Embryos. Ab dem 8. Tag nach der Befruchtung entwickelt sich der Mutterkuchen, die *Plazenta*, ein Organ, mit dem der Embryo durch die Nabelschnur verbunden ist. Die Plazenta entsteht durch die Verbindung der Zottenhaut des Embryos mit der Gebärmutterschleimhaut. Sie stellt eine Schranke dar, die die Kreisläufe von Mutter und Kind trennt und gleichzeitig den Stoffaustausch zwischen mütterlichem und kindlichem Blut zulässt. Von der Mutter kommen Nährstoffe und Vitamine, Sauerstoff und Immunstoffe. Auch Mikroorganismen können die *Plazentaschranke* passieren. Kohlenstoffdioxid und andere Abfallstoffe des Embryos werden zur Mutter zurückgeleitet. Mütterliches und kindliches Blut vermischen sich in der Regel nicht.

Die Fetalphase. Von der 11. SSW an nennt man den Embryo *Fetus*. Länge und Gewicht des Kindes nehmen schnell zu, die Organe werden ausgeformt und reifen aus.

Ab der 13. Woche beginnt der Fetus, sich spontan zu bewegen, sechs Wochen später sind die Bewegungen so kräftig, dass die Mutter sie wahrnimmt. Atembewegungen übt das Kind schon vom dritten Monat an. Etwa ab der 24. Woche sind die äußeren Geschlechtsorgane mittels Ultraschall unterscheidbar. Der Fetus reagiert auf akustische Reize. Tag und Nacht ist er von Geräuschen umgeben: Das Kind hört nicht nur den Herzschlag der Mutter und andere Körpergeräusche, sondern auch ihre Stimme und Umgebungsgeräusche. Auf angenehme Musik reagieren viele Feten mit kräftigen Bewegungen. Laute Geräusche oder dauernder Lärm erzeugen hingegen Stress, bei dem das Herz schneller schlägt. Durch die Wahrnehmung von Reizen wird das Gehirn des Fetus weiter strukturiert und das Zusammenspiel von Reiz, Verarbeitung und Reaktion immer ausgereifter.

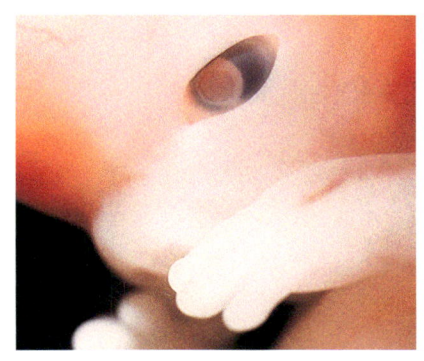

1 Acht Wochen alter Embryo

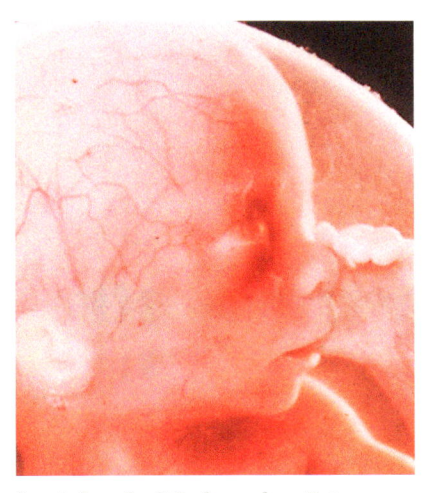

2 Achtzehn Wochen alter Fetus

Nach der 24. Woche stellt sich ein Rhythmus von Schlaf- und Wachphasen ein. Die Augenlider öffnen sich in der 28. SSW.

Bei der Geburt sind die Fähigkeiten des Kindes schließlich so weit entwickelt, dass es mit allen Sinnen die Signale aus der Umwelt aufnehmen und verarbeiten kann. Sein Gehirn besteht aus vielen Milliarden Nervenzellen – fast so vielen wie das Erwachsenengehirn. In bestimmten Bereichen, etwa in der Großhirnrinde, sind die Neuronen noch nicht miteinander verbunden. Viele Verbindungen bilden sich erst nach der Geburt. Dazu benötigt das Neugeborene neuartige Sinnesreize aus der Umwelt. Alles, was auf die Sinnesorgane des Babys einwirkt, nimmt Einfluss auf seine weitere Entwicklung.

Aufgaben

1 Erstelle eine Zeitleiste mit den wichtigsten Entwicklungsschritten.

2 Herz, Gehirn und Leber entfalten sich besonders rasch. Weshalb ist ihre frühzeitige Ausbildung so wichtig?

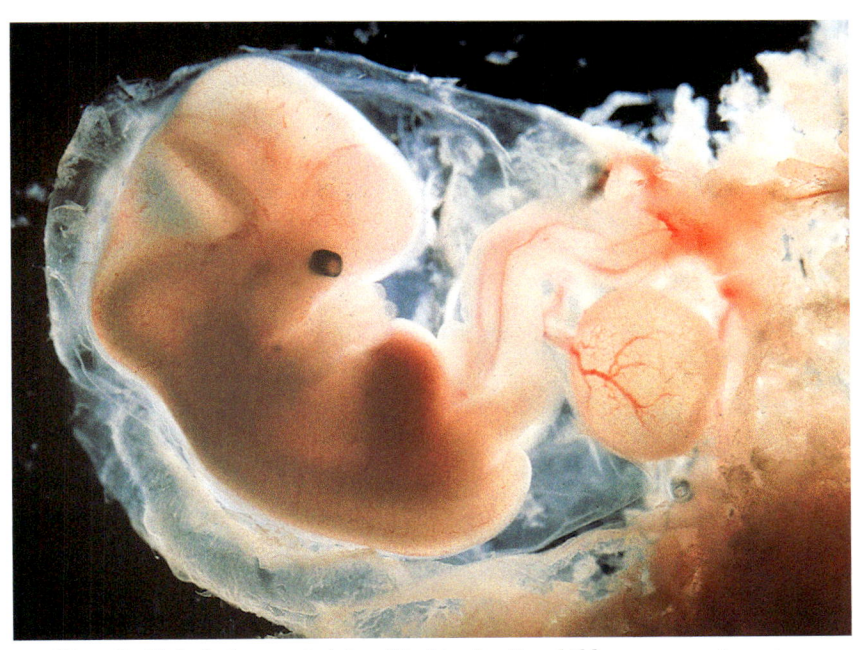

3 Über die Nabelschnur wird das Kind in der Fruchtblase versorgt.

Menschliches Leben – wann beginnt es?

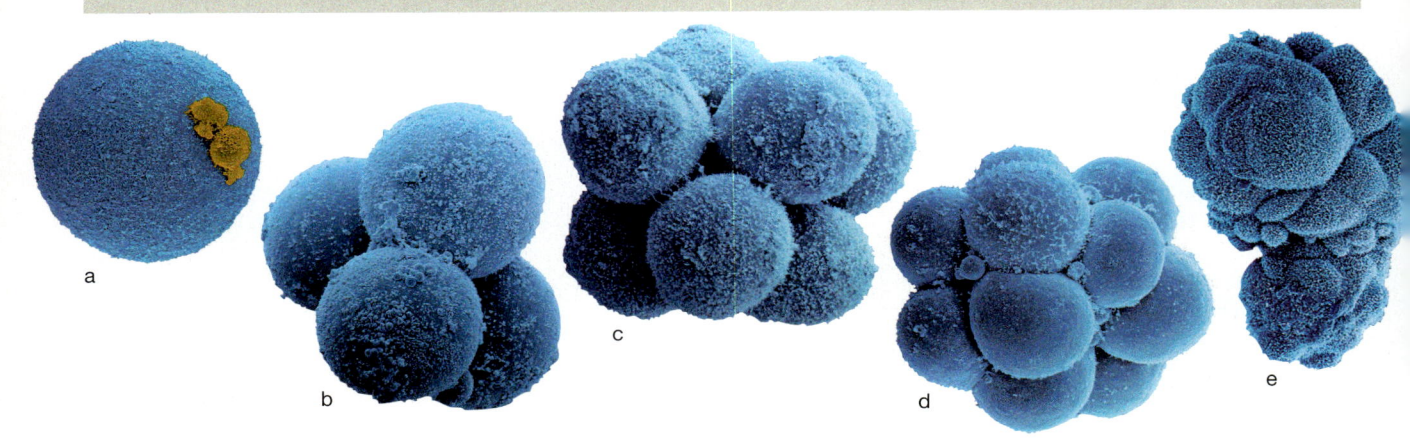

Wann beginnt das Leben eines Menschen? Diese Frage zielt zum einen darauf, wann biologisch ein neues Lebewesen entsteht. Sie verdeutlicht aber auch die Unsicherheit darüber, ab wann dem menschlichen Wesen Achtung und Schutz zukommen müssen. Jeder Eingriff in das frühembryonale Leben wirft die Frage auf, welchem Stadium der menschlichen Entwicklung das in unserem Grundgesetz verankerte Recht auf Leben und körperliche Unversehrtheit zuzusprechen ist. „Die Würde des Menschen ist unantastbar." Und die Würde des Embryos? Neben der genauen Kenntnis der biologischen und medizinischen Sachverhalte sind für eine angemessene Beurteilung ethische Kriterien erforderlich. Die Naturwissenschaften stoßen hier an ihre Grenzen.

1 a) Befruchtete menschliche Eizelle;
b) Embryo im 4-Zell-Stadium;
c) Embryo im 8- bis 10-Zell-Stadium;
d) Embryo im 16-Zell-Stadium;
e) Bläschenkeim

Aufgaben

1 Welchem Standpunkt könntest du dich am ehesten anschließen? Diskutiert in der Klasse mögliche Positionen.

Standpunkt 1: Mensch von Anfang an

Wir gehen davon aus, dass das menschliche Leben von der Befruchtung an zu schützen ist. Die Verschmelzung von Ei- und Samenzelle ist der entscheidende Vorgang, bei dem ein neuer Mensch entsteht. Denn von diesem Moment an ist ein vollständiges genetisches Programm vorhanden, das die Entwicklung des neuen Individuums bestimmt. Die befruchtete Eizelle, die Zygote, stellt demnach eine organische Einheit dar – sie ist ein menschliches Lebewesen! Mensch wird man nicht allmählich. Sondern der Mensch entwickelt sich von Anfang an als Mensch. Alle weiteren Entwicklungsstufen entfalten nur das Menschsein, das mit der Befruchtung schon da ist. Schließlich sehen wir doch auch das Lebewesen vor und nach der Geburt als dasselbe an und sagen „Ich" zu jeder Phase unserer Entwicklung, also auch zu dem Embryo, der wir einmal waren.

Standpunkt 2: Gestufter Anfang

Wir lehnen es ab, die Befruchtung zum allein entscheidenden Kriterium zu erklären. Wir sehen die Entstehung des menschlichen Individuums eher als eine Entwicklung.
Ein wichtiger Schritt ist zum Beispiel die Einnistung des Keims in die Gebärmutter. Ein nicht eingenisteter Keim ist nicht lebensfähig. Außerdem ist von diesem Zeitpunkt an eine Zwillingsbildung nicht mehr möglich.
Hinzu kommt: Vor der Einnistung besteht der Bläschenkeim aus zwei Teilen, aus Trophoblast und Embryoblast. Beide Zellgruppen sind genetisch identisch. Dennoch entwickelt sich nur der Embryoblast zum Embryo weiter, der Trophoblast bildet die kindlichen Anteile der Plazenta. Das heißt: Zwar ist das genetische Programm des Embryos vollständig, aber erst durch die mütterliche Aktivierung kann aus dem Embryo ein Individuum werden.

Rechtliche Grundlagen

Wann entsteht menschliches Leben? [...] Diese vielschichtige Frage kann und will auch das Embryonenschutzgesetz nicht beantworten. Es lässt offen, wann menschliches Leben beginnt. Geregelt wird allein, von welchem Zeitpunkt an der gesetzliche Schutz des menschlichen Embryos gelten soll.

Gesetz zum Schutz
von Embryonen
vom 13.12.1990, § 8 Abs. 1:
Als Embryo im Sinne dieses Gesetzes gilt bereits die befruchtete, entwicklungsfähige menschliche Eizelle vom Zeitpunkt der Kernverschmelzung an, ferner jede einem Embryo entnommene totipotente Zelle, die sich bei Vorliegen der dafür erforderlichen weiteren Voraussetzungen zu teilen und zu einem Individuum zu entwickeln vermag.

Aus: Bundesgesetzblatt 1990
Teil I, Seite 2746

Zur Diskussion: Schwangerschaftsabbruch

Rechtliche Situation
Der Abbruch einer Schwangerschaft ist nach dem deutschen Strafgesetzbuch gemäß § 218 rechtswidrig. Nach § 218a bleibt der Schwangerschaftsabbruch jedoch straffrei, wenn
- die Schwangere den Schwangerschaftsabbruch verlangt und dem Arzt oder der Ärztin durch eine Bescheinigung nachgewiesen hat, dass sie sich mindestens drei Tage vor dem Eingriff hat beraten lassen,
- der Schwangerschaftsabbruch von einem Arzt oder einer Ärztin vorgenommen wird und
- seit der Empfängnis nicht mehr als zwölf Wochen vergangen sind.

Der Schwangerschaftsabbruch ist nicht rechtswidrig, wenn eine der folgenden Indikationen vorliegt:
Medizinische Indikation: Die Schwangerschaft beeinträchtigt die körperliche oder seelische Gesundheit der Schwangeren oder gefährdet ihr Leben. Bei dieser Indikation gibt es keine gesetzliche Frist.
Kriminologische Indikation: Die Schwangerschaft beruht auf einer Straftat, z. B. einer Vergewaltigung. Der Abbruch darf nur bis zum Ende der 12. Woche nach der Empfängnis durchgeführt werden.

Was passiert bei einem Schwangerschaftsabbruch?
Beim Abbruch einer Schwangerschaft wird der Embryo aus der Gebärmutter entfernt.
Bei der Absaugmethode werden die Schleimhaut und der Embryo mit einem dünnen Röhrchen aus der Gebärmutter gesaugt. In einigen Fällen ist anschließend eine Ausschabung der Gebärmutter nötig, um Gewebereste vollständig zu entfernen.
Beim medikamentösen Schwangerschaftsabbruch mit der „Abtreibungspille" wird der Embryo zum Absterben gebracht. Ein später verabreichtes Medikament löst so starke Wehen aus, dass die Schleimhaut und der Embryo ausgestoßen werden.

Ein Kind ist ein Geschenk
Alexandra und Klaus hatten eine feste Reihenfolge geplant: Ausbildung beenden, heiraten, Kinder bekommen. Da wurde Alexandra schwanger, mit 19. Klaus, 21, konnte sich erst gar nicht freuen, ihm kam alles zu früh. Alexandra: „Eine Schwangerschaft ist ein so großes Geschenk – das kann man doch nicht einfach ablehnen."
Die Situation des jungen Paares ist nicht leicht. Klaus hat finanzielle Sorgen. Außerdem ist es schwer, sich als Paar zusammenzuraufen und gleichzeitig die Elternrolle zu übernehmen. Alexandra ist zufrieden. Nur manchmal nagen Zweifel an ihr: „Das soll jetzt alles gewesen sein?"

Aus: *Eltern, Mai 1998*

Ein Stückchen Traurigkeit
„Noch heute beschäftigt mich die Frage, ob es richtig war. Doch immer wieder komme ich zu dem Schluss, dass ich zum damaligen Zeitpunkt keine andere Entscheidung treffen konnte. Mein Mann leidet unter einer schweren Nervenkrankheit. Hätten wir ein weiteres Kind bekommen, wäre unsere Familie daran zerbrochen. Ich habe mein Handeln niemals als verantwortungslos empfunden, im Gegenteil. Dennoch habe ich mich mit dem Abbruch für ein Stückchen Traurigkeit in meinem Leben entschieden. Und das wird mich immer mit meinem zweiten, nie geborenen Kind verbinden."

Aus: *Eltern, Juni 1999*

Beratungspflicht
Ein Schwangerschaftsabbruch ohne Indikation ist nicht strafbar, wenn sich die Schwangere mindestens drei Tage vor dem Eingriff in einer staatlich anerkannten Schwangerschaftskonfliktberatungsstelle beraten lässt. Das Gespräch soll der Frau dabei helfen, eine verantwortliche und gewissenhafte Entscheidung zu fällen. Ziel der Beratung ist, das ungeborene Leben zu schützen und die Frau zur Fortsetzung der Schwangerschaft zu ermutigen. Es soll ihr Perspektiven für ein Leben mit Kind eröffnen. Die Schwangere erhält Informationen über ihre Rechtsansprüche und mögliche soziale und finanzielle Hilfen.
Die Beratungsstelle stellt nach Abschluss der Beratung eine Bescheinigung darüber aus, dass ein solches Gespräch stattgefunden hat. Nur mit diesem Nachweis kann der Abbruch straffrei durchgeführt werden. Der Arzt oder die Ärztin, die den Eingriff vornehmen, sind als Berater ausgeschlossen.

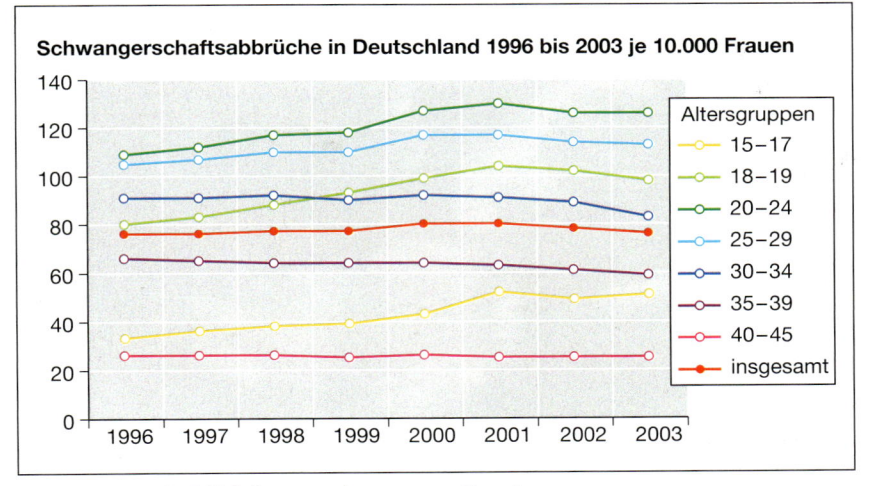

Schwangerschaftsabbrüche in Deutschland 1996 bis 2003 je 10.000 Frauen

1 *Immer mehr Mädchen werden ungewollt schwanger.*

Schwangerschaft

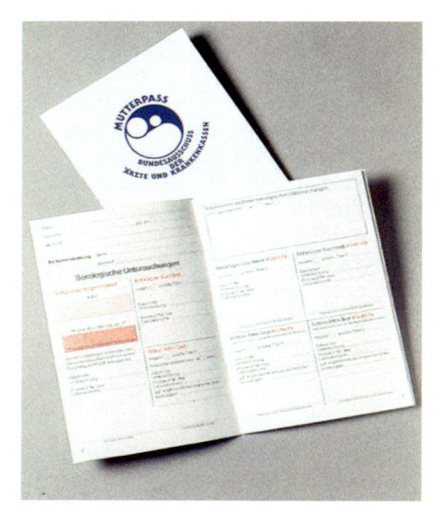

1 Mutterpass

Bleibt bei einer Frau die Periode aus, so besteht die Möglichkeit einer Schwangerschaft. Klarheit liefert ein *Schwangerschaftstest* aus der Drogerie oder Apotheke. Mithilfe von Teststäbchen kann die Frau selbst feststellen, ob im Urin das *Schwangerschaftshormon HCG* vorhanden ist. Seine Konzentration in Serum und Harn verdoppelt sich etwa alle zwei Tage und ist deshalb bereits sechs bis zehn Tage nach der Empfängnis nachweisbar.

Vorsorge. Zeigt der Test eine Schwangerschaft an, sollte möglichst bald eine Ärztin oder ein Arzt aufgesucht werden. Sie kontrollieren bei der Mutter die Funktion der Nieren, stellen die Blutgruppe fest und führen einen Rötelntest durch. Sie rechnen auch den Geburtstermin aus.

Diese und weitere Untersuchungsergebnisse tragen sie in den *Mutterpass* ein. Die Vorsorgeuntersuchungen sind alle vier Wochen, gegen Ende der Schwangerschaft alle zwei Wochen vorgesehen. Sie können auch von einer Hebamme vorgenommen werden.

Ultraschalluntersuchung. Im Rahmen der Vorsorge sind drei Ultraschalluntersuchungen vorgesehen. Dabei werden Ultraschallwellen zum Fetus gesendet, dort reflektiert und wieder aufgefangen. Mit dem daraus erstellten Bild lassen sich Größe und Lage des Fetus bestimmen und der Zustand seiner Organe erkennen.

Verlauf. Schwangerschaft, Geburtsvorgang und Stillen werden in Zusammenarbeit von Gehirn und Hormonen gesteuert.

Vor allem in den ersten drei Monaten können die Hormonumstellung und die körperlichen Veränderungen eine Schwangere sehr belasten. Sie ist häufig müde, ihr wird plötzlich übel und die Stimmung kann stark schwanken.

Vom vierten Monat an spürt die Mutter die Bewegungen des Ungeborenen. Im fünften Monat wird die Schwangerschaft am vorgewölbten Bauch der Mutter sichtbar. Die Brustdrüsen vergrößern sich. Je mehr Raum das Kind beansprucht, umso weiter werden die inneren Organe der Mutter nach oben gedrückt. Das verursacht beim Essen und Atmen oft Beschwerden.

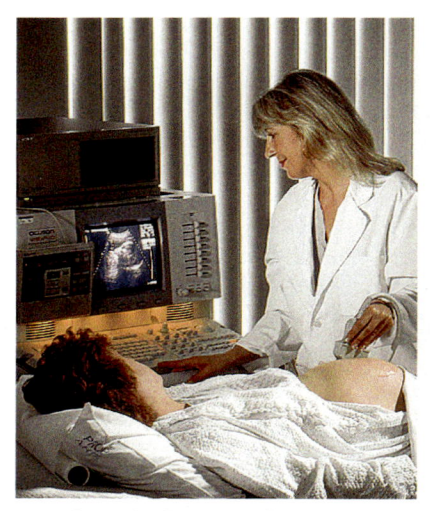

Am Ende der Schwangerschaft wird es für das Baby eng. Vorübergehend wächst es auch nicht mehr. Nach rund 280 Tagen endet die Schwangerschaft. Die Hypophyse schüttet Oxytocin aus. Daraufhin setzen die Wehen ein.

2 Ultraschalluntersuchung

3 Ultraschallbild eines Fetus im Mutterleib

Aufgaben

1 Zeige anhand von Beispielen auf, welche Bedeutung Vorsorgeuntersuchungen haben können.

In Kürze

Eine Schwangerschaft dauert etwa 280 Tage. Sie bedeutet eine große körperliche und seelische Umstellung für eine Frau. Bei medizinischer Betreuung von Anfang an können gesundheitliche Probleme von Mutter und Kind frühzeitig erkannt und behandelt werden.

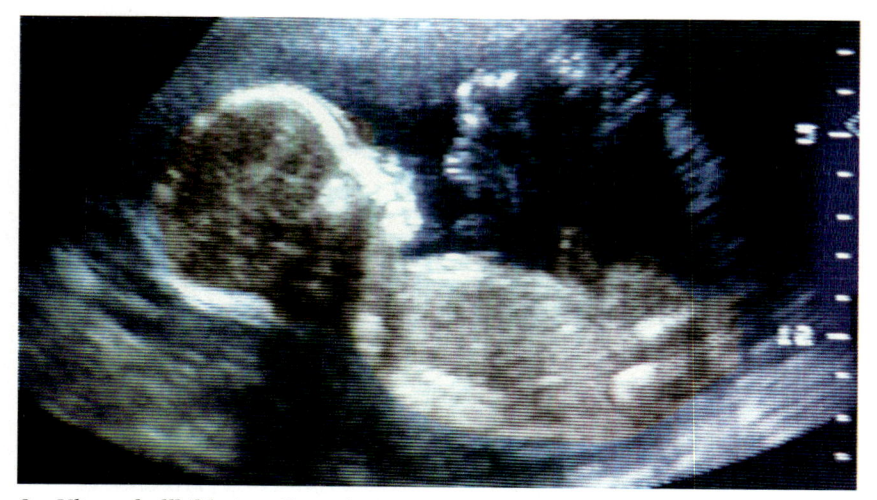

Einflüsse auf das Kind im Mutterleib

Lebensweise. Ein *regelmäßiger Tag-Nacht-Rhythmus* der Mutter macht sich bis in die ersten Lebenswochen des Säuglings hinein positiv bemerkbar. Alles, was mit gleichmäßigen, sanften Bewegungen zu tun hat, tut der Schwangeren ebenso gut wie dem Kind, also zum Beispiel Spazierengehen, Radfahren und Schwimmen. Wenn der Kreislauf in Bewegung gehalten wird, bekommt das Kind viel Sauerstoff. Auch mehr Ruhephasen als sonst und Entspannungsübungen tragen zum Wohlbefinden von Mutter und Kind bei. Dagegen beunruhigen wechselhafte Lebensweise, Hektik und Lärm das Kind.

Ernährung. Die Schwangere kann wesentlich zur gesunden Entwicklung ihres Kindes beitragen, wenn sie viel trinkt und sich *abwechslungsreich* und *ausgewogen* ernährt. Sie sollte ausreichend Eiweiß, Vitamine und Mineralien zu sich nehmen, bei Fleisch, Wurstwaren und Milchprodukten jedoch auf niedrigen Fettgehalt achten. In der Schwangerschaft kommt es leicht zu Verstopfung, daher ist auch eine ballaststoffreiche Ernährung wichtig. Eine Schwangere muss nicht für zwei essen – sie sollte aber auch keine Diät durchführen.

Genussmittel und Drogen. In hohen Dosen kann *Koffein* zu Wachstumsstörungen oder gar zu einer Fehlgeburt führen.

Ob der Genuss von *Alkohol* in geringen Mengen risikolos ist, lässt sich nicht mit Bestimmtheit sagen. Deshalb ist es sinnvoll, während der Schwangerschaft vollständig auf Alkohol zu verzichten. Besonders in den ersten Monaten kann Alkohol verheerende Schädigungen bewirken, denn in dieser Zeit werden das Nervensystem, die Knochen, die Sinnesorgane und das Herz angelegt. Die betroffenen Kinder sind klein und untergewichtig, zeigen Missbildungen und Wachstumsstörungen und haben in schweren Fällen nur geringe Überlebenschancen.

Deutlich ist auch der Zusammenhang zwischen *Zigarettenkonsum* und einer erhöhten Fehlgeburtenrate. Durch jeden Zigarettenzug verengen sich die Gefäße, die das Kind mit Sauerstoff versorgen. Raucherinnen gebären deshalb häufig untergewichtige Kinder, die zudem besonders anfällig für Erkrankungen im Säuglingsalter sind.

Medikamente. Auf Medikamente sollte in der Schwangerschaft so weit irgendwie möglich verzichtet werden. Viele Wirkstoffe durchdringen die Plazentaschranke und können die Entwicklung des Kindes stören oder zu erheblichen Schädigungen führen. Die Schwangere sollte zusammen mit ihrem Arzt sehr genau prüfen, ob die Einnahme eines Medikaments unbedingt nötig und welches Präparat am ehesten geeignet ist.

Infektionskrankheiten. Besonders gefürchtet sind die *Röteln*. Diese Virusinfektion tritt meist im Kindesalter auf und verläuft in der Regel ohne Komplikationen. Erkrankt aber eine schwangere Frau, kann es zu schweren Missbildungen beim Kind kommen. Herzfehler, Taubheit, Augenfehlbildung und geistige Behinderung können die Folgen sein. Die vorbeugende Impfung aller Mädchen gegen Röteln ist eine unbedingt notwendige Schutzmaßnahme.

Gefährlich für das Kind ist auch eine Infektion mit Toxoplasma. Dieser Einzeller kann durch rohes Fleisch oder durch Kontakt mit infizierten Haustieren, vor allem Katzen, übertragen werden. Die so hervorgerufene Krankheit *Toxoplasmose* kann zu Hirn- und Augenschäden führen.

In Kürze

Auch wenn die Schwangerschaft eine besondere Zeit für die Frau ist, sollte sie sich so natürlich wie möglich verhalten. Gesunde Lebensführung und gute medizinische Betreuung kommen direkt der Entwicklung des Kindes zugute.

1 Gemeinsame Freude aufs Baby

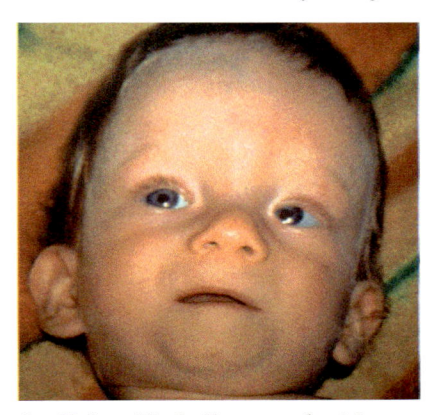

2 Hoher Alkoholkonsum der Mutter kann das Kind schwer schädigen. Äußerlich erkennbar sind Fehlbildungen im Gesicht.

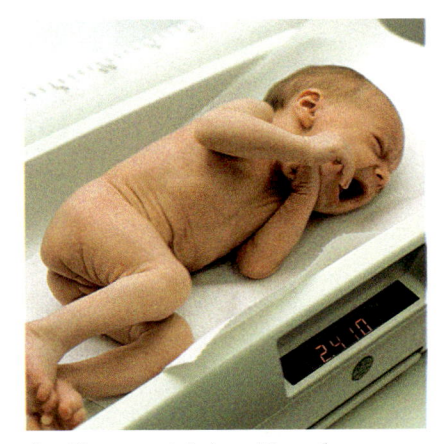

3 Untergewichtiges Neugeborenes. Rauchen hat häufig eine Unterversorgung des Fetus zur Folge.

Die Geburt

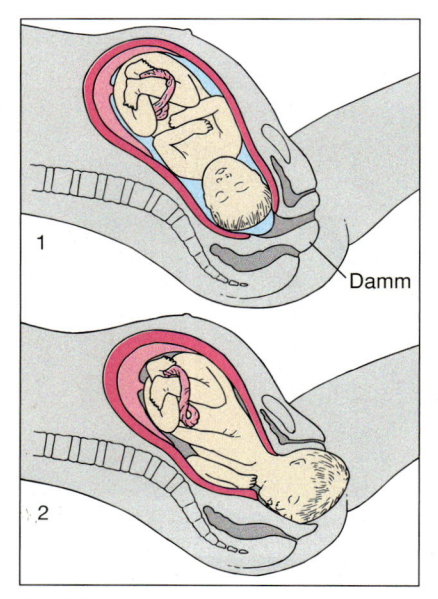

1 Geburt

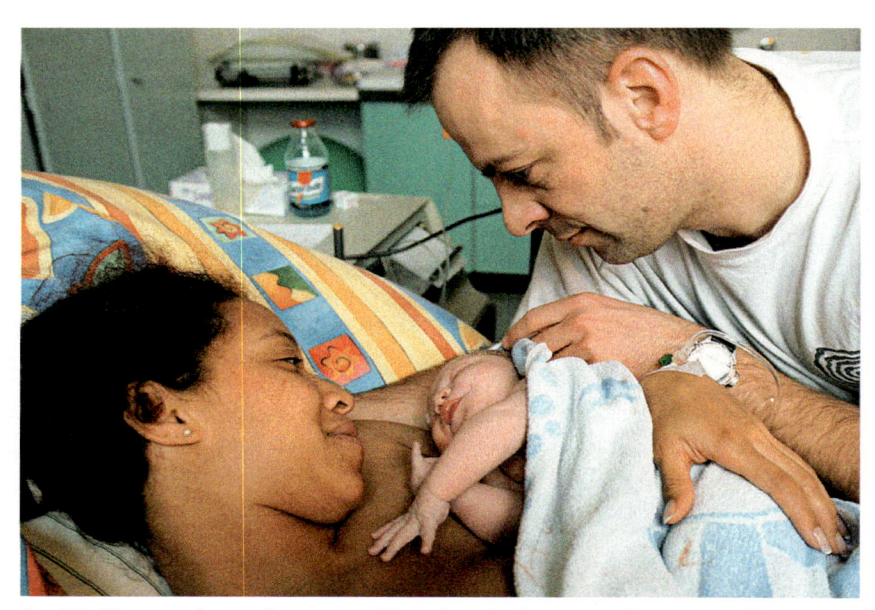

2 Die Eltern nehmen den ersten Kontakt mit dem Neugeborenen auf.

Vorbereitung. Für das Kind bedeutet die Geburt eine *radikale Umstellung.* Es kommt aus gleichmäßig warmer Körpertemperatur in eine kältere Umgebung. Es muss sich vom Leben im Fruchtwasser und in Dunkelheit auf Luft und Licht umstellen. Plötzlich spürt es sein Eigengewicht. Die Nahrung fließt ihm nicht mehr „von alleine" zu, sie muss aktiv durch Saugen aufgenommen werden.
Moderne Kliniken planen die Geburt so, dass dem Kind diese Umstellung erleichtert wird und seine große Wärme- und Liebesbedürftigkeit berücksichtigt werden. Ebenso gibt es heute viele Wege, Anstrengungen und Risiken einer Geburt auch für die Mütter zu mindern. Sie können sich in Kursen, die auch die Väter mit einbeziehen, auf die Geburt vorbereiten. Durch ärztliche Vorsorge in der Schwangerschaft lassen sich Komplikationen oft vermeiden.

Eröffnungsphase. Mit dem Einsetzen der Wehen beginnt die Geburt. Von *Wehen* spricht man, wenn sich die Muskeln der Gebärmutter in immer kürzer werdenden Abständen regelmäßig zusammenziehen. Dadurch öffnet sich der *Gebärmuttermund.* Diese *Eröffnungsphase* dauert gewöhnlich mehrere Stunden. Durch den Druck der stärker werdenden Wehen zerreißt die *Fruchtblase* und Fruchtwasser fließt aus.

Austreibungsphase. Wenn der Muttermund ganz geöffnet ist, beginnt die *Austreibungsphase.* Starke Wehen in kurzen Abständen schieben das Kind durch den Geburtskanal. Die Mutter kann die Wehen durch Pressen unterstützen. Der schwierigste Teil ist die Geburt des Kopfs. Die Knochen des Schädels sind noch nicht fest verwachsen und können beim Geburtsvorgang nachgeben. Um zu verhindern, dass der Kopf zu schnell durchtritt und dabei das Gewebe zwischen Scheideneingang und After reißt, schützt die Hebamme den *Damm* durch bestimmte Handgriffe. Der Rest des Körpers wird oft in einer einzigen Wehe geboren.

Nachgeburtsphase. Kurz nach der Geburt des Kindes wird die Nabelschnur abgeklemmt und durchtrennt. Mit dem ersten Schrei beginnt das Neugeborene zu atmen. Die Hebamme untersucht das Kind auf Missbildungen und Verletzungen, wiegt und misst es und überprüft seinen Allgemeinzustand.
Bei der Mutter löst sich die Plazenta von der Gebärmutterwand ab. Durch die Nachwehen wird sie zusammen mit der Fruchtblase und dem Rest der Nabelschnur als *Nachgeburt* ausgestoßen. Die Gebärmutter zieht sich nach und nach zusammen.

Kaiserschnitt
Kann das Kind nicht auf natürlichem Weg zur Welt kommen, wird ein Kaiserschnitt durchgeführt. Dabei werden unter Narkose zuerst der Bauch, dann die Gebärmutter geöffnet und das Kind mitsamt Fruchthülle und Plazenta herausgenommen.
Anstelle der Vollnarkose kann eine Peridural- oder Spinalanästhesie gegeben werden. Bei beiden Narkoseformen ist die Frau vom Becken ab schmerzunempfindlich und kann die Geburt bewusst miterleben.

In Kürze

Die Geburt beginnt mit den Wehen. Sie wird in drei Phasen gegliedert: Eröffnung, Austreibung und Nachgeburt. Sie verläuft umso risikoärmer, je besser und liebevoller die Frau sich versorgt fühlt.

Eltern und Kind

1 Beim Stillen wächst eine besondere Nähe zwischen Mutter und Kind.

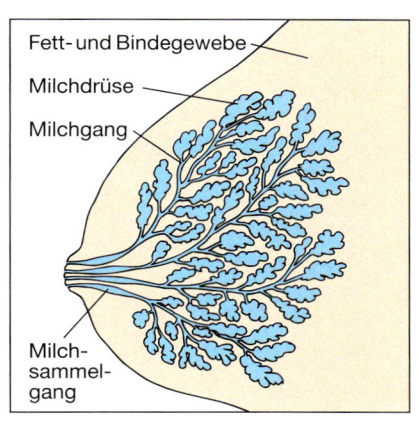

2 Schematische Darstellung der mütterlichen Brust

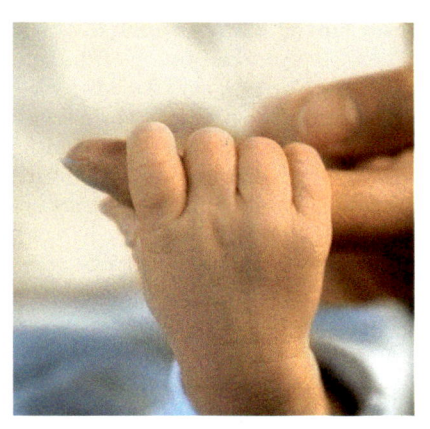

3 Der Greifreflex lässt sich schon beim Neugeborenen beobachten.

Kontaktaufnahme. Nach der Geburt ist es wichtig für das Baby, dass es sich in Ruhe auf die neue Umgebung einstellen kann. Deshalb wird es oft sofort an die Brust der Mutter gelegt, noch bevor es abgenabelt ist. Denn einige Minuten nach der Geburt ist der *Saugreflex* des Kindes besonders stark ausgeprägt. Das Kind sucht nach der Brustwarze und beginnt zu saugen.
Für die Mutter erwächst aus diesem ersten Hautkontakt ein *Fürsorgebedürfnis,* für das Neugeborene *Geborgenheit* als Beginn einer engen Beziehung.

Stillen. Ein Hormon der Hypophyse, das *Prolactin,* regt die 15 bis 24 Milchdrüsen in den Brüsten der Mutter an, Milch zu produzieren. Nach der Geburt wird durch das *Hormon Oxytocin* der *Milchfluss* in Gang gebracht. Sobald der hemmende Einfluss der Plazentahormone wegfällt, „schießt" die Milch „ein". Jedes Saugen des Kindes fördert die Ausschüttung von Oxytocin und Prolactin.
An der Brust der Mutter zu trinken bedeutet für das Kind nicht nur die Aufnahme von Nahrung. Beim Stillen erlebt es Ruhe, Wohlbefinden und *Geborgenheit.* So hört es beispielsweise den bereits vertrauten Herzschlag der Mutter. Wir wissen heute, dass das Stillen die beste Art der Säuglingsernährung ist. Mit der Muttermilch bekommt der Säugling alle *Nährstoffe* und *Vitamine* in der für ihn am besten verträglichen Form. Außerdem schützen die *Antikörper* der Mutter das Kind vor Infektionen. Auch auf die Gesundheit der Mutter hat das Stillen einen positiven Einfluss. Frauen, die gestillt haben, erkranken seltener an Brustkrebs, Eierstockkrebs und Osteoporose.

Angeborenes Verhalten. Von Anfang an strampelt das Kind mit den Beinen, rudert mit den Ärmchen und bewegt den Kopf. Sobald sein Mund berührt wird, beginnt es mit *Suchbewegungen.* Es öffnet den Mund und *saugt* sich fest, wenn es die Brustwarze gefunden hat. All das kann das neugeborene Kind, ohne es lernen zu müssen. Der Ablauf dieser Bewegungsfolge ist angeboren.
Durch *Weinen* und *Schreien* macht das Kind auf sich aufmerksam. Es sind angeborene Signale, die Zuwendung fordern. Sobald die Mutter, der Vater oder eine andere Bezugsperson das Kind streicheln, umhertragen, füttern oder mit ihm sprechen, beruhigt es sich meist bald.
Berührt man die Handfläche des Säuglings mit dem Finger, so packt er zu. Einen ähnlichen *Greifreflex* zeigen auch die Zehen. Damit versucht der Säugling sich bei der Mutter anzuklammern.

Kindchenschema. Kleine Kinder wirken anziehend. Ihre Körperformen, vor allem die Kopfform, Pausbacken, große Augen und eine hohe Stirn, lösen Zuwendung aus. Diese Merkmale nennt man *Kindchenschema.* Sie fordern das *Pflegeverhalten* der Bezugspersonen heraus. Ist die Bindung zwischen Kind und Eltern erst einmal entstanden, vermittelt sie dem Kind ein grundlegendes *Vertrauen* in die Umwelt. Kinder, die ohne feste Bezugsperson aufwachsen müssen, haben es später oft schwer, Vertrauen zu sich und anderen zu entwickeln und Partnerschaften zu schließen.

Aufgaben

1 Frage deine Eltern danach, wie deine Geburt verlaufen ist. Wie groß und wie schwer warst du?

2 Führt ein Interview mit einer Hebamme durch und erkundigt euch dabei nach ihren Erfahrungen.

In Kürze

Durch die Kontaktaufnahme wird das Kind auf seine Bezugsperson geprägt. Das Stillen bedeutet für das Kind gesunde Ernährung und behütende Nähe. Alle Neugeborenen zeigen die lebenssichernden, angeborenen Verhaltensweisen Saugen, Schreien und Klammern. Ihr Kindchenschema löst Zuwendung aus.

Reproduktionsmedizin

Unerfüllter Kinderwunsch. Alles scheint perfekt zu sein: Zwei haben sich gefunden und sind glücklich, die Ausbildung ist beendet oder man hat schon einen sicheren Arbeitsplatz. Jetzt könnte das gewünschte Baby eigentlich kommen. Aber es tut sich einfach nichts.

Die Wahrscheinlichkeit, schwanger zu werden, hängt von zahlreichen Faktoren ab. Dabei spielen das Alter der Partner, Häufigkeit und Zeitpunkt des Geschlechtsverkehrs und auch die Lebensweise eine Rolle. Eine Studie hat ergeben, dass jedes dritte Paar länger als ein Jahr auf eine Schwangerschaft warten muss. Fachleute empfehlen deshalb, etwa ein Jahr zu warten, bevor man sich in medizinische Behandlung begibt.

Check-up beim Arzt. Der Gang zum Arzt bringt für viele Patienten Aufklärung und Hilfe. In einem ersten Gespräch werden die Lebensgeschichten der Partner, ungünstige Einflüsse und psychische Hintergründe geklärt. Danach beginnt die Suche nach organischen Ursachen. In 40 Prozent der Fälle liegt der Grund beim Mann, ebenso häufig bei der Frau und bei 20 Prozent der Paare liegen bei beiden Partnern Hindernisse für das Eintreten der Schwangerschaft vor. Die Ursachen für Kinderlosigkeit sind sehr zahlreich. Die häufigsten sind in der Tabelle links zusammengefasst.

Medizinische Hilfe. Die medizinische Behandlung der ungewollten Kinderlosigkeit wird in Stufen vorgenommen. Alle einfachen Methoden müssen ausgeschöpft sein, bevor Verfahren angewandt werden, die stärker in den Körper eingreifen. Dabei ist es wichtig, dass beide Partner sich untersuchen und beraten lassen und die Behandlung mittragen.

Oft sind es schon einfache Maßnahmen, die Paaren zum gewünschten Kind verhelfen: eine psychologische Beratung oder längerfristige therapeutische Begleitung, Akupunktur oder eine homöopathische Behandlung. Mit *chirurgischen Eingriffen* können Verwachsungen und Verschlüsse der Ei- und Samenleiter behoben, Zysten und Myome entfernt und anatomische Fehlbildungen korrigiert werden. Eine gezielte *Hormontherapie* kann den Hormonhaushalt der Frau regulieren und für einen regelmäßigen Zyklus sorgen. Die Reifung der Eizelle und der Eisprung lassen sich mit Medikamenten gezielt auslösen, sodass der optimale Zeitpunkt für den Geschlechtsverkehr gewählt werden kann.

Wenn die Anzahl der Spermien des Mannes nicht ausreicht oder diese nur eingeschränkt bewegungsfähig sind, ist eine *Samenübertragung* oder *Insemination* möglich. Dabei wird aufbereitetes Sperma mit einem Katheter direkt in die Gebärmutter oder in einen der beiden Eileiter gespült, wo die Befruchtung stattfindet. Der Samenübertragung geht in der Regel

---

Mögliche Ursachen von ungewollter Kinderlosigkeit

Beim Mann

Die Zeugungsfähigkeit ist eingeschränkt, wenn die Samenflüssigkeit zu wenig gesunde Samenzellen enthält. Als Richtwert gelten mindestens 20 Millionen Spermien pro Milliliter Samenflüssigkeit. Davon sollten mindestens 50 Prozent gut beweglich sein.

Störungen der Samenzellbildung.
- Durchblutungsstörungen, z. B. durch enge Kleidung oder Krampfadern im Hodensack
- Verletzungen der Hoden
- Schadstoffe und Genussmittel im Übermaß (Nikotin, Alkohol, Umweltgifte)
- Besondere Umwelteinwirkungen, z. B. wenn am Arbeitsplatz ständig übermäßige Hitze herrscht
- Folge von Infektionen, Chromosomenanomalien, Diabetes und Tumoren

Störungen des Spermientransports. Selten sind die Samenleiter geschädigt, sodass die Samenzellen nicht in das Ejakulat gelangen. Mögliche Gründe sind Verletzungen und Operationen (z. B. nach einem Leistenbruch), Infektionen durch sexuell übertragbare Krankheiten oder eine angeborene Fehlbildung.

Bei der Frau

Endometriose. Gebärmutterschleimhaut, die sich außerhalb der Gebärmutter, z. B. in den Eierstöcken, den Eileitern, am Darm oder in der Harnblase, angesiedelt hat, kann zu Veränderungen an den Fortpflanzungsorganen und zu Verwachsungen in der Bauchhöhle führen, die eine Empfängnis erschweren.

Schädigung der Eileiter. Entzündungen, Eileiterschwangerschaften, Operationen oder Endometriose können die Eileiter schädigen. Sind die Eileiter verklebt, verschlossen oder durch Verwachsungen in ihrer Beweglichkeit gestört, ist der Transport der Eizelle erschwert.

Funktions- und Hormonstörungen der Eierstöcke. Wenn die Eierstöcke nicht richtig arbeiten, kommt es zu Störungen der Eireifung, fehlendem Eisprung und ungenügender Gelbkörperbildung. Häufige Ursachen sind die Überproduktion von männlichen Geschlechtshormonen, des Hormons Prolactin oder Schilddrüsenfehlfunktion. Als allgemeine Ursachen gelten starkes Über- oder Untergewicht, Hochleistungssport oder sehr schwere körperliche Arbeit und bestimmte Medikamente.

Muskelknoten (Myome). Gutartige Tumore in der Gebärmutter können abhängig von der Lage die Einnistung des Keims behindern oder zu Fehlgeburten führen.

Seltene organische Ursachen. In seltenen Fällen behindern angeborene Fehlbildungen von Organen die Fortpflanzung. Dazu gehören Fehlbildungen der Scheide, der Gebärmutter, der Eileiter oder der Eierstöcke.

Bei Mann und Frau

Psychische Ursachen. Stress und seelische Belastung können die Fruchtbarkeit beeinträchtigen.

Reproduktionsmedizin

eine Hormonstimulation voraus. Beim *intratubaren Gametentransfer (GIFT)* werden reife Eizellen aus den Eierstöcken entnommen und zusammen mit Samenzellen in einen der Eileiter eingebracht.

Sind all diese Methoden der „unterstützten Fortpflanzung" ausgeschöpft, bleibt die Möglichkeit der künstlichen Befruchtung. Bei der *In-vitro-Fertilisation (IVF;* wörtlich: Befruchtung im Glas) werden Eizellen im Reagenzglas mit dem Samen des Partners befruchtet. Zur Vorbereitung ist eine hormonelle Stimulation nötig, die dafür sorgt, dass mehrere Eizellen gleichzeitig heranreifen. Eine Spritze mit dem Hormon Choriongonadotropin löst den Eisprung aus. 36 Stunden danach werden unter Ultraschallkontrolle mehrere Eizellen durch die Scheide aus dem Eierstock entnommen und in einer Nährlösung mit Samenzellen zusammengebracht. Nach zwei Tagen werden bis zu drei Embryonen im Vier-Zell-Stadium in die Gebärmutter übertragen. Dabei besteht die Möglichkeit, dass eine Mehrlingsschwangerschaft zustande kommt.

Das IVF-Verfahren wurde 1978 zum ersten Mal angewandt. Heute wird fast jedes 80. Kind auf diese Weise gezeugt. Die Erfolgsquote liegt inzwischen bei 40 Prozent. Mit der Befruchtung außerhalb des Körpers wurde die Möglichkeit geschaffen, die Embryonen vor der Übertragung in die Gebärmutter auf ihr Geschlecht und auf Erbkrankheiten hin zu untersuchen.

Wenn die Samenzellen nicht in der Lage sind, eine Eizelle zu befruchten, kann der Arzt ein einzelnes Spermium mit einer feinen Pipette direkt in die Eizelle injizieren *(intracytoplasmatische Spermieninjektion, ICSI).* Enthält die Spermaflüssigkeit des Mannes keine Samenzellen, ist es möglich, Spermien für eine ICSI aus den Hoden oder den Nebenhoden zu gewinnen.

Die Möglichkeiten der Fortpflanzungsmedizin haben sich in den letzten 30 Jahren ständig erweitert. Dennoch lässt sich auch heute der gewünschte Erfolg – die Geburt eines gesunden Kindes – nicht garantieren. Die tatsächliche Geburtenrate nach reproduktionsmedizinischer Behandlung liegt deutlich unter 20 Prozent.

Krisensituation. Wenn ein Paar kinderlos bleibt, obwohl es sich Kinder wünscht, stellt dies für die Partner meist eine schwere Belastung dar. Eine Fruchtbarkeitsbehandlung kann die Situation noch verschärfen. Das Paar muss vielleicht ein Wechselbad der Gefühle durchstehen, wenn sich Enttäuschung über Misserfolg und die Hoffnung, dass es beim nächsten Mal klappt, abwechseln. Selbst stabile Partnerschaften können dabei in die Krise geraten. Oft finden Paare erst wieder zu sich selbst zurück, wenn sie ihre Kinderlosigkeit akzeptieren.

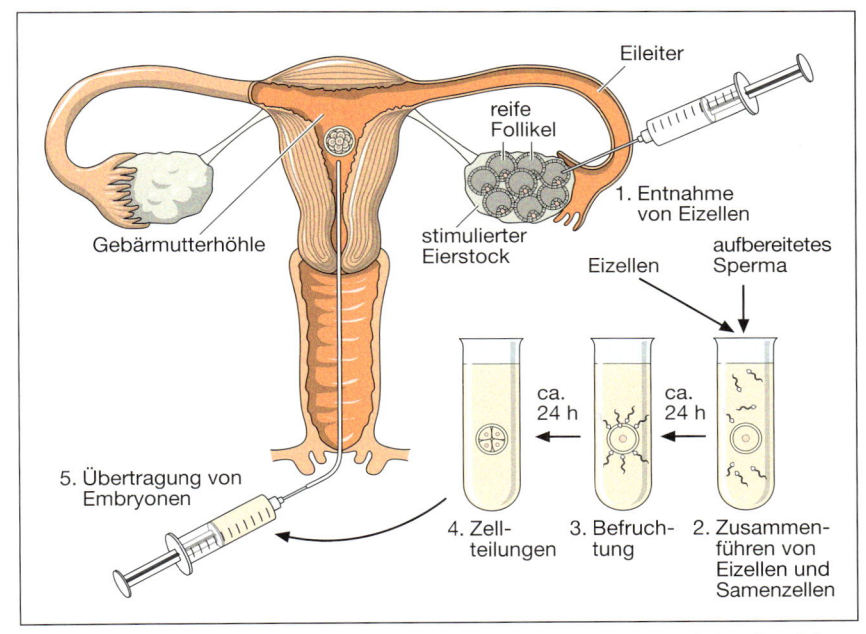

1 Die In-vitro-Fertilisation wird seit 1981 auch in Deutschland durchgeführt.

2 Louise Brown, das erste IVF-Kind, kam 1978 in den USA zur Welt.

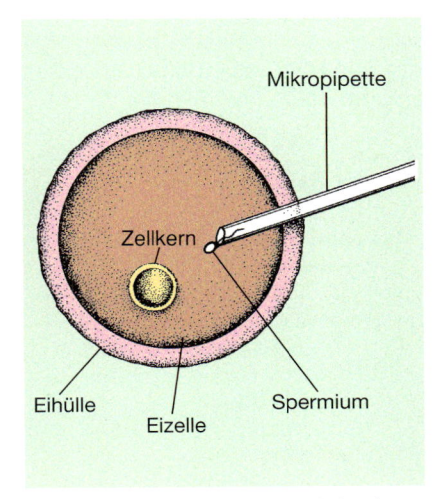

3 ICSI: Ein Spermium wird direkt in die Eizelle injiziert.

Zur Diskussion: Reproduktionsmedizin

Nachwuchs um jeden Preis?
Für Paare, die ungewollt kinderlos bleiben, sind viele Möglichkeiten denkbar, ein Kind zu bekommen.
- Künstliche Befruchtung mit Samen und Ei des Paares
- Künstliche Befruchtung mit dem Samen eines anderen Mannes
- Künstliche Befruchtung mit dem Ei einer anderen Frau
- Leihmutterschaft: eine andere Frau trägt das Kind aus
- Adoption eines Kindes

Was soll mit den Embryonen geschehen?
Bei der künstlichen Befruchtung können überzählige Embryonen anfallen. Sie sollten mit Zustimmung der Eltern
- eingefroren werden,
- für die Forschung freigegeben werden,
- zur Adoption freigegeben, also in die Gebärmutter anderer Frauen eingepflanzt werden können,
- nicht weiter aufbewahrt werden.

Wer sind die wirklichen Eltern?
Mutterschaft ist heute im dreifachen Sinn möglich: die Mutter, von der die Eizelle stammt, die Mutter, die das Kind austrägt und zur Welt bringt, die Mutter, bei der das Kind aufwächst. Der Vater kann der Mann sein, der das Kind gezeugt hat, der sein Sperma gespendet hat oder der mit dem Kind zusammen lebt und es erzieht.

Eine Psychologin rät:

Bei unerfülltem Kinderwunsch helfen oft folgende Fragen, sich neu zu orientieren:
- Warum wollten wir ein Kind?
- Welche gemeinsamen Interessen und Ziele verbinden uns auch ohne Kind?
- Woran haben wir gemeinsam Freude?
- Welche anderen Dinge sind in unserer Partnerschaft wichtig?

Medizinische Risiken einer Fruchtbarkeitsbehandlung

Durch eine Hormonbehandlung steigt die Wahrscheinlichkeit, dass mehrere Embryonen gleichzeitig heranwachsen und eine Mehrlingsschwangerschaft entsteht. Der gewünschte Behandlungserfolg kann dadurch gemindert werden, weil Mehrlinge oft nicht lebensfähig sind und eine Mehrlingsschwangerschaft Gesundheit und Leben der Mutter gefährden kann. Zudem wird in der Regel nur ein Kind gewünscht, da mehrere gleichaltrige Babys ihre Eltern sowohl körperlich als auch psychisch sehr belasten können.
Mit der Anzahl der Embryonen steigt auch das Risiko von Frühgeburten. Zwar haben Frühchen heute gute Überlebens- und Entwicklungschancen. Sie müssen aber oft lange in der Klinik bleiben und benötigen eine intensive medizinische Betreuung. Ein zu niedriges Geburtsgewicht kann unter Umständen die körperliche und geistige Entwicklung beeinträchtigen. Die Eltern leiden häufig in dieser Zeit unter starken seelischen Belastungen.

Nach: Warum gerade wir? Bundeszentrale für gesundheitliche Aufklärung, Köln 2002

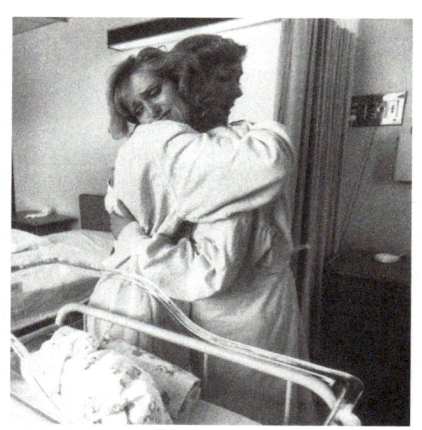

1 USA 1984: Die biologische Mutter nimmt ihr Kind in Empfang, der Leihmutter bleibt der Trennungsschmerz und ein Scheck über 10 000 Dollar.

2 Im Jahr 2002 wurden in Deutschland 5668 Kinder und Jugendliche adoptiert. Bei den Vermittlungsstellen lagen 11 616 Bewerbungen vor.

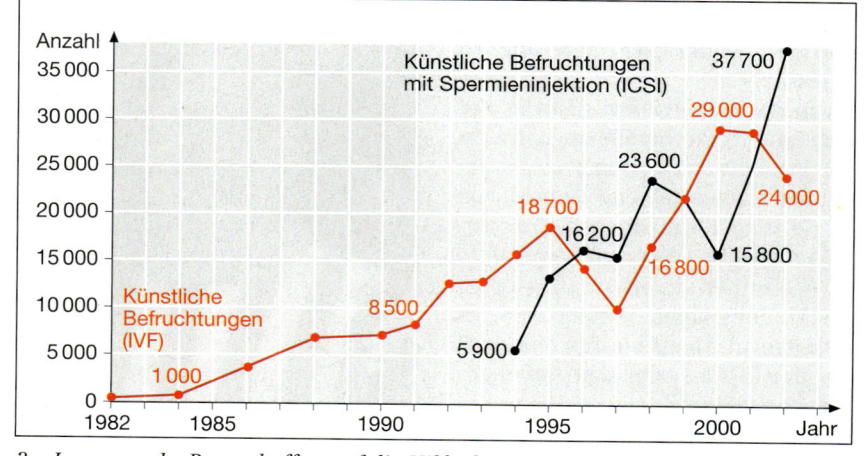

3 Immer mehr Paare hoffen auf die Hilfe der Fortpflanzungsmedizin.

Nachgehakt: Stammzellen

Stammzellen sind begehrte Objekte der medizinischen Forschung. Das Besondere an Stammzellen ist, dass sie – anders als fast alle Körperzellen – undifferenziert sind. Sie nehmen also keine speziellen Aufgaben im Körper wahr, sondern bleiben teilungsfähig und können sich zu verschiedenen Zelltypen entwickeln. Wissenschaftler hoffen, mit ihrer Hilfe in Zukunft geschädigte Gewebe und Organe ersetzen und Krankheiten wie Diabetes, Herzinfarkt und Alzheimer heilen zu können. Aus der damit verbundenen Manipulation des Menschen ergeben sich medizinische, ethische und rechtliche Probleme. Sie betreffen die Menschenwürde und den Schutz des menschlichen Lebens.

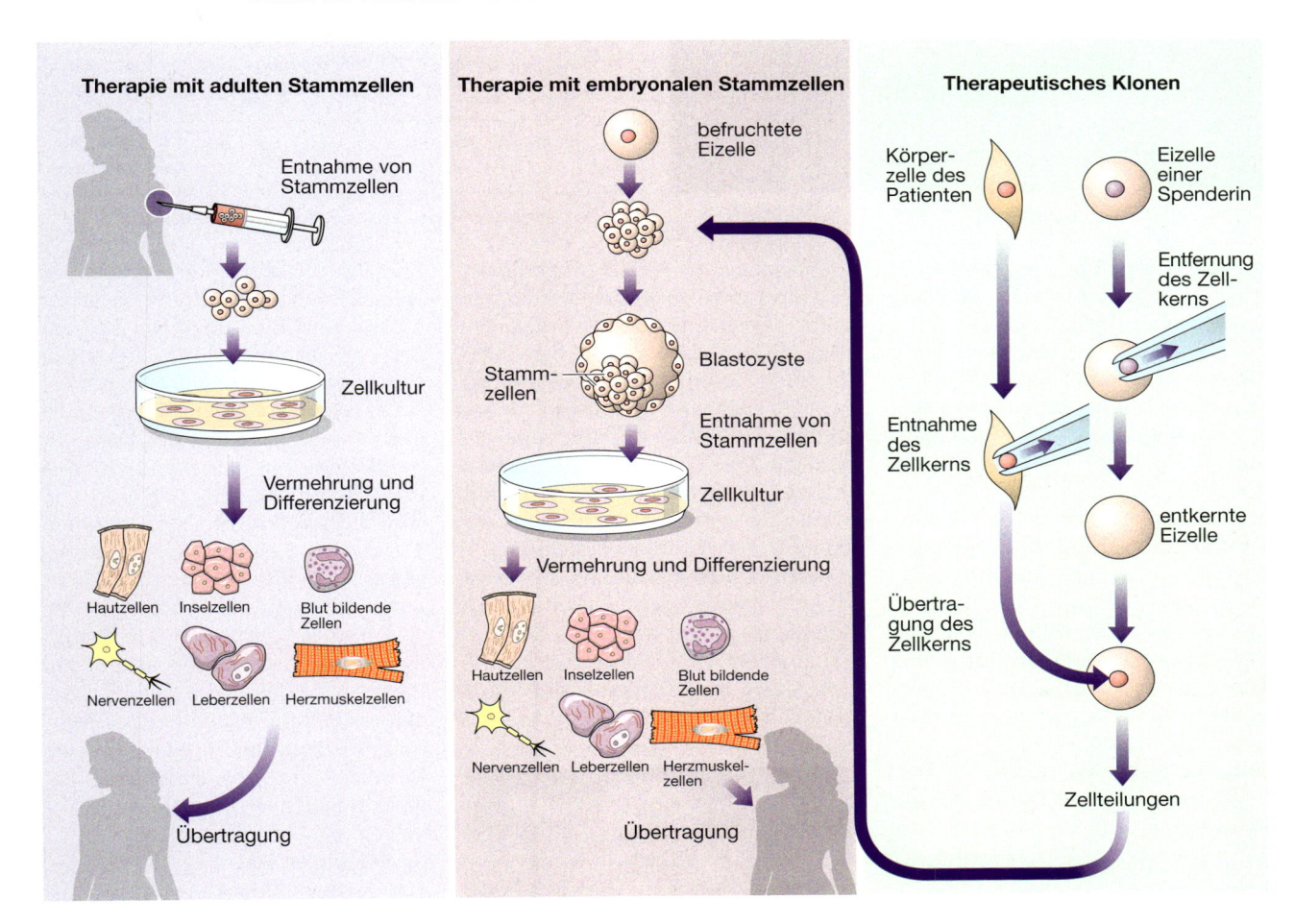

Adulte Stammzellen sind Zellen im erwachsenen Organismus. Sie teilen sich, um fehlerhafte, kranke oder abgestorbene Zellen zu ersetzen. Hierzu gehören etwa die Stammzellen für die Blutbildung im Knochenmark. Neben diesen *pluripotenten* Stammzellen, die unterschiedliche Blutzellsorten bilden können, gibt es *unipotente* Stammzellen, aus denen sich nur eine Zellsorte entwickeln kann.

Embryonale Stammzellen sind die Vorläufer der differenzierten Zellen. Sie sind unbegrenzt teilungsfähig und *totipotent*. Dies bedeutet: Sie können sich zu jeder beliebigen Zellsorte entwickeln, also auch zu Keimzellen, aus denen ein neuer Organismus hervorgehen kann. Embryonale Stammzellen werden aus Embryonen im Stadium der Blastocyste entnommen, die sich etwa am vierten Tag nach der Befruchtung gebildet hat.

Ziel des **therapeutischen Klonens** ist, Ersatz für krankes Gewebe zu züchten, dessen Erbgut mit dem des Patienten übereinstimmt. Damit ließe sich die Abstoßungsreaktion bei der Transplantation vermeiden. Das Verfahren ist oben dargestellt. Der Keim, aus dem die embryonalen Stammzellen gewonnen werden, wird nur wenige Tage alt. Welche Faktoren die Differenzierung zu einer Gewebeart steuern, ist häufig noch ungeklärt.

93

Ein Menschenleben

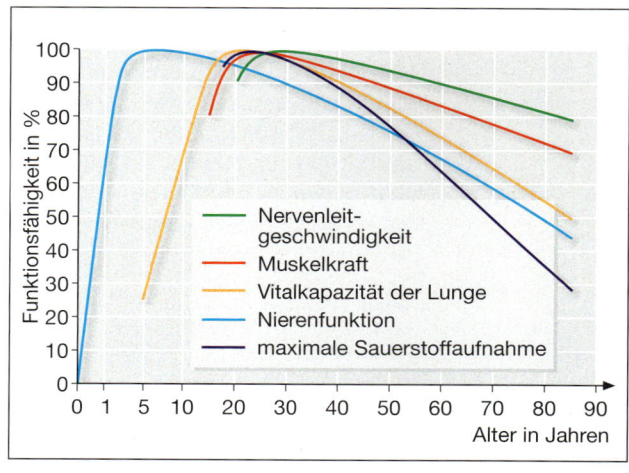

1 Altern ist ein natürlicher Prozess.

2 Körperfunktionen verändern sich mit dem Alter.

Entwicklung. Ein Kennzeichen aller Lebewesen ist ihre *Entwicklung*: die Veränderung ihrer Gestalt, Organe, Gewebe, Zellen und Moleküle. Meist bemerken wir die Entwicklung nur an besonders auffälligen Ereignissen wie etwa bei der Fortpflanzung oder beim Wachstum. Doch auch in den anderen Lebensabschnitten bleibt ein Lebewesen nur scheinbar unverändert. Unsere Haut ist heute nicht mehr dieselbe wie vor einem Jahr und die roten Blutkörperchen sind seitdem schon zum dritten Mal abgebaut und durch neue ersetzt worden. Fortwährend finden in unserem Körper Abbau-, Umbau- und Aufbauprozesse statt.

Entwicklungsabschnitte. Für jedes Lebewesen ist diese Entwicklung in ihren Grundzügen durch die Erbanlagen festgelegt. Sie lässt sich durch Einwirkungen der Umwelt wie Ernährung oder starke Beanspruchung zwar beeinflussen, jedoch nicht umkehren. Die gesetzmäßig aufeinander folgenden Entwicklungsvorgänge bezeichnet man auch als *Altern*. Es vollzieht sich zwischen Geburt und Tod in mehreren kennzeichnenden Abschnitten.

Entwicklungsalter. Dieser Lebensabschnitt beginnt mit der Geburt und endet mit dem Abschluss der Wachstumsvorgänge um das 20. Lebensjahr. Besonders stark wachsen die Röhrenknochen der Arme und Beine, wodurch sich die Größenverhältnisse aller Körperteile völlig verändern. Das Milchgebiss wird durch die bleibenden Zähne ersetzt. Das Gehirn wächst zu seiner endgültigen Größe heran. Besonders auffällig sind die enorme Lernfähigkeit in den ersten Lebensjahren sowie körperliche und seelische Veränderungen durch die Reifung der Geschlechtsorgane.

Leistungsalter. Vom 20. bis etwa zum 45. Lebensjahr, bei manchen Menschen auch bis zum 55. Lebensjahr, weisen viele Organe den höchsten Stand ihrer Leistungsfähigkeit auf.

3 Aktiv sein erhält die körperliche und geistige Leistungsfähigkeit.

Zum Beispiel erreichen Muskelkraft, Hörschärfe und Reaktionsgeschwindigkeit ihre besten Werte. Die äußerlich feststellbaren Veränderungen sind geringer als in allen anderen Lebensabschnitten. Kennzeichnend ist der Spannungsverlust der Haut mit der Bildung von Falten und Furchen im Gesicht.

Rückbildungsalter. Zwischen dem 45. und 60. Lebensjahr beschleunigen sich die altersbedingten Abbauvorgänge. Fast alle Körpergewebe verlieren an Substanz und die Anfälligkeit für Krankheiten nimmt zu. Dagegen erreichen die geistigen Fähigkeiten durch zunehmende Erfahrung, Einsicht und besseres Urteilsvermögen jetzt ihren Höhepunkt. Bei Frauen endet in dieser Zeit die Fähigkeit zur Fortpflanzung.

Greisenalter. Wenn der körperliche und geistige Abbau besonders auffällig wird, beginnt zwischen dem 60. und 75. Lebensjahr das Greisenalter. Es lässt sich nur schwer vom Rückbildungsalter abgrenzen. Körperlich besonders beeinträchtigend wirken die Versteifung der Gelenke, Durchblutungsstörungen von Herz und Gehirn und die zunehmende Schwächung der Immunabwehr. Auch psychische Vorgänge spielen für das Altern eine Rolle. Versagen lebenswichtige Organe, sterben wir den Alterstod.

Gene und Umwelt

1–3 Krabbeln, „Bärengang" und Aufrichten an Möbeln sind wichtige Schritte auf dem Weg zum Laufenlernen.

Angeboren oder gelernt? Vorgänge wie Wachstum, Entwicklung, Reifung und Lernen bedingen einander. Sie wirken bei der Entstehung und Entwicklung typisch menschlicher Fähigkeiten zusammen. Der aufrechte Gang des Menschen etwa kommt nicht allein durch Wachstum und Reifung des Nervensystems, der Knochen und Muskeln zustande. Das Kind braucht das *Vorbild der Eltern* und vor allem das wiederholte Ausprobieren und die damit verbundenen *Erfahrungen*, um etwa mit zwölf Monaten Laufen zu lernen. Das aufrechte Gehen wiederum ist die beste Anregung für das weitere Wachstum von Knochen und Muskeln. Die Nutzung des einmal Gelernten sorgt auch dafür, dass es aufrechterhalten wird und sich weiterentwickelt, zum Sprinten oder Tanzen etwa.

Die Frage, ob der aufrechte Gang beim Menschen angeboren oder erworben ist, kann nur so beantwortet werden: Die Möglichkeit, Laufen zu lernen, ist angeboren. Sie wird dann verwirklicht, wenn das Kind zur richtigen Zeit die richtigen Erfahrungen macht. In der Regel sorgt das Kind selbst dafür. Die Umwelt sollte die geeigneten Rahmenbedingungen bereitstellen: Vorbild der Eltern, Lob oder auch nur das Entfernen von Hindernissen.

Die besondere Entwicklung der Großhirnrinde befähigt den Menschen, lebenslang zu lernen. So ist es ihm möglich, seine Anlagen zur Entfaltung zu bringen und sich an veränderte Umweltbedingungen anzupassen. Dazu ist er aber von Anfang an unbedingt auf Erziehung und auf Anregungen aus der Umwelt angewiesen.

Gene und Umwelt spielen zusammen. Wissenschaftler gehen heute davon aus, dass die Entwicklung der meisten arttypischen Eigenschaften und Verhaltensweisen des Menschen auf einem komplizierten und fein abgestimmten Zusammenspiel von Genen und Umwelteinflüssen beruht. Dabei ist es im Einzelfall schwer zu entscheiden, welches Gewicht bei der Ausprägung bestimmter Merkmale dem Erbgut und welches der Umwelt zuzumessen ist. Begabungen können gefördert werden oder verkümmern. Deshalb sind Lernen und Üben von erheblicher Bedeutung.

In Kürze

Die Entwicklung eines Menschen vollzieht sich in mehreren Abschnitten. In ihren Grundzügen ist sie durch Gene festgelegt. Bei der Ausprägung vieler Merkmale und Verhaltensweisen aber spielen Gene und Umwelteinflüsse zusammen.

„Mit der Geburt vollzieht sich ein dramatischer Sprung in der Hirnentwicklung. Die Sinnesorgane können nun Signale aus der Umwelt aufnehmen. Das Wechselspiel zwischen diesen Signalen und den Genen wird jetzt von Aktivitätsmustern bestimmt, die von der Umwelt mitgeprägt werden. Alles, was auf die Sinnesorgane des Babys einwirkt, nimmt Einfluss auf die weitere Entwicklung. [...] Die Nervenzellen sind zum Zeitpunkt der Geburt im Wesentlichen angelegt, aber in bestimmten Bereichen des Gehirns noch nicht miteinander verbunden. Viele Verbindungen bilden sich erst jetzt aus. Es vollzieht sich ein stetiger Umbau von Nervenverbindungen, wobei nur etwa ein Drittel der einmal angelegten erhalten bleibt. Welche das sind, hängt von ihrer Aktivität ab. Die Ausbildung der funktionellen Architektur der Großhirnrinde wird somit erheblich von den Sinnessignalen und damit von Erfahrung geprägt. Eine strenge Unterscheidung zwischen Angeborenem und Erworbenem ist damit unmöglich. [...]
Verschiedene Bereiche der Hirnrinde entwickeln sich mit unterschiedlicher Geschwindigkeit. Entsprechend benötigt das Gehirn in verschiedenen Phasen unterschiedliche Informationen aus der Umwelt, um seine Entwicklung optimieren zu können. Die elementaren Verschaltungen in der Sehrinde werden sehr früh ausgebildet und erfahrungsabhängig verbessert. [...] Beim Menschen dauert dies einige Jahre.

Aus einem Vortrag von Wolf Singer, Direktor des Max-Planck-Instituts für Hirnforschung, in Frankfurt/M., 2001 (verändert)

Eltern-Kind-Beziehung

Die erste Stunde

So lange, wie ich leben mag,
Werd ich die Stunde und den Tag,
Den Augenblick vor Augen haben,
Da sie dich mir, winzig und warm,
Zum ersten Mal in meinen Arm
Und in mein Herz zu schließen
gaben.
Für einen Augenblick lang war
Mir das Geheimnis offenbar,
Warst du Antwort auf alle Fragen,
Vom Sinn und Widersinn der Welt,
Der Hoffnung, die uns
aufrechthält,
Trotz aller Mühn, die wir
ertragen.

Kein Dutzend Atemzüge alt
Und hattest doch so viel Gewalt
Und alle Macht über mein Leben,
So lang schon deinen Platz darin,
Und du vermochtest, ihm den Sinn
Zu nehmen oder neu zu geben.
Noch nie zuvor im Leben war
Mir unsre Ohnmacht so klar:
Wir können nur hoffen und
bangen,
Da stehen wir hilflos herum
Und taugen zu nichts, als nur
stumm
Dies Geschenk dankbar zu
empfangen.

So hielt ich dich, sie war
vollbracht,
Die lange Reise durch die Nacht
Vom hellen Ursprung aller Dinge.
Hab ich geweint oder gelacht?
Es war, als ob um uns ganz sacht
Ein Schicksalshauch durchs
Zimmer ginge.
Da konnte ich die Welt verstehn,
Dem Leben in die Karten sehn
Und war ein Teil der
Schöpfungsstunde.
Einmal im Leben sah ich weit
Hin über unsre Winzigkeit
In die endlose Weltenrunde.

*Aus: Reinhard Mey,
Mein Apfelbäumchen, Intercord-
Tonträger, 1989*

Das Baby sucht Beziehung. Der Mensch ist von Anfang an ein kommunizierendes Wesen. Schon wenige Minuten nach der Geburt erregen Gesichter die Aufmerksamkeit des Neugeborenen. 6 Tage alte Babys ahmen den Gesichtsausdruck der Eltern nach, zum Beispiel wenn diese ihnen die Zunge herausstrecken. Vom 5. Tag an wendet das Kind seinen Kopf häufiger einem Stilltuch der Mutter zu als dem einer anderen Frau. Es bevorzugt also den Geruch von Mama. Schon an seinem ersten Lebenstag erkennt es auch ihre Stimme.

Wenn das Baby schreit und deshalb von der Mutter oder vom Vater aufgenommen wird, klammert es sich mit Fingern und Zehen am Körper fest. Es lässt sich mit zärtlichem Ansprechen, Streicheln und Anschmiegen beruhigen. Es schaut, lauscht, lächelt und kuschelt sich an. Es macht sogar Mundbewegungen nach, als wolle es mitsprechen. Generell reagiert es freudig erregt, wenn es liebevolle Zuwendung erfährt. Diese ersten Beziehungserfahrungen sind für die weitere gesunde Entwicklung des Babys von entscheidender Bedeutung. Auf dieser Grundlage entstehen Beziehungsmuster, die sich auf die Reifung des Gehirns auswirken und das weitere Leben prägen.

Urvertrauen entsteht. Wenn sich die Eltern regelmäßig und liebevoll dem Kind zuwenden, werden sie zu vertrauten Personen. Das Kind erfährt dabei: Ich bin nicht allein, jemand ist für mich da, meine Bedürfnisse werden gestillt, ich werde geachtet und geliebt, ich kann mich auf die Umwelt verlassen, mir geht es gut, weil die Umwelt gut zu mir ist. Wenn sich das Kind auf diese Weise rundum aufgehoben und geborgen fühlt, kann es Vertrauen gewinnen: zu sich selbst, zu anderen und zur Umwelt. Man spricht auch vom *Urvertrauen*, weil es von grundlegender Bedeutung für die weitere Entwicklung des Kindes ist.

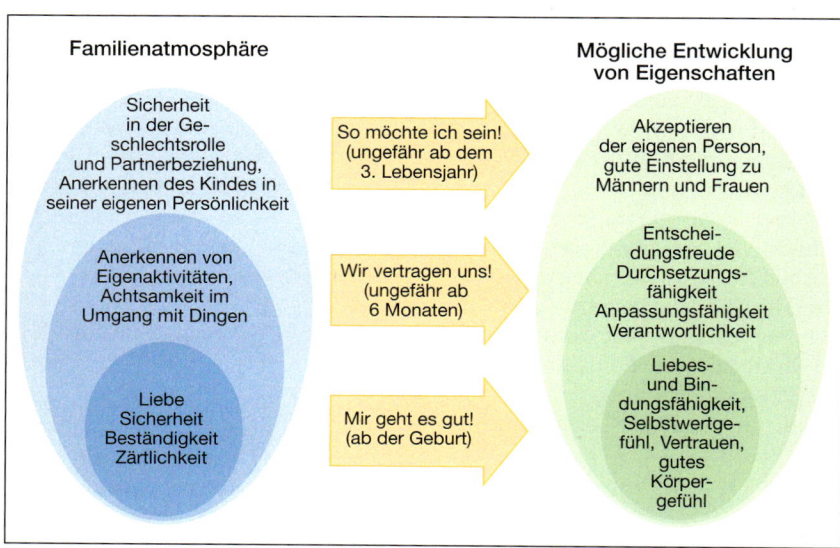

1 Werte und der Umgang miteinander in der Familie prägen das Kind.

Eltern-Kind-Beziehung

Bedeutung des Urvertrauens. Wenn sich das Kind auf das Verhalten der elterlichen Bezugsperson sicher verlassen kann und wenn es sich geborgen und geschützt fühlt, wird es als Erwachsener eher selbstständig und konfliktfähig sein. Dies haben Langzeituntersuchungen bewiesen. Weicht die elterliche Bezugsperson den Annäherungsversuchen ihres Kindes immer wieder aus, so wird es sich als Erwachsener anderen Menschen gegenüber meist distanziert verhalten. Er ist misstrauischer und ängstlicher, weniger selbstständig, kontaktfreudig und konfliktfähig. Dieses Verhalten kann sich allerdings noch verändern, wenn neue Erfahrungen gemacht werden. Generell scheint das Urvertrauen notwendig zu sein, um eine optimistische Lebenseinstellung zu gewinnen und die Lernfähigkeit zu verbessern. Es bietet die Grundlage für die Fähigkeit, zu lieben und zu glauben.

Aufgaben

1   Welche Schlussfolgerungen kannst du aus den Berichten auf dieser Doppelseite ziehen?

2   Versuche zu begründen, weshalb bei Naturvölkern Mütter ihre Kinder den ganzen Tag auf ihrem Rücken oder Bauch herumtragen.

3   Die Entwicklung des Urvertrauens erfordert die regelmäßige und liebevolle Zuwendung einer Bezugsperson. Erkläre.

In Kürze

Durch die liebevolle Zuwendung der Eltern in den ersten Lebensjahren entwickelt sich im Kind ein Urvertrauen. Dieses ist Voraussetzung für eine gesunde körperliche, geistige und seelische Entwicklung. Was Kinder in ihren ersten Lebensjahren erfahren, nehmen sie in ihre weitere Entwicklungsgeschichte mit.

Der amerikanische Psychologe Daniel Stern erklärt zu einer langjährigen Untersuchung:

Es wird für uns immer offensichtlicher, dass das Kind von Geburt an nach Anregung sucht und sogar dafür arbeitet: Ebenso wie der Körper Nahrung braucht, um zu wachsen, so ist Anregung notwendig, um dem Gehirn das für seine Reifung erforderliche Rohmaterial zu liefern. Beide Partner, das Kind und die Mutter, müssen diese anregenden Erfahrungen so steuern, dass Aufmerksamkeit, Erregung und Gefühl in einem optimalen Zusammenspiel ansteigen und abklingen können. [...] Diese äußerst sensiblen Vorgänge erfordern die liebevolle Zuwendung einer Bezugsperson.

Aus: D. N. Stern, Die Lebenserfahrung des Säuglings, Stuttgart 2003

Der amerikanische Kinderarzt und Psychologe René A. Spitz berichtet 1957 über seine Beobachtungen in einem Findelhaus:

Die Säuglinge wurden gut ernährt und versorgt. Für ihr Wohlbefinden wurde alles Erforderliche getan. Und doch wurden diese Säuglinge nach der Trennung von ihrer Mutter sehr rasch weinerlich, appetitlos und lustlos. [...] Sie lagen nur noch gleichgültig auf dem Rücken in ihrem Bettchen. Am Ende des zweiten Lebensjahres waren sie in ihrer Entwicklung weit hinter einem bei der Mutter aufgewachsenen Kind zurückgeblieben.

Aus: R. A. Spitz, Vom Säugling zum Kleinkind. Naturgeschichte der Mutter-Kind-Beziehungen im ersten Lebensjahr, Stuttgart 1972

Über den Umgang mit Kindern bei Eingeborenen in Neuguinea wird berichtet:

Kleine Kinder werden mit ebenso viel Freundlichkeit wie Sorgfalt aufgezogen. Dabei beteiligt sich der Vater so sehr, dass man von ihm sagt, er habe ein Kind zur Welt gebracht. Der Säugling wird niemals allein gelassen, er wird gestillt, wenn er Hunger hat. Allen Eltern ist es unerträglich, wenn Kinder weinen, und da sich ständig jemand liebevoll um den Nachwuchs kümmert, kommt das auch höchst selten vor. Mit freundlichen Worten macht die Mutter den Säugling mit den Dingen und Menschen der Umgebung vertraut. Das Kind versteht die Worte nicht, aber sehr gut ihren Sinn. So wird schon in den ersten Lebensmonaten eine Grundeinstellung des heiteren Vertrauens zur Welt und zu den Menschen angelegt.

Nach: Schiefele, Tröger (Hg.), Telekolleg für Erzieher, Pädagogik II, München 1973

Aus Indien wird 1964 über „Wolfskinder" berichtet:

Inmitten eines Rudels von Wölfen traf 1920 ein indischer Pastor zwei Mädchen an, deren Alter auf etwa vier und acht Jahre geschätzt wurde. Die Kinder konnten weder aufrecht gehen noch lachen und sprechen oder sich sonst irgendwie verständlich machen. Alle Versuche, sie wieder in die menschliche Gemeinschaft einzugliedern, schlugen fehl. Sie lernten es nicht, aufrecht zu gehen und zu sprechen. Beide starben, bevor sie erwachsen wurden.

Nach: J. A. L. Singh, Die Wolfskinder von Midnapore, Heidelberg 1964

Die ersten Lebensjahre

Nach der Geburt entwickelt sich kein Kind nach „Schema F". Bei Babys kann man keine Norm festlegen. Ihre Entwicklung vollzieht sich im Zusammenspiel von *Eigenaktivitäten* und *Einwirkungen durch die Umwelt*. Sie zielt hauptsächlich auf wachsende *Selbstständigkeit* und zunehmendes *Selbstwertgefühl*. Dabei nehmen die Erbanlagen ebenso Einfluss wie Ernährung und Umweltreize, Krankheiten und vor allem die Intensität der elterlichen Zuwendung.

Sich bewegen lernen. An der Reaktion der Eltern auf sein Schreien und im Spiel mit ihnen erlebt das Kind die Wirkung seines Handelns. Die *Rückmeldung* durch die Eltern prägt sein Urvertrauen und lässt in ihm ein Gefühl der Sicherheit wachsen. Es bewegt sich mutiger, intensiver und vielfältiger, wenn jemand dabei ist und sein Bewegungsspiel freundlich begleitet und unterstützt. Diese Erfahrung ist von entscheidender Bedeutung für den Aufbau des *Selbstwertgefühls*.

Ganz von selbst scheint der Säugling etwa ab dem 5. Lebensmonat vom Rücken auf den Bauch zu rollen und umgekehrt. Etwa bis zum Ende des 9. Monats wird er das Sitzen gelernt haben. Dazu müssen aber – was für alle Entwicklungsschritte gilt – die nötigen körperlichen Fähigkeiten ausgebildet sein. Mit dem Sitzen und erst recht mit dem Stehen und Laufen ab dem 10. bis 12. Monat erlangt das Baby seine erste echte *Selbstständigkeit*. Jetzt kann es seinen „eigenen Weg" gehen, sich abwenden oder Hilfe suchend zu den Eltern kommen.

Die Eltern können sich als echte „Entwicklungshelfer" erweisen, wenn sie ihr Kind bei allen seinen Bemühungen unterstützen, ermutigen, loben und auch trösten, wenn etwas nicht auf Anhieb klappt.

Allein erkunden. Vor allem vom 2. Lebensjahr an möchte das Kind vieles selbst ausprobieren. Das Zusammenspiel von Muskeln und Sinnesorganen beim Hantieren mit „Werkzeugen" gelingt immer besser und wird geübt, indem das Kind die Bewegungen häufig wiederholt.

Die *Warum-Fragen*, mit denen das Kind unermüdlich nach Gründen von Prozessen und Verhaltensweisen forscht, erfordern von den Eltern viel Geduld. Sie sollten auf alle Fragen aufmerksam eingehen und versuchen altersgemäße Antworten zu finden. So lernt das Kind Zusammenhänge in seiner Umwelt kennen und verstehen. Gleichzeitig erfährt es, wie wichtig bei einem Gespräch das Zuhören ist.

Sein Ich entdecken. Die im 3. Lebensjahr beginnende *Entdeckung des Ich* ist ein weiterer Schritt zur Selbstständigkeit. Das Kind erkennt, dass es etwas wollen und zwischen verschiedenen Möglichkeiten entscheiden kann. Es versucht seinen Willen im Widerstand gegen die Eltern durchzusetzen. Dabei muss es die richtige Form der Auseinandersetzung lernen und herausfinden, wo seine Grenzen liegen.

Die Eltern stehen vor einer schwierigen Erziehungsaufgabe: Einerseits sollen sie den Willen des Kindes respektieren und fördern, andererseits müssen sie aufzeigen, welche *Regeln* und *Grenzen* zu beachten sind. Denn völlige Freiheit würde das Kind orientierungslos und unglücklich machen.

Sprechen lernen. Um sprechen zu können, sind eine ganze Reihe körperlicher Voraussetzungen notwendig: Zwerchfell, Mundraum, Zunge, Lippen müssen – koordiniert vom Gehirn – zusammenwirken. Aber auch das Ohr muss gesund sein. Denn nur wer Sprache hört, kann sie auch erlernen. Von Taubgeborenen weiß man, dass sie ohne technische Hilfsmittel kaum zu sprechen anfangen. Das Kind muss seine eigenen Laute hören können, um sie mit denen der Erwachsenen zu vergleichen.

Sprechen lernt es, indem es viele *Sprechvorbilder* verarbeitet und aus diesen Beispielen *Sprachregeln* ableitet. Das Kind muss die Sprachregeln nicht mühsam erlernen – das Gehirn findet sie selbst heraus. Was Kinder also brauchen, sind sehr viele und möglichst klare und richtige Sprachäußerungen. Eltern sind dabei die wichtigsten Sprechvorbilder. Um ihr Kind zu unterstützen, werden sie stets langsam und deutlich sprechen. Sie werden es nicht stän-

1 *Neugeborenes* 2 *3 Monate alter Säugling* 3 *10 Monate: Spiel mit der Mutter*

Die ersten Lebensjahre

dig korrigieren, sondern sich in ihren Antworten und Erklärungen richtig ausdrücken.

Aufgaben

1 Bringe Fotos aus deiner Kindheit mit und versuche die dargestellten Entwicklungsphasen in die richtige Reihenfolge zu bringen.

2 Beschreibe, welche wichtigen Entwicklungsschritte die Kinder auf den Fotos dieser Doppelseite bereits vollzogen haben. Nimm dazu die Tabelle rechts zu Hilfe.

3 Informiert euch anhand von Broschüren, was Eltern tun können, um die Entwicklung ihres Kindes in den ersten drei Lebensjahren zu fördern.

In Kürze

Die individuelle Entwicklung des Kindes vollzieht sich immer im Wechselspiel zwischen Eigenaktivitäten und Rückmeldungen der Eltern. Verantwortungsbewusste Eltern werden sich gut darüber informieren, wie sie ihr Kind altersgemäß und gesund durch die ersten Lebensjahre führen können. Denn in dieser Zeit werden wichtige Grundlagen dafür gelegt, dass das Kind später sein Leben selbstständig und eigenverantwortlich gestalten kann.

Wichtige Entwicklungsschritte eines durchschnittlichen Kindes

Alter	Motorische Entwicklung	Geistige Entwicklung
1 Monat	dreht den Kopf	verfolgt Licht mit den Augen, reagiert auf Ansprache
3 Monate	hält frei den Kopf	fixiert das Gegenüber, erkennt vertraute Personen, lächelt
6 Monate	dreht sich aus der Bauchlage auf den Rücken und umgekehrt, sitzt mit Unterstützung	greift nach vorgehaltenen Gegenständen
9 Monate	sitzt frei, krabbelt, steht mit Unterstützung	kann winken, sagt „da-da"
12 Monate	steht frei, läuft mit Unterstützung	versteht einzelne Worte und Sätze
18 Monate	läuft frei	spricht bis zu 10 Wörter, ist teilweise selbstständig
2 Jahre	rennt und steigt Treppen	spricht 3-Wort-Sätze, baut aus Würfeln einen Turm
3 Jahre	fährt Dreirad	sagt seinen Namen, isst selbstständig, hilft beim Anziehen
4 Jahre		benennt Farben, putzt sich die Zähne, spielt kooperativ mit anderen Kindern
5 Jahre		fragt nach Wortbedeutungen, zählt bis 10, zieht sich selbstständig an und aus

1 Mit 1 Jahr: die ersten Schritte

2 Dreijähriger mit Laufrad

3 Beim Malen

4 Der erste Schultag

Teste dein Grundwissen ...

1 Der Familienzuwachs wird mit Spannung und Vorfreude erwartet.

1 Wer sich für ein Kind entscheidet, übernimmt elterliche Verantwortung auch für das ungeborene Leben.
a Erkläre, wie eine Schwangerschaft entsteht.
b Welche Regeln sollte eine schwangere Frau bei ihrer Lebensführung beachten?
c Wie kann der Vater zu einer gesunden Entwicklung des ungeborenen Kindes beitragen?
d Nenne schädigende und förderliche Einflüsse auf die Entwicklung des Kindes im Mutterleib.
e Welche Bedeutung haben Vorsorgeuntersuchungen?

2 Schwanger zu werden bedeutet, dass ein neuer Mensch entsteht.
a Woher weiß ein Mädchen oder eine Frau, dass sie schwanger ist?
b Wie lässt sich begründen, dass menschliches Leben mit der Befruchtung beginnt?
c Wie kann ein Paar sich vor einer ungewollten Schwangerschaft schützen?
d Wer eine Abtreibung in Erwägung zieht, hat bei einer verantwortlichen Entscheidung verschiedene Aspekte zu bedenken. Nenne sie und gehe dabei besonders auf die in Deutschland gültige gesetzliche Regelung ein.

Auf den Punkt gebracht

Die meisten Menschen bevorzugen einen Partner, mit dem sie eine liebevolle und gleichberechtigte Beziehung eingehen und eine Familie gründen können. Da Ehe und Familie als die natürliche und sittliche Grundlage der menschlichen Gemeinschaft gelten, stehen sie unter dem besonderen Schutz des Staates.

Schwanger zu werden bedeutet, dass neues Leben entsteht. Es benötigt von Anfang an Fürsorge und Schutz. Eine verantwortliche Lebensgestaltung verlangt eine zuverlässige Schwangerschaftsverhütung, wenn man weder in der Lage noch bereit dazu ist, ein Kind großzuziehen.

Mit der Verschmelzung von Ei- und Samenzelle beginnt die Entwicklung eines neuen Menschen. Sie verläuft mit großer

2 Das menschliche Leben beginnt mit der Befruchtung.

... Verantwortliche Elternschaft

Präzision. Da der Körper der Mutter sich auf den Erhalt der Lebensfähigkeit des Kindes einstellt, bedeutet dies für sie eine körperliche und seelische Umstellung.
Von Geburt an braucht das Kind die liebevolle Zuwendung seiner Eltern, um Vertrauen zur Mitwelt aufbauen zu können. Das Urvertrauen ist die Voraussetzung für seine gesunde Entwicklung. Sie vollzieht sich in mehreren Phasen, die durch das Zusammenwirken von Genen und Umwelteinflüssen geprägt werden. Die Erfahrungen in den ersten Lebensjahren nehmen Kinder in ihre weitere Lebensgeschichte mit.
Bei Fruchtbarkeitsstörungen kann man in vielen Fällen Techniken der Medizin nutzen. Sie sind jedoch meist nicht ohne Nebenwirkungen.

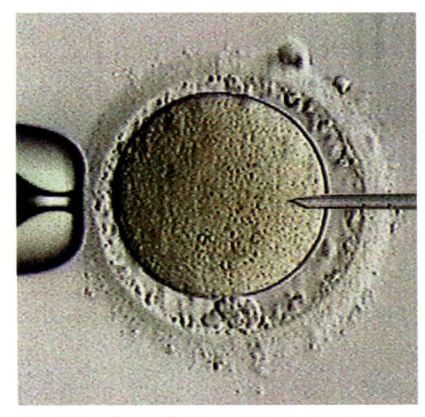

3   Mit einer Hohlnadel wird ein Spermium in eine Eizelle injiziert.

3 Die neuen Fortpflanzungstechniken bieten Paaren, die ungewollt kinderlos sind, die Chance, ein Kind zu bekommen.
a Unterscheide natürliche und künstliche Befruchtung.
b Nenne Probleme, die mit einer künstlichen Befruchtung verbunden sein können.

4 Bei der Forschung an menschlichen Embryonen gilt das Hauptinteresse den Stammzellen.
a Erkläre, was Stammzellen sind. Unterscheide zwischen embryonalen und adulten Stammzellen.
b Welche Hoffnungen und welche Bedenken knüpfen sich an die Stammzellforschung?

5 Die Beziehung zu den Eltern prägt die Entwicklung des Kindes in den ersten Jahren entscheidend.
a Nach der Geburt legt die Hebamme das neugeborene Kind der Mutter an die Brust. Weshalb?
b Den meisten Müttern wird unbedingt empfohlen, ihr Kind zu stillen. Begründe.
c Worauf ist das Baby vor allem in den ersten Wochen und Monaten angewiesen, um sich gesund weiterentwickeln zu können?
d Nenne wichtige „Meilensteine" in der Entwicklung eines Kindes während der ersten Lebensjahre.
e Zeige an einem Beispiel auf, wie Eltern ihrem Kind bei seiner Entwicklung helfen können.

4   Spiel auf dem Wickeltisch

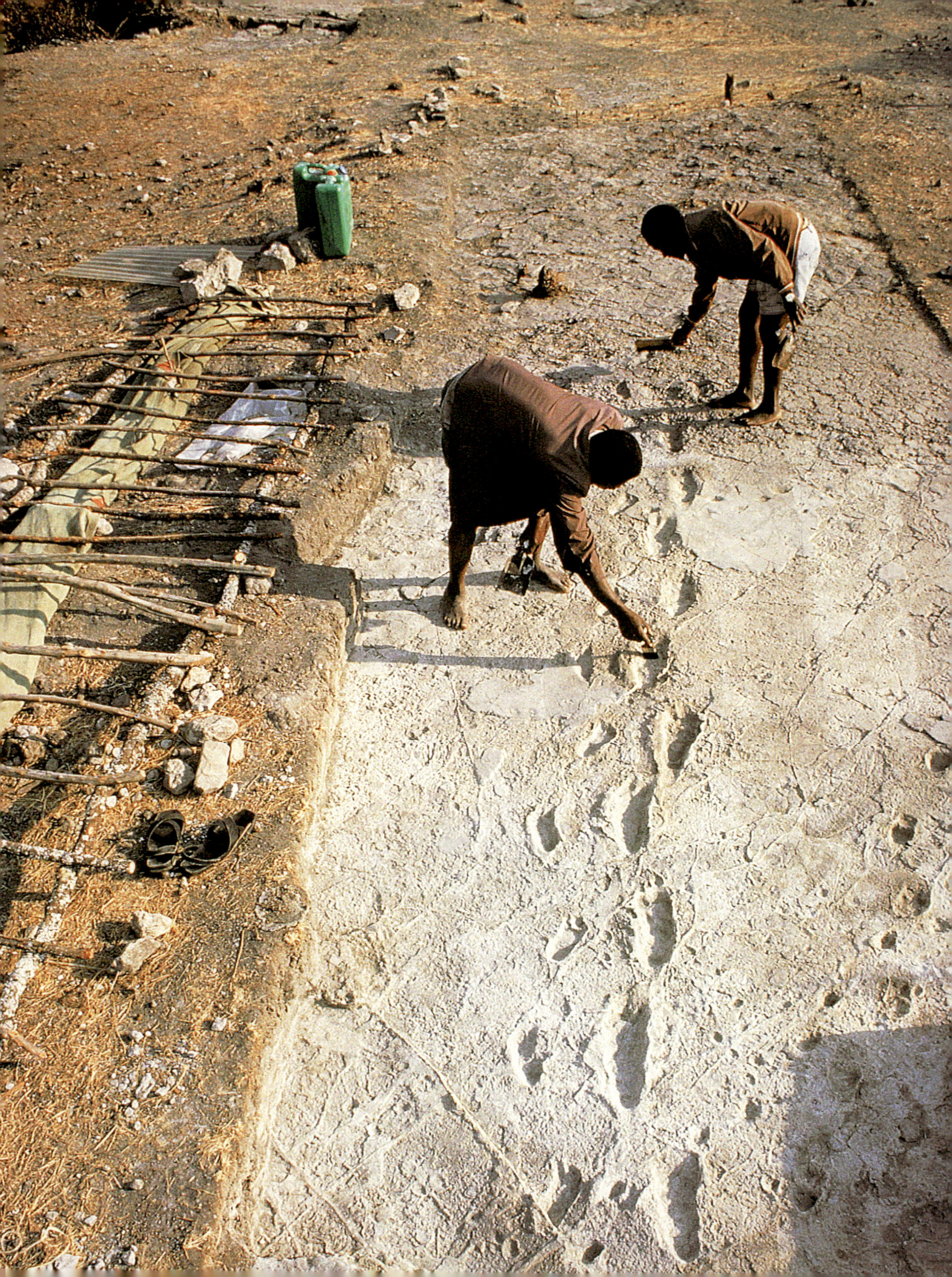

Stammesgeschichte des Menschen

Schon seit Tagen steigen dunkle Wolken aus dem Innern des Vulkans empor und lassen Asche auf das Land herabrieseln. Ein leichter Regenschauer verwandelt den Ascheteppich in eine weiche, glitschige Masse, in der die umherlaufenden Tiere ihre Spuren hinterlassen. Dann kommt die tropische Sonne wieder hervor und brennt alles steinhart …

Auch Fußspuren von vermutlich drei Menschen kann man sehen. Die großen Abdrücke sind undeutlich: Eine kleinere Person ist in der Spur einer größeren gegangen – vielleicht um in der feuchten, rutschigen Asche leichter voranzukommen. Die kleineren Spuren auf der linken Seite zeichnen sich schärfer ab. Sie stammen von einer Frau oder einem größeren Kind.

So könnte es sich in der Nähe des heutigen Laetoli im ostafrikanischen Tansania zugetragen haben – aber bereits vor über drei Millionen Jahren. Gab es damals schon Menschen? Wie sahen sie aus? Wie lebten sie?

Evolution oder Schöpfung? Der biblische *Schöpfungsbericht* gibt eine Antwort auf die Frage nach der Abstammung des Menschen. Im christlichen Kulturkreis wurde er bis vor 150 Jahren, wie alles in der Heiligen Schrift, wortwörtlich genommen. Demzufolge war die Erde mit allen Pflanzen und Tieren innerhalb von fünf Tagen, der Mensch aber in einem besonderen Schöpfungsakt am sechsten Tage erschaffen worden. Dieses Weltbild erschütterte *Charles Darwin* mit seinem 1859 erschienenen Buch „On the Origin of Species". Darin widerspricht er der herrschenden Meinung von der *Unveränderlichkeit der Arten*. Er behauptet, dass sich alle Lebewesen über sehr lange Zeiträume hinweg allmählich entwickelt haben. Diese Entwicklung nennt er *Evolution*. Über die Abstammung des Menschen heißt es in dem Buch nur kurz und vorsichtig: „Viel Licht wird auch auf den Ursprung … des Menschen fallen." Darwins Lehre wurde anfangs heftig bekämpft. Viele sahen darin eine Gotteslästerung. Heute gilt die Abstammungslehre – auch bezogen auf den Menschen – als eine der am besten belegten Theorien der Biologie.

Fossilien. Die *Paläoanthropologie* ist die Wissenschaft, die die Ursprünge unserer Herkunft erforscht. Sie versucht herauszufinden, wie sich die *Hominiden,* die Mitglieder der Familie der *Menschenartigen,* entwickelt haben, wie sie aussahen und was dazu führte, dass aus ihnen moderne Menschen wurden – die Wesen, die die Erde bis heute am stärksten geprägt haben.

Fossilien können Antworten auf diese Fragen geben. Die häufigsten Funde sind Zähne und Unterkiefer. Sie lassen wertvolle Schlüsse auf die Ernährung zu. Becken- und Fußknochen geben Hinweise auf die Fortbewegung. Funde von Schädelknochen sagen etwas über die Gehirngröße aus. Werkzeuge, Waffen oder Höhlenmalereien belegen die für den Menschen kennzeichnende *kulturelle Evolution.*

Überall auf der Erde suchen Wissenschaftler heute nach den Spuren und Zeugnissen unserer Herkunft. Funde wie die Fußspuren von Laetoli sind ein seltener Glücksfall.

1 Karikatur auf Darwin aus einer englischen Zeitschrift von 1871

2 Mary Leakey, die Entdeckerin der Fußspuren von Laetoli

◁ *Versteinerte Fußabdrücke von Hominiden bei Laetoli in Tansania. Sie sind etwa drei Millionen Jahre alt.*

Aufgaben

1 In seinem Buch erwähnt Darwin: „Viel Licht wird auch auf den Ursprung … des Menschen fallen." Was meinte er damit?

2 Überlege, woran die Paläoanthropologen erkannten, dass die Abdrücke von Laetoli nicht von Affen stammen.

3 Beschreibe mithilfe des Atlas oder der Wandkarte die geographische Lage von Laetoli.

Der Mensch ...

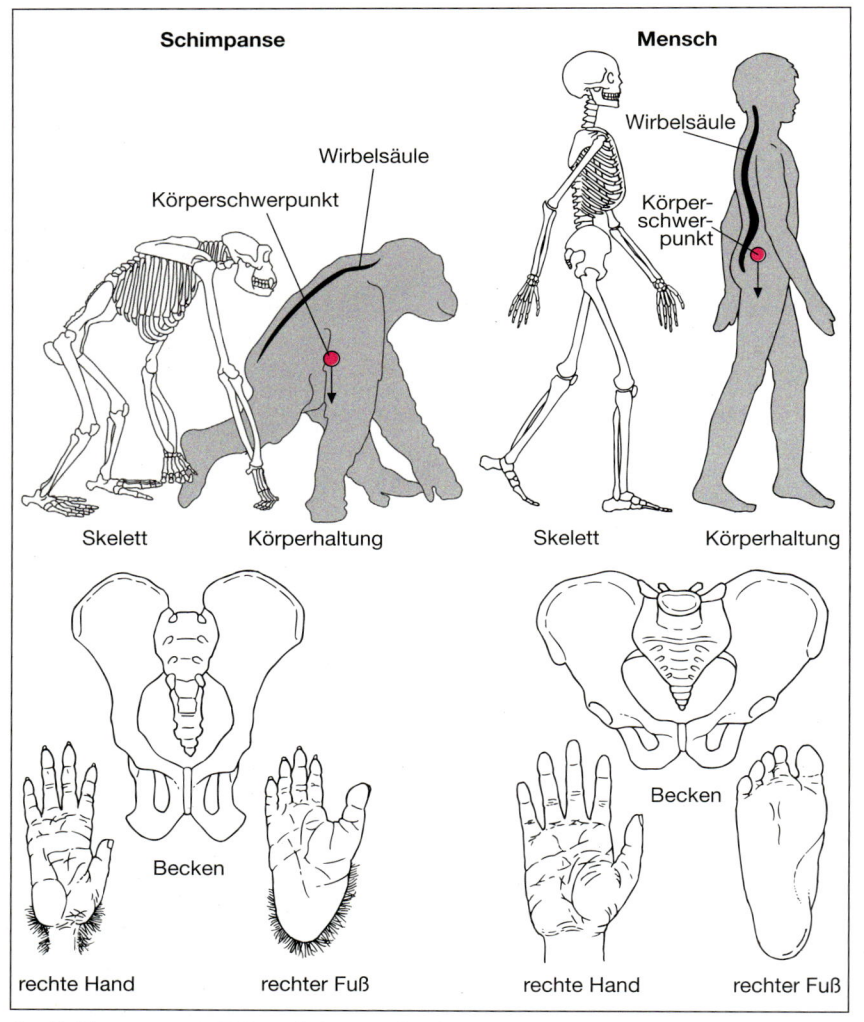

Die nächsten Verwandten. Menschenaffen, insbesondere Schimpansen, haben auffallend viele Gemeinsamkeiten mit den Menschen. So sind z. B. die Schwanzwirbel zurückgebildet und zum *Steißbein* verwachsen. Die Hände eignen sich zum *Greifen*. Finger und Zehen tragen *Nägel* statt Krallen. Wichtigstes Sinnesorgan sind die Augen. Sie blicken nach vorn und ermöglichen dadurch ein *räumliches Sehen*.

Um rasch reagieren zu können, müssen die zahlreichen von den Sinnesorganen gelieferten Informationen schnell verarbeitet werden. Das drückt sich in der Vergrößerung besonders von *Groß- und Kleinhirn* aus. Wie bei den Menschen gibt es auch bei den Menschenaffen die Blutgruppen A, B, AB und 0. Die Chromosomen ähneln den unseren in Anzahl, Form und Größe. Das ist besonders beim Vergleich zwischen Mensch und Schimpanse auffällig. Ihre Erbsubstanz stimmt mit der des Menschen zu 98,4 % überein.

Bei Mensch und Menschenaffe dauert die Schwangerschaft relativ lange. Das Neugeborene ist sehr unselbstständig und muss getragen und intensiv betreut werden. Dieser lange, enge Kontakt ermöglicht Lernen durch Nachahmung.

All diese Übereinstimmungen weisen auf die *enge Verwandtschaft* von Mensch und Menschenaffen hin.

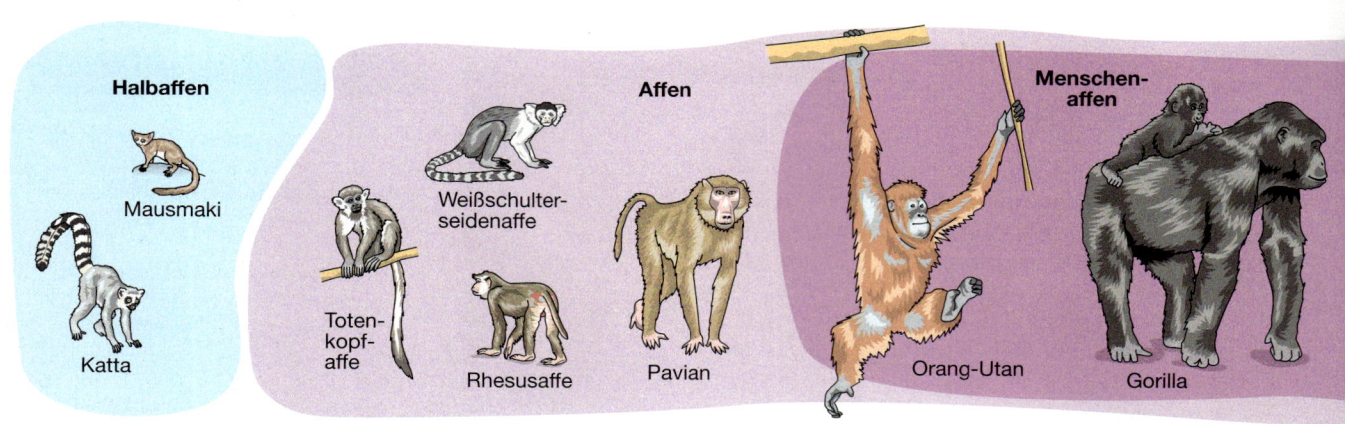

1 Schimpanse und Mensch im Vergleich. Bei einer Untersuchung von 1065 Körpermerkmalen stimmten beide in 760 Merkmalen überein.

2 Halbaffen, Affen und Menschenaffen bilden eine Unterordnung der Primaten oder Herrentiere, zu denen auch der Mensch gezählt wird.

... und seine „Verwandtschaft"

Der aufrechte Gang. Menschenaffen bewegen sich meist auf allen vieren, wobei sie sich mit den Handknöcheln am Boden abstützen. Dagegen ist der Körper des Menschen an die *dauernd aufrechte Fortbewegung* angepasst. Die Beine sind länger als die Arme. Das schüsselförmige Becken trägt die Eingeweide. Die doppelt S-förmig gebogene Wirbelsäule federt die beim Gehen oder Laufen entstehenden Stöße besonders gut ab. Der flache Brustkorb verlagert den Körperschwerpunkt nach hinten, sodass der Körper nicht nach vorne gezogen wird.

Schädel. Mensch und Menschenaffe unterscheiden sich deutlich in der Form des Schädels. Durch die große, vorspringende Schnauze ist bei Menschenaffen der *Gesichtsschädel* fast doppelt so groß wie der *Gehirnschädel*. Beim Menschen jedoch wölbt sich der Gehirnschädel über die hohe, fast senkrecht aufsteigende Stirn mächtig nach hinten. Ober- und Unterkiefer sind zudem stark verkürzt, sodass der Gesichtsschädel kleiner ist als der Gehirnschädel. Bei Menschenaffen sind *Überaugenwülste* und *Scheitelkamm* deutlich ausgeprägt. Sie bieten Ansatzstellen für die kräftige Muskulatur des Schädels. Beide Merkmale fehlen beim Menschen vollständig. Dagegen treten bei ihm der *Nasenvorsprung* und das *Kinn* deutlich hervor. Das *Hinterhauptsloch,* die Ansatzstelle für die Wirbelsäule, liegt fast genau in der Mitte der Schädelbasis, sodass der Schädel beim Menschen auf der Wirbelsäule „balanciert".

Gebiss. Das Gebiss eines Menschenaffen unterscheidet sich von dem eines Menschen so stark, dass man sie kaum miteinander verwechseln kann. Es spielt deshalb eine wichtige Rolle bei der Festlegung, ob ein Fossil zu den Affen oder bereits zu den Hominiden zählt. Bei den Menschenaffen sind die Zähne so angeordnet, dass sie ein nach hinten offenes *Rechteck* bilden. Auffallend sind die zwei großen und spitzen *Eckzähne* in beiden Kiefern. Zwischen ihnen und den Schneidezähnen ist eine Lücke. In diese auch als *Affenlücke* bezeichnete Spalte greift der Eckzahn des anderen Kiefers. Menschenaffen haben zudem einen flachen Gaumen. Die Zähne im menschlichen Kiefer beschreiben dagegen einen *Bogen*. Die Eckzähne sind deutlich kleiner als bei Menschenaffen, sodass eine seitliche Bewegung der Kiefer, etwa beim Zermahlen von Körnern, möglich ist. „Affenlücke" und „Affenplatte" fehlen beim Menschen und sein Gaumen ist deutlich nach oben gewölbt.

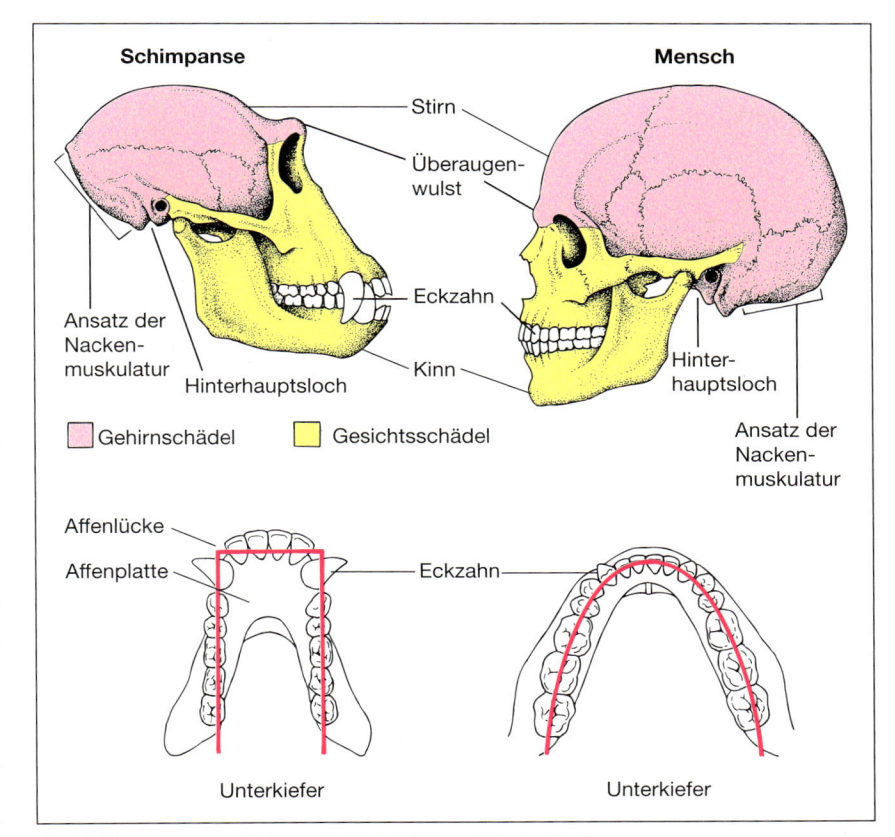

1 *Schimpanse und Mensch: Schädel und Unterkiefer*

Aufgaben

1 Stelle Gemeinsamkeiten und Unterschiede von Mensch und Menschenaffe in einer Tabelle zusammen.

2 Zeige am Skelett, wie unser Körper an den aufrechten Gang angepasst ist.

3 Versuche mihilfe von Bild 1 zu erklären, was man unter dem Begriff „Affenplatte" versteht.

In Kürze

Viele ähnliche oder übereinstimmende Merkmale weisen auf eine enge Verwandtschaft von Mensch und Menschenaffen hin. Eine Reihe von Merkmalen sind jedoch „typisch menschlich": der aufrechte Gang, der Gegensatz zwischen großem Gehirn- und kleinem Gesichtsschädel sowie der bogenförmige Kiefer.

Mensch und Menschenaffen: Weitere Hinweise auf Verwandtschaft

Verhalten. Ähnlich wie die körperlichen Gemeinsamkeiten von Mensch und Menschenaffen Hinweise auf deren Verwandtschaft geben, so können wir auch aus dem Vergleich unseres Verhaltens mit dem der Menschenaffen auffallende Ähnlichkeiten erkennen.

Schon der Säugling zeigt Verhaltensweisen, die sein Überleben ermöglichen: Er findet die Brust der Mutter und saugt daran. Kurz nach der Geburt taucht beim Baby ein *Greifreflex* auf, der aus der Urzeit stammt. Wie Affenjunge, die sich im Fell der Mutter festklammern, können auch Menschensäuglinge sich an Gegenständen festhalten. Allerdings verschwindet dieses Verhalten bald wieder, denn es gibt keinen Pelz, an den sich das Baby klammern könnte.

Wenn wir erschrecken, stellen sich unsere Nackenhaare auf. Menschenaffen sträuben in ähnlichen Situationen die Haare ihres Fells. Dadurch wirken sie größer. Auf diese Weise versuchen sie einen möglichen Gegner abzuschrecken. Wir haben längst kein Fell mehr – der Reflex funktioniert jedoch immer noch.

Aber auch wenn wir nach typisch menschlichen Verhaltensweisen bei Affen suchen, finden wir einige Hinweise auf Verwandtschaft. Menschenaffen können wie der Mensch einsichtig handeln, z. B. wenn sie Holzstäbe zusammenstecken, um nach hoch hängenden Bananen zu angeln. Menschen können die Erfindungen anderer übernehmen. Auch das gibt es bei Affen. Die Schimpansin in Bild 2 hat gelernt, mit einem Grashalm nach Termiten zu angeln. Das Junge schaut der Mutter genau zu und ahmt schließlich das Termitenangeln nach.

Menschenaffen leben – wie Menschen – in Gruppen. Mimik und Gestik dienen der Verständigung. Sie spielen für das Zusammenleben eine wichtige Rolle.

Serumreaktion. Die Serumreaktion beruht auf der Bildung von Antikörpern gegen artfremdes Eiweiß. So

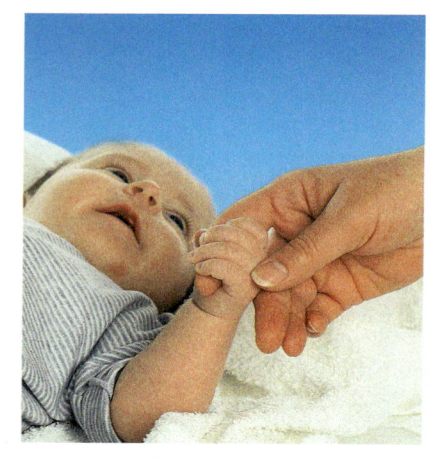

1 Der Greifreflex beim Säugling als Rest tierischen Verhaltens

2 Das Schimpansenjunge beobachtet, wie die Mutter Termiten angelt.

3 Menschenaffen verfügen aufgrund ihrer ausgeprägten Gesichtsmuskulatur über eine vielfältige Mimik.

ruft übertragenes Fremdblut die Bildung von spezifischen Antikörpern hervor, die fremdes Eiweiß binden und ausfällen. Mischt man Blutserum von Schimpansen mit Kaninchenserum, das Antikörper gegen Menschenblut enthält, dann werden 85 % des Schimpanseneiweißes ausgefällt. Demnach stimmen die im Schimpansenblut gelösten Proteine zu 85 % mit den menschlichen überein. Die Tests ergaben folgende Ergebnisse (Übereinstimmung in %):

Mensch	100 %
Schimpanse	85 %
Gorilla	64 %
Orang-Utan	42 %
Pavian	30 %
Rind	10 %
Vogel	0 %

Der Grad der Verwandtschaft äußert sich im Anteil der übereinstimmenden Proteine ebenso wie in der Ähnlichkeit der DNA.

Aufgaben

1 Begründe, weshalb der Greifreflex auf die enge Verwandtschaft von Mensch und Menschenaffe hinweist. Erkläre, weshalb der Reflex beim Menschen schon bald nach der Geburt wieder verschwindet.

2 Werte die Testergebnisse der Serumreaktionen in der Tabelle oben aus. Erläutere die Ergebnisse.

3 Was „sagt" der Schimpanse in Bild 3? Begründe deine Antwort.

In Kürze

Miteinander verwandte Tierarten zeigen oft ähnliche Verhaltensweisen. Dies trifft auch auf Schimpansen und Menschen zu. Ein weiterer Hinweis auf die nahe Verwandtschaft zwischen beiden Arten liefert die Serumreaktion. Sie zeigt, dass Mensch und Schimpanse zahlreiche übereinstimmende Proteine besitzen.

Praktikum: Verhaltensbeobachtungen an Primaten

In der Ordnung der *Primaten* werden Halbaffen, Affen, Menschenaffen und auch der Mensch zusammengefasst.
Durch genaues Beobachten und Vergleichen kann man Ähnlichkeiten im Verhalten innerhalb der Primaten erkennen.

Benötigt werden: Schreibmaterial, Unterlage.

Durchführung:
An welchen Primaten ihr die Beobachtungen macht, hängt davon ab, welche Tiere ihr im Zoo vorfindet. Am besten eignen sich Menschenaffen wie Schimpansen, aber auch andere Affen, z. B. Paviane.
Die angebotenen Beobachtungsaufträge könnt ihr in Gruppenarbeit erfüllen. Eure Beobachtungen sollt ihr jeweils 15 bis 20 Minuten lang machen.

1. Steckbrief
Informiert euch über die beobachtete Affenart:
- Name?
- Halbaffe, Affe, Menschenaffe?
- Heimat?
- Lebensraum, Nahrung?

2. Verhalten innerhalb der Gruppe
- Wie viele Tiere zählt ihr?
- Falls ihr Streitigkeiten zwischen den Tieren beobachten könnt:
Worum wird gestritten? Wie werden Streitigkeiten gelöst?
- Gibt es Tiere innerhalb der Gruppe, die eine ranghohe bzw. ein rangniedere Stellung einnehmen? Beschreibt, woran ihr das zu erkennen glaubt.

Welche Bewegungsarten können wir beobachten?

Affenart: . . . .

	Häufigkeit der Bewegungsart
einarmig von Ast zu Ast schwingend	IIII
springend von Ast zu Ast	
auf allen vieren am Boden gehend	II
vierbeinig im Baum kletternd	
aufrecht gehend	
zweiarmig hangelnd	I

3. Eltern-Kind-Beziehung
- Beschreibt die Beziehung zwischen Mutter und Kind, abhängig vom Alter des Kindes.
- Wer nimmt jeweils den Kontakt auf?
- Gibt es auch Vater-Kind-Kontakte? Beschreibt.

4. Fortbewegung
- Fertigt eine Strichzeichnung von eurem Tier an. Beispiel:

- Hat es einen Schwanz? Wenn ja: Wozu wird er verwendet?
- Beobachtet ein Tier aus der Gruppe etwa 5 Minuten lang genau.
Haltet in einer Strichliste fest, wie oft es welche Bewegungsart vollführt. Links könnt ihr ein Beispiel für eine Strichliste sehen. Ihr könnt aber auch eine andere Tabelle entwerfen.

5. Werkzeuggebrauch
- Benutzen die Tiere Werkzeuge?
Wenn ja:
- Aus welchem Material bestehen sie jeweils?
- Wozu werden sie verwendet?
- Wird die Hand als Werkzeug benutzt? Nenne Beispiele (als schöpfende Kelle, als schlagender Hammer …).

6. Kommunikation
- Welche Formen der Kontaktaufnahme oder der Verständigung könnt ihr feststellen? Beschreibt.
- Nennt die Sinnesorgane, die dabei eingesetzt werden.
- Welche Informationen werden ausgetauscht?
- Welche Art der Kontaktaufnahme kommt besonders häufig vor?

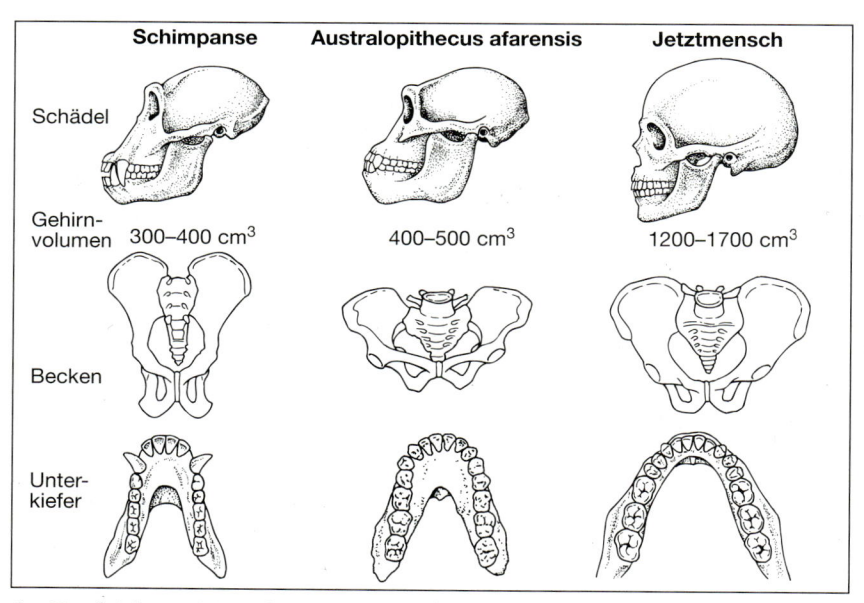

Ostafrika – ...

1 Vergleich von Menschenaffe, Australopithecus afarensis und Jetztmensch

Auf der Suche nach unseren stammesgeschichtlichen Wurzeln haben Forscher eine Vielzahl von Skelett- und Schädelknochen sowie von Zähnen gefunden. Sie liefern allerdings nur einen lückenhaften Überblick über die Entwicklung der Hominiden.

Australopithecus. Die ältesten Fossilien von Hominiden sind etwa 4 Millionen Jahre alt. Man fasst sie unter dem Namen *Australopithecus*, „Südaffe", zusammen. Es gab mehrere Arten von ihnen, die zum Teil gleichzeitig im selben Gebiet vorkamen. Der bisher älteste Fund ist *Australopithecus anamensis*. Er stammt aus dem Norden Kenias und ging zumindest *zeitweise auf zwei Beinen*. Gleichzeitig war Australopithecus ein guter *Kletterer*. Die Knochenfunde weisen darauf hin, dass diese frühen Hominiden zwischen Mensch und Menschenaffe standen. Ihre Gehirngröße war vergleichbar mit der von Menschenaffen. Sie waren ungefähr 1 bis 1,5 m groß und ernährten sich hauptsächlich von Früchten und Blättern. Nur gelegentlich aßen sie Fleisch, meist Aas. Vermutlich war Australopithecus öfter Gejagter als Jäger.

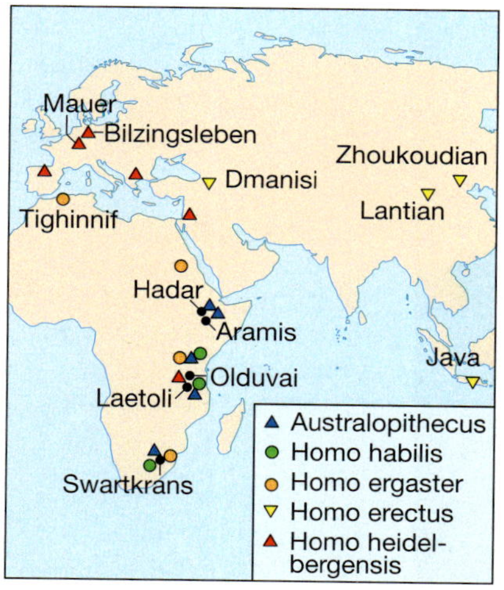

Die 3,6 Millionen Jahre alten Fußspuren von *Laetoli* stammen ebenfalls von einer Australopithecus-Art. Sie beweisen, dass diese Hominiden bereits *vollständig aufrecht* gingen, und deuten auf das Zusammenleben in Gruppen oder Familien hin.

Häufig fand man in unmittelbarer Nähe der Fossilien Steine oder Knochen mit „Benutzungsspuren". Man kann daraus schließen, dass beispielsweise zum Öffnen eines Knochens oder zum Vergrößern eines Lochs Hilfsmittel verwendet wurden. Vermutlich nutzte Australopithecus also bereits *einfache Werkzeuge*.

Die bekanntesten Arten der Gattung sind Australopithecus africanus und Australopithecus afarensis. Sie starben vor etwa 2 bzw. 3 Millionen Jahren aus.

Entstehung des aufrechten Gangs. Heute können wir nur vermuten, wie es zur Entstehung des für den Menschen typischen *aufrechten Gangs* kam. Wir wissen aber, dass sich dieser Schritt in der Randzone des tropischen Regenwalds ereignete. Hier wechselten sich baumfreie und bewaldete Gebiete ab.

Durch eine weltweite Klimaveränderung vor etwa 6 Millionen Jahren wurde der Regenwald immer weiter zurückgedrängt. Die baumlosen Gebiete in seinen Randbereichen vergrößerten sich.

In dieser Landschaft dürfte ein aufrechter Gang von Vorteil gewesen sein: Feinde, die sich näherten, waren früher zu erkennen, weil die Augen in erhöhter Position eine weitere Aussicht ermöglichten. Die Hände wurden frei zum Tragen von Gegenständen und zur Benutzung von Waffen oder Werkzeugen. Zudem verbraucht man beim aufrechten Gehen weniger Energie als beim Fortbewegen auf allen vieren. Bei aufrechter Körperhaltung ist außerdem nur eine relativ kleine Oberfläche der intensiven Sonneneinstrahlung ausgesetzt.

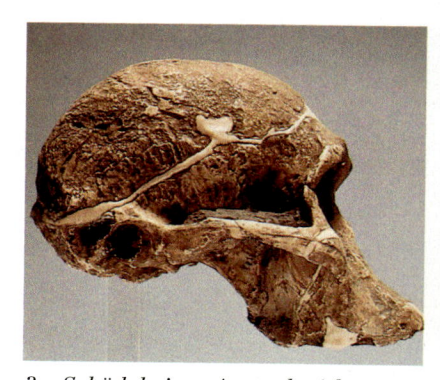

2 Fundorte der ältesten Hominiden in Afrika, Asien und Europa

3 Schädel eines Australopithecus africanus

... die Wiege des Menschen

Homo habilis – der erste Mensch?
Die Olduwai-Schlucht in Tansania ist eine der reichsten Hominiden-Fundstätten der Welt. Über 35 Jahre forschte hier das englische Ehepaar Leakey nach den Ursprüngen des Menschen. Neben zahlreichen Hominidenfunden stießen sie immer wieder auf *Geröllwerkzeuge*, die wesentlich feiner gearbeitet waren als die, die sie von Australopithecus kannten.
1960 fand Louis Leakey schließlich einen Schädel, der mit etwa 650 cm^3 ein deutlich *größeres Gehirnvolumen* als Australopithecus hatte. Er vermutete, dass die „feineren" Werkzeuge von Hominiden mit solch größeren Gehirnen geschaffen worden waren. Mit ihrer Fähigkeit, Werkzeuge herzustellen, besaßen diese Hominiden die Voraussetzung zur Schaffung von *Kultur*. Diesen „Werkzeugmacher" nannte man *Homo habilis*, „geschickter Mensch". Neuere Funde von 1996 in Äthiopien deuten darauf hin, dass vor etwa 2,5 Millionen Jahren die ersten Werkzeugkulturen entstanden – zeitgleich mit der Entstehung von Homo habilis. Dieser war etwa so groß wie Australopithecus. Er stellte einfache, aber scharfkantige Werkzeuge her, indem er zwei Geröllsteine gezielt aneinander schlug.

Homo ergaster – Homo erectus.
Vor rund 2 Millionen Jahren entwickelte sich in Ostafrika *Homo ergaster*, der „arbeitende Mensch". Als erster Hominide verließ er Afrika vor etwa 1,8 Millionen Jahren. Die Sahara war damals noch keine zusammenhängende Wüste. Sie stellte somit kein allzu großes Hindernis dar. Fossilien von Homo ergaster fand man auch in Nordwestafrika, jenseits der Sahara. Jüngeren Datums sind ähnliche Funde in Asien und Europa. Noch vor wenigen Jahren wurden alle diese Hominiden als *Homo erectus*, „aufgerichteter Mensch", zusammengefasst. Heute gliedert man genauer: Die älteren Funde aus Afrika bezeichnet man als Homo ergaster. Die Fossilien, die man in der Nähe von Peking und auf Java fand, nennt man *Homo erectus*.
Der bekannteste Fund in Deutschland ist ein etwa 600 000 Jahre alter Unterkiefer, den man bei Mauer in der Nähe von Heidelberg fand. Man zählt ihn heute zur Art *Homo heidelbergensis*. Homo ergaster ist vermutlich der Urahn von Homo erectus und Homo heidelbergensis.
Der erste Mensch, der aus Afrika auswanderte, war mit etwa 1,70 m größer und kräftiger als alle Hominiden vor ihm. Kennzeichnend sind seine massiven Knochen und der große Schädel, der bereits eine hohe Stirn hatte. Sein großes Gehirn befähigte ihn, verschiedenste Werkzeuge herzustellen. Sie waren aus Feuerstein, Holz, später aus Horn, Leder oder Quarz. Homo ergaster „erfand" nicht nur den Faustkeil, er beherrschte auch das Feuer. Neben Licht und Wärme bot es Schutz vor Raubtieren. Für die Ausbreitung nach Norden war das Feuer unentbehrlich.

1 Die tiefsten Wurzeln unseres Stammbaums

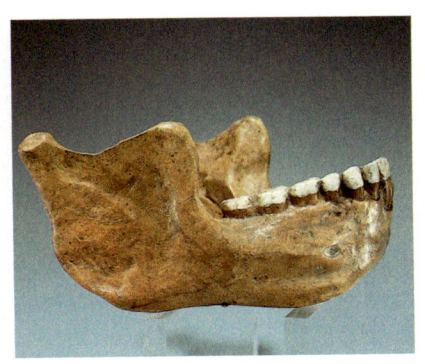

2 Unterkiefer des Homo heidelbergensis aus Mauer

Aufgaben

1 Erläutere, ab wann man einen Fund der Gattung „Homo" zurechnet.

2 Woran erkennt man, dass der Unterkiefer von Mauer nicht von einem Menschenaffen stammt?

In Kürze

Australopithecus ist der erste aufrecht gehende Hominide.
Homo habilis zählt zu den ersten Menschen. Er hatte ein größeres Gehirn als Australopithecus und stellte kompliziertere Werkzeuge her.
Homo ergaster beherrschte das Feuer. Er verbreitete sich als erster Hominide über Afrika hinaus.

Aus der Geschichte: Donald Johanson

Die Entdeckung von „Lucy"

Donald Johanson gehört neben dem Ehepaar Leakey zu den erfolgreichsten Paläoanthropologen. Er wurde 1943 in Chicago geboren. 1974 nahm er an der internationalen Expedition ins Afar-Gebiet in Äthiopien teil. Hier, etwa 160 km nordöstlich von Addis Abeba, fand er am 30. November 1974 „Lucy", eines der ältesten, am vollständigsten und am besten erhaltenen Skelette eines Hominiden. Es ist rund 3,5 bis 3,8 Millionen Jahre alt.

An der Breite des Beckens erkannte Johanson, dass es sich um ein weibliches Skelett handelte. Lucy war etwa 1 m groß und 25 kg schwer. Die Zähne, insbesondere die voll ausgebildeten Weisheitszähne, lassen auf ein Alter von 25 bis 30 Jahren schließen. Vermutlich starb sie eines natürlichen Todes, denn an den Knochen fand man keine Spuren von Zähnen, wie sie Löwen oder andere Raubtiere hinterlassen.

Aufgrund der beschriebenen Merkmale wird Lucy heute zu den Australopithecinen gezählt, und zwar zu Australopithecus afarensis.

„… An diesem Morgen hätte ich im Lager bleiben sollen – ich tat es aber nicht. Ich hatte das Gefühl, ich müsste Tom* unter allen Umständen begleiten, und folgte diesem inneren Drang …

In der Senke fanden wir praktisch keinen einzigen Knochen, aber als wir uns zum Gehen wandten, sah ich auf halber Höhe am Hang etwas liegen … „Das ist das Fragment eines hominiden Arms", sagte ich. „Das kann nicht sein. Es ist viel zu klein. Es muss von irgendeinem Affen stammen." Wir knieten uns hin, um den Knochen genauer anzusehen. „Viel zu klein", sagte Gray* noch einmal. Ich schüttelte den Kopf. „Es ist ein Hominide." „Weshalb glauben Sie das?", sagte er. „Sehen Sie doch das Stück rechts neben Ihrer Hand. Auch das ist hominid." „Mein Gott", rief Gray. Er hob es auf. Es war die Rückseite eines kleinen Schädels. „Mein Gott", rief er wieder. Wir standen auf und sahen nun noch weitere Knochenfragmente am Hang: zwei Rückenwirbel und das Bruchstück eines Beckenknochens … Mir schoss ein unglaublicher, eigentlich unverzeihlicher Gedanke durch den Kopf. Wie wäre es, wenn all diese Knochen zusammenpassten? Könnten es Teile eines einzigen, sehr primitiven Skeletts sein? Ein solches Skelett war bisher noch nirgends gefunden worden …

Am Nachmittag versammelten sich alle Expeditionsteilnehmer in der Senke. Die Fundstelle wurde in Sektoren eingeteilt und wir beschlossen, das Gelände so gründlich wie möglich abzusuchen … Als die Arbeit getan war, hatten wir ein paar hundert Knochenstücke …, die zusammen etwa 40 Prozent eines einzigen Individuums ausmachten. Die erste Vermutung von Tom und mir bestätigte sich. Von keinem einzigen Knochen gab es ein Duplikat. …

In der ersten Nacht nach der Entdeckung gingen wir nicht ins Bett. Wir redeten unaufhörlich und tranken ein Bier nach dem anderen. Wir hatten ein Tonbandgerät im Lager und dazu ein Band mit dem Beatles-Song „Lucy in the Sky with Diamonds". Wir ließen dieses Band immer wieder mit voller Lautstärke ablaufen. Irgendwann an diesem unvergesslichen Abend … gaben wir dem Skelett den Namen Lucy und seither heißt es so …"

* Tom Gray: Expeditionsteilnehmer

Aus „Lucy. Die Anfänge der Menschheit" von Donald Johanson und Maitland Edey (Piper Verlag, München 1982)

Aufgaben

1 Johanson erkannte sofort, dass er den Arm eines Hominiden gefunden hatte. Woraus schloss er das?

2 Woraus schlossen die Forscher, dass alle Fundstücke von einem einzigen Skelett stammten?

3 Lucy ist ein ganz besonderer Fund. Erkläre.

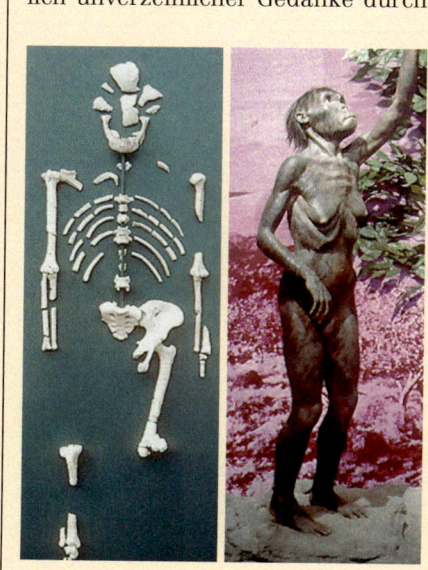

1 „Lucy" und eine Rekonstruktion

Neandertaler – der erste Hinweis für die Evolution des Menschen

Im Jahr 1856, also nur drei Jahre bevor Darwin sein Buch über die Evolution der Lebewesen veröffentlichte, fanden Arbeiter in einer Höhle des Neandertals bei Düsseldorf sonderbar geformte Knochen. Besonders auffällig waren zwei kräftige, deutlich gebogene Oberschenkelknochen und ein flaches Schädeldach mit stark ausgeprägten Überaugenwülsten. Der Lehrer Johann Carl Fuhlrott, dem man die Knochen zeigte, deutete sie als die Überreste eines „... sintflutartigen Menschenwesens, einer primitiven, wilden Urrasse", wie er es ausdrückte. Er meinte also, dass der Neandertaler – so nannte man diesen Menschen – einer Menschenrasse angehörte, die sich von den heute lebenden Menschen deutlich unterschied. Damit war der Fund der erste Beleg für die *Evolution des Menschen,* der eigentliche Beginn der Paläoanthropologie.

Diese Auffassung stand in deutlichem Gegensatz zur Lehre der Kirche und zur Meinung der führenden Wissenschaftler. Man stritt zwar nicht ab, dass es sich beim Neandertaler um einen Menschen handelte, aber man widersprach entschieden der Behauptung, dass es eine Evolution gäbe. Der berühmte Arzt Rudolf Virchow hielt den Neandertaler für den Angehörigen eines Reitervolks, der an Knochenerweichung litt – deshalb die gebogenen Oberschenkelknochen. Dieser müsse so starke Schmerzen gehabt haben, dass er häufig die Augen zukniff. So erklärte er die Überaugenwülste. Andere glaubten, die Knochen stammten von einem missgebildeten Menschen. Die Meinungen änderten sich erst, als man viele Jahre später in Europa und im Nahen Osten Knochen mit gleichen Merkmalen wie im Neandertal fand. Heute kennt man Skelettreste von mehr als 300 Neandertalern.

Herkunft. Vor etwa 600 000 Jahren entwickelte sich in Afrika vermutlich aus dem Homo ergaster der Homo heidelbergensis. Er konnte bereits kompliziertere Steinwerkzeuge herstellen. Aus dieser Art ging der Homo neanderthalensis, der Neandertaler, hervor. Molekulargenetische Untersuchungen an den 60 000 Jahre alten Originalknochen aus dem Neandertal zeigen, dass ein deutlicher genetischer Unterschied zwischen ihm und dem modernen Menschen besteht.

Aussehen. Die Neandertaler waren etwa 1,70 m groß, hatten sehr kräftige Knochen und Muskeln. Ihr Gehirnvolumen war mit 1750 cm^3 größer als das des Jetztmenschen. Sie waren an das kalte Klima der Eiszeit angepasst und kamen mit den harten Lebensbedingungen sehr gut zurecht. Ihre Kleidung bestand aus Fellen. Wenn die Neandertaler heute unter uns lebten und sich so kleideten wie wir, würden sie vermutlich nicht besonders auffallen.

Das Ende der Neandertaler? Seit etwa 30 000 Jahren sind die Neandertaler nicht mehr nachweisbar. Über die Ursachen ihres raschen Verschwindens können wir nur Vermutungen anstellen. Wurden sie von den modernen Menschen verdrängt, mit denen sie in einigen Gebieten etwa 60 000 Jahre nebeneinander lebten, oder vermischten sie sich mit diesen? 1998 fand man in Portugal die Reste eines 25 000 Jahre alten Kinderskeletts, das neben den Merkmalen des modernen Menschen auch solche des Neandertalers hatte. Widerspricht das den Ergebnissen der paläogenetischen Untersuchungen?

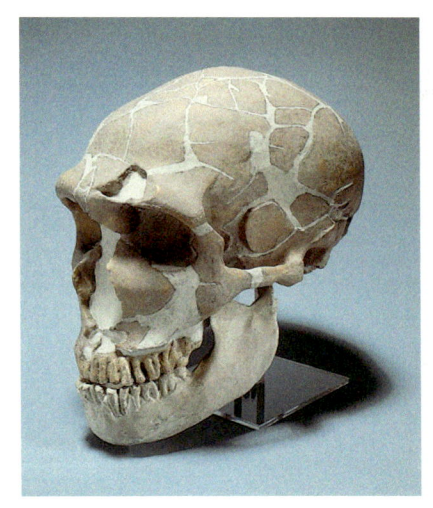

1 Schädel aus dem Neandertal, aus Einzelteilen rekonstruiert

2 So könnte eine Neandertalerin ausgesehen haben.

Aufgaben

1 Beschreibe die Lage des Neandertals anhand einer Wandkarte.

2 Begründe, weshalb man Fuhlrotts Ansicht widersprach, der Mensch hätte sich aus einer „Urrasse" entwickelt.

3 Vergleiche den Schädel in Bild 1 mit dem des Jetztmenschen. Nenne Gemeinsamkeiten und Unterschiede.

4 Früher sah man den Neandertaler als sehr einfachen und primitiven Menschen an. Heute hat sich das Bild gewandelt. Wie kam es nach deiner Meinung zu dieser veränderten Sicht?

In Kürze

Der Fund im Neandertal war der erste Hinweis auf die Evolution des Menschen. Die Neandertaler hatten kräftige Knochen, Überaugenwülste und eine „fliehende" Stirn. Bis heute ist unklar, ob die Neandertaler von den modernen Menschen verdrängt wurden oder sich mit ihnen vermischten.

Homo sapiens: Der moderne Mensch

1 Höhlenmalereien der Cro-Magnon-Menschen

Die Urheimat des Menschen
Die Erbinformation für bestimmte Merkmale weist bei afrikanischstämmigen Menschen mehr Unterschiede auf als bei Bewohnern der übrigen Kontinente. Eine Erklärung bietet das „Out-of-Africa"- oder „Arche-Noah"-Modell: Bei den frühen Menschen, die Afrika verließen und die die Vorfahren aller außerafrikanischen Völker wurden, handelte es sich um eine sehr kleine Gruppe. Ihre Erbanlagen stellten nur einen Ausschnitt der Gesamtpopulation dar. Nach diesem Modell sind alle Menschen afrikanischen Ursprungs.

Wann und wo sich unsere eigentlichen Vorfahren entwickelten, können wir aufgrund der Fossilfunde nicht sicher sagen. Am meisten spricht dafür, dass dies vor etwa 200 000 Jahren in Afrika geschah. Von hier brach der moderne Mensch *Homo sapiens* („weiser" Mensch) vor rund 100 000 Jahren auf und breitete sich über die ganze Erde aus.
Die meisten frühen Funde stammen aus dem Gebiet des heutigen Israel. Dort traf er auf den Neandertaler. Beide Menschenarten lebten 60 000 Jahre lang friedlich nebeneinander. In Europa tauchte Homo sapiens vor etwa 40 000 Jahren auf. Die Neandertaler, die schon zuvor dort lebten, waren rund 10 000 Jahre später verschwunden. Etwa zur gleichen Zeit erreichten die modernen Menschen in Booten oder Flößen Australien. Die Aborigines sind Nachfahren dieser Erstbesiedler. Über die damals trockene Beringstraße gelangten unsere Vorfahren vor rund 10 000 Jahren nach Amerika.
Der bekannteste fossile Vertreter von Homo sapiens ist der *Cro-Magnon-Mensch*. Er wurde nach dem Hauptfundort in einer Höhle in Südfrankreich so benannt. Die Skelette dieser Menschen sind von den unseren nicht zu unterscheiden. Diese Steinzeitmenschen stellten Werkzeuge aus Stein, Knochen oder Geweihen her – je nachdem, für welchen Zweck das Material besonders gut geeignet war. Am bezeichnendsten aber ist ihre *Kunst*. Sie schnitzten Figuren, ritzten Bilder und bemalten die Wände von Höhlen. Viele Malereien zeigen, dass für sie die Jagd eine große Rolle spielte. Vermutlich glaubten sie an ein Leben nach dem Tod, was man aus den häufig gefundenen Grabbeigaben schließen kann.
Diese Menschen verfügten über Fähigkeiten, die vor ihnen kein Hominide besaß. Das führte dazu, dass sie ihr Können und Wissen immer weiter ausbauten. Einen ersten Höhepunkt erreichte diese Entwicklung vor etwa 30 000 bis 40 000 Jahren – also genau in der Zeit, als der Neandertaler von der Erde verschwand.

Aufgaben

1 Liste Gemeinsamkeiten und Unterschiede zwischen modernem Menschen und Neandertaler auf.

2 Suche nach einer Erklärung für den Namen „Arche-Noah"-Modell.

3 Beschreibe an der Wandkarte die Ausbreitung des Homo sapiens.

In Kürze

Homo sapiens entwickelte sich vor rund 200 000 Jahren in Afrika. Von hier aus verbreitete er sich über die gesamte Welt. Seit rund 30 000 Jahren ist Homo sapiens die einzige Menschenart auf der Erde.

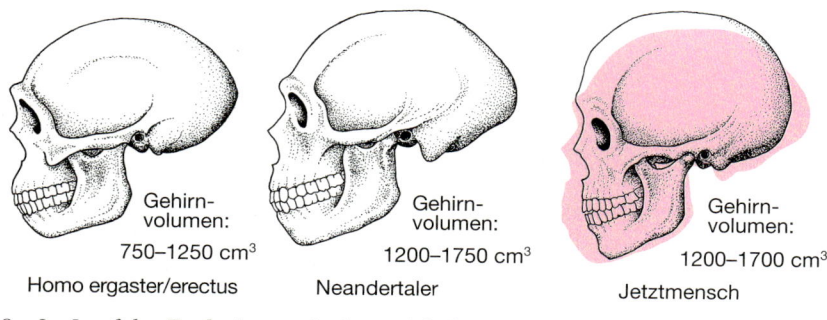

Homo ergaster/erectus — Gehirnvolumen: 750–1250 cm³
Neandertaler — Gehirnvolumen: 1200–1750 cm³
Jetztmensch — Gehirnvolumen: 1200–1700 cm³

2 Im Lauf der Evolution veränderte sich die Schädelform (rot: Neandertaler). Das Gehirnvolumen nahm bis zum Neandertaler zu.

Übersicht: Meilensteine der Menschwerdung

Stamm-„Baum"? Die Evolution des Menschen war keine geradlinige und vor allem keine zielgerichtete Entwicklung. Noch bis 1960 hatte man sich das so vorgestellt: Eine einzige Linie führte von Australopithecus africanus über Homo erectus direkt zu Homo sapiens. Viele Paläoanthropologen gehen heute davon aus, dass in den vergangenen 10 bis 15 Millionen Jahren mindestens 20 verschiedene Hominidenarten auftraten. Viele von ihnen lebten gleichzeitig nebeneinander. Ob sie Kontakt zueinander hatten und wie dieser aussah, können wir nur vermuten.

Hominidenbusch. Dabei scheint es, dass unregelmäßig immer wieder neue Arten entstanden – und meist wieder verschwanden. Unseren *Stammbaum* sollten wir uns daher eher als Busch vorstellen, mit zahlreichen Aufspaltungen und Verzweigungen. Homo sapiens ist demnach nicht die Spitze des Baums, sondern einer seiner zahlreichen Äste.

Die Altersbestimmung und der Vergleich der verschiedenen Funde zeigen, dass sich die typisch menschlichen Kennzeichen – die Entwicklung des Gehirns, der aufrechte Gang sowie der Gebrauch von Werkzeugen und des Feuers – bei den einzelnen Hominidenarten mit unterschiedlicher Geschwindigkeit entwickelten. Der Stammbaum links lässt erkennen, dass meist mehrere Hominidenformen gleichzeitig lebten. Das Gebiet um den Turkana-See in Ostafrika beispielsweise war vor rund 1,8 Millionen Jahren von vier Hominidenarten besiedelt. Die Abbildung verdeutlicht außerdem, dass es in der Evolution des Menschen viele Sackgassen gab. Der Weg zum modernen Menschen war ein ausgesprochener „Zickzackkurs".

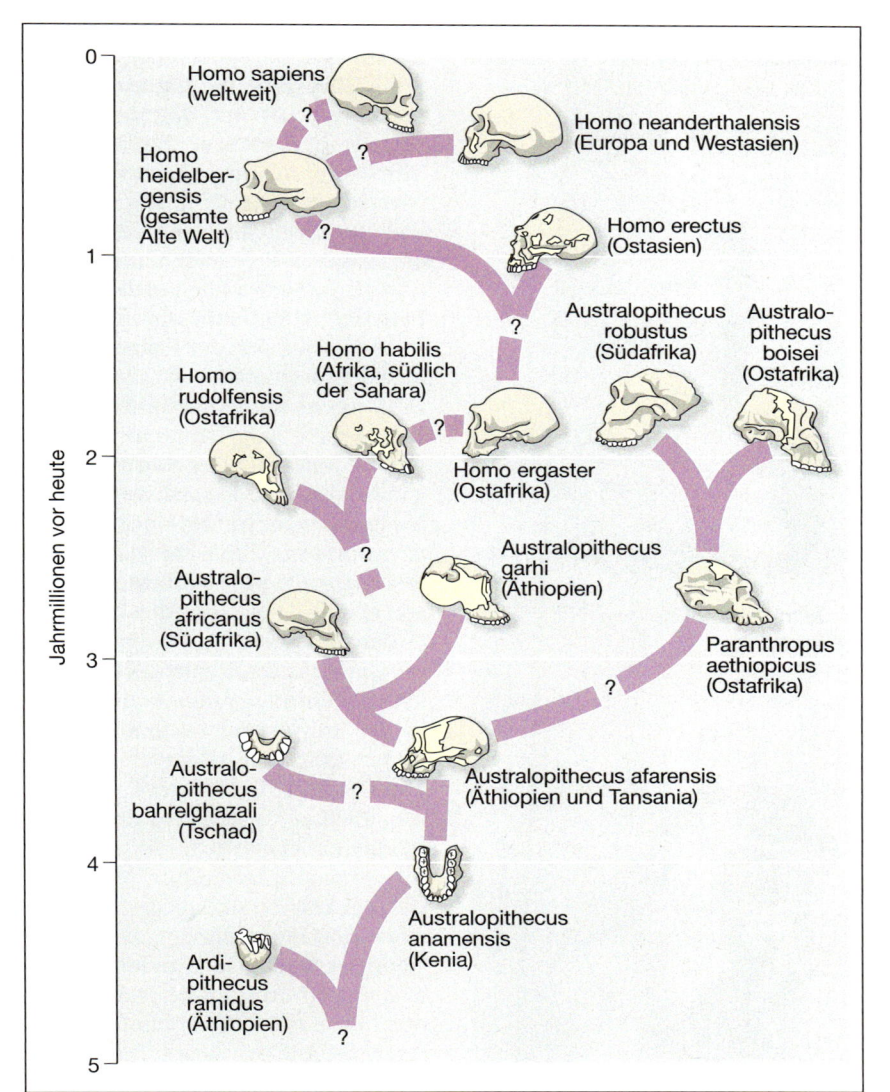

Aufgaben

1 Für welche auf dieser Seite genannten Hominiden trifft die Bezeichnung „Urmensch" zu? Begründe.

2 In der Abbildung links sind zahlreiche Fragezeichen enthalten. Erläutere, weshalb sie in den Stammbaum des Menschen eingezeichnet werden müssen.

3 Markiere an einer Wandkarte die im Stammbaum genannten Fundorte der Hominiden. Unterscheide dabei zwischen älteren und jüngeren Funden. Werte die so markierte Karte aus. Schreibe das Ergebnis ins Heft.

4 Benenne die vier Hominidenarten, die vor 1,8 Millionen Jahren nebeneinander lebten.

5 Der Stammbaum enthält Funde mit eigenen Artbezeichnungen, die früher mit anderen Funden zu einer Art zusammengefasst wurden. Überlege, wie es dazu kommen kann, dass sich die wissenschaftliche Einordnung eines Fossils in den Hominidenstammbaum ändert.

1 Hypothetischer Stammbaum des Menschen: Für große Zeitabschnitte fehlen Funde. Manchmal kommen die Forscher bei ihren Untersuchungen zu verschiedenen Ergebnissen. Die Stammbäume können dann unterschiedlich aussehen und verschiedene Entwicklungslinien aufzeigen.

Geschichte der Evolutionstheorien

> „… Dann sprach Gott: Das Land bringe alle Arten von lebenden Wesen hervor, von Vieh, von Kriechtieren und von Tieren des Feldes. So geschah es. … Dann sprach Gott: Lasst uns Menschen machen als unser Abbild, uns ähnlich. … Gott schuf also den Menschen als sein Abbild …"
>
> *Altes Testament,*
> *Buch Genesis: Die Anfänge*

Die Evolutionstheorie versucht die gemeinsame Abstammung aller Lebewesen, die Entstehung ihrer Verschiedenartigkeit und deren Ursachen zu erklären. Im Gegensatz dazu steht die Lehre von der Unveränderlichkeit, von der Konstanz der Arten. Sie war im christlichen Abendland über Jahrhunderte hinweg herrschende Lehrmeinung – mehr noch, sie war ein Dogma, d. h., der Glaube an eine Schöpfung war für alle Gläubigen verbindlich. Alles andere wurde als Gotteslästerung aufgefasst – und bestraft.

Eine allmähliche Einstellungsänderung brachten die großen Entdeckungsfahrten ab dem 16. Jahrhundert mit sich. Plötzlich wurden neue, exotische, vorher unbekannte Tiere und Pflanzen, andere Völker und Kulturen entdeckt. Dadurch erweiterte sich das Bild, das man sich von der Erde machte.

Mit der Entwicklung der experimentell-forschenden Wissenschaften im 17. und 18. Jahrhundert hatte man eine Möglichkeit gefunden, die Phänomene des Lebens nicht nur zu beschreiben, sondern sie auch zu untersuchen und nach ihren Ursachen zu forschen. Was jahrhundertelang als Dogma galt, begann man nun kritisch zu hinterfragen, wenngleich sich Kirche und Obrigkeit vehement dagegen wehrten.

Carl von Linné. Der schwedische Naturforscher schuf die erste wissenschaftliche Einteilung der Lebewesen. Jeweils gleich oder ähnlich aussehende Pflanzen und Tiere fasste er als „Art" bzw. als „Gattung" zusammen. Mit seiner Klassifikation versuchte er Verwandtschaftsbeziehungen zwischen Lebewesen aufzuzeigen. Den Menschen ordnete Linné als *Homo sapiens* ins Tierreich ein. Er stellte ihn neben Schimpanse und Orang-Utan in die Ordnung der *Primaten*. Die deutsche Bezeichnung *Herrentiere* wurde erst später von *Ernst Haeckel* eingeführt.

In Bezug auf die Abstammungslehre war Linné aber noch ganz und gar ein Kind seiner Zeit: Er glaubte an die Unveränderlichkeit der Arten.

1 Carl von Linné (1707–1778)

Jean Baptiste de Lamarck. Lamarck gilt als der Begründer der Abstammungslehre. Nach seiner Theorie sind die Lebewesen, entsprechend ihrem Grad der Ähnlichkeit, unterschiedlich eng – er nannte es „abgestuft" – miteinander verwandt. Danach haben sich alle Lebewesen in einer bestimmten Reihenfolge im Laufe der Erdgeschichte auseinander entwickelt.

Die Ursache für die Veränderung der Lebewesen sah Lamarck im *Gebrauch* bzw. *Nichtgebrauch* von Organen, wodurch sie sich verändern. Sie werden besonders ausgeformt bzw. zurückgebildet. Die so *erworbenen Eigenschaften* vererbt das entsprechende Lebewesen direkt auf seine Nachkommen.

2 Jean Baptiste de Lamarck (1744–1829)

Der Lamarckismus wird heute als Erklärung für die Evolution abgelehnt. In der Sowjetunion spielte er aber unter Stalin eine bedeutende Rolle. Man versuchte dadurch wissenschaftlich zu begründen, dass Menschen durch gezielte Einflussnahme, z. B. durch Erziehung, verändert werden können und dass sie die erworbenen Eigenschaften vererben.

Georges Baron de Cuvier. Cuvier war ein streitbarer Verfechter von der Lehre der Unveränderlichkeit, der Konstanz der Arten. Die Veränderungen von Lebewesen im Laufe der Erdgeschichte, die ihm von Fossilien her durchaus bekannt waren, erklärte er mithilfe seiner *Katastrophentheorie:* Durch Naturkatastro-

3 Georges Baron de Cuvier (1769–1832)

Geschichte der Evolutionstheorien

phen in den verschiedenen Erdzeitaltern, wie z. B. die biblische Sintflut, wird sämtliches Leben vernichtet – und anschließend neu, in anderer Form erschaffen.

Charles Robert Darwin. Der Engländer Charles Darwin verhalf dem Evolutionsgedanken zum Durchbruch. Entscheidend dafür waren seine Beobachtungen, die er während der fast fünfjährigen Weltreise mit der Beagle, einem Forschungsschiff der britischen Krone, machte. Für die Auswertung seiner Beobachtungen, insbesondere auf den Galapagosinseln, verwendete er einen Großteil seines Lebens. Dabei entwickelte er seine Theorie von der Abstammung der Lebewesen, seine *Evolutionstheorie*. Darwin war familiär „vorbelastet": Bereits sein Großvater, der Arzt und Naturforscher Erasmus Darwin, hatte in vielen seiner naturwissenschaftlichen Lehrgedichte schon den Gedanken an eine Evolution angesprochen. Dennoch wagte Charles Darwin lange nicht, seine Ideen öffentlich zu vertreten. Als er 1858 erfuhr, dass sein Landsmann *Alfred Russel Wallace* (1823 bis 1913) unabhängig von ihm eine gleichartige Theorie entwickelt hatte, drängten ihn Freunde, seine Arbeiten endlich zu veröffentlichen. Am 24. November 1859 erschien schließlich sein berühmtes Buch „On the Origin of Species by Means of Natural Selection ...", das bereits am ersten Tag vergriffen war. In diesem Buch stellte er
- die erblich bedingte Variabilität (Mutation),
- die Überproduktion von Nachkommen und
- die durch Umweltbedingungen hervorgerufene natürliche Auslese (Selektion)

als die Grundelemente seiner Evolutionstheorie vor. Damit brach er mit den Vorstellungen Lamarcks und Cuviers. Darwin beschrieb die Evolution als Ergebnis mehrerer sich gegenseitig beeinflussender Faktoren.

1 Charles Robert Darwin (1809–1882)

Darwin hatte bis zum letzten Moment gezögert, seine Theorie zu veröffentlichen. Bereits 1844 schrieb er an einen Freund, dass er sich fühle, als würde er einen Mord bekennen, wenn er seine Theorie von der Abstammung der Lebewesen veröffentlichte.

Erst Jahre später bezog Darwin in seinem Buch „*Die Evolution des Menschen und die geschlechtliche Zuchtwahl*" (1871) den Menschen bewusst in seine Evolutionstheorie mit ein und stellte ihn in die Ahnenreihe der Tiere.

Eine falsche Interpretation von Darwins Lehre stellt der *Sozialdarwinismus* dar. Er überträgt in unzulässiger Weise Darwins „Kampf ums Dasein" („struggle for life") auf das menschliche Zusammenleben in der Gesellschaft und behauptet, dass in Konkurrenzsituationen von Natur aus dafür gesorgt ist, dass nur die Besten überleben („survival of the fittest": „Überleben der Tüchtigsten"). Der Sozialdarwinismus berücksichtigt aber nicht das komplexe Zusammenwirken aller in der Evolution wirkenden Faktoren.

Ernst Haeckel (1834–1919) übersetzte Darwins Hauptwerk ins Deutsche. Es erhielt den Titel: „Über die Entstehung der Arten im Tier- und Pflanzenreich durch natürliche Züchtung". Haeckel wurde zum eifrigsten Verfechter von Darwins Evolutionstheorie in Deutschland. Heute wird die Evolutionstheorie, basierend auf den Erkenntnissen Darwins und erweitert durch die Ergebnisse der Genetik, allgemein anerkannt. Dennoch gibt es mit dem *Kreationismus* (lat. *creatio:* Schöpfung) eine Bewegung, die an einer wörtlichen Auslegung der Bibel festhält. So war es in einigen Bundesstaaten der USA bis etwa 1965 verboten, in den Schulen das Thema Evolution zu unterrichten.

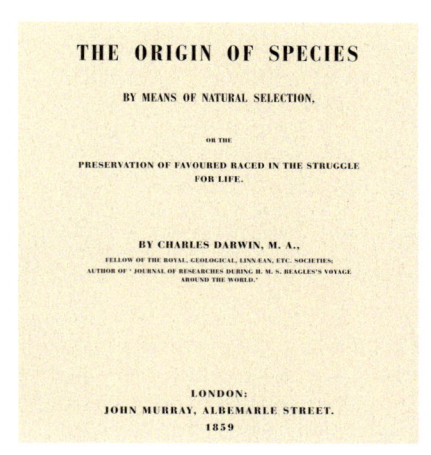

2 Titelseite von Darwins „revolutionärem" Werk aus dem Jahr 1859

Aufgaben

1 Erläutere, was Darwin damit meinte, als er schrieb, er fühle sich beim Veröffentlichen seiner Theorie, als würde er einen Mord bekennen.

2 Nenne Alltagsbeobachtungen, mit denen man die Theorie von Lamarck widerlegen kann.

In Kürze

Ausgehend vom Dogma der Konstanz der Arten versuchten im Laufe der vergangenen 200 Jahre verschiedene Theorien eine gemeinsame Abstammung der Lebewesen zu erklären. Heute wird Charles Darwins Theorie von der Entstehung der Arten allgemein anerkannt.

Teste dein Grundwissen …

„Du meine Güte! Wir sollen vom Affen abstammen? Wir wollen hoffen, dass das nicht stimmt. Aber wenn es wahr ist, dann wollen wir beten, dass es nicht bekannt wird!"

Frau des Bischofs von Worcester, 19. Jahrhundert

1 Das Zitat oben zeigt, dass Darwin mit seiner Lehre von der Evolution heftige Reaktionen auslöste.
a Begründe, weshalb viele Menschen damals so reagierten.
b Auch heute wird manchmal behauptet, dass der Mensch vom Affen abstamme. Begründe, warum das so nicht richtig ist.
c Worin ist die Ursache für diese Behauptung zu suchen? Nenne Beispiele.

2 Auch Bild 1 gibt einen Hinweis auf die enge Verwandtschaft zwischen Mensch und Menschenaffe.
a Erläutere das unten gezeigte Beispiel.
b Nenne weitere derartige Ähnlichkeiten zwischen Mensch und Menschenaffen.
c Nenne die Arten der Menschenaffen. Welche Art steht dem Menschen biologisch besonders nahe? Begründe deine Antwort.

Auf den Punkt gebracht

Mensch und Menschenaffen werden aufgrund ihrer zahlreichen Gemeinsamkeiten und Ähnlichkeiten als Menschenähnliche in einer Ordnung zusammengefasst. Typisch menschliche Merkmale sind neben dem aufrechten Gang der große Gehirnschädel, das charakteristisch geformte Gebiss und die Fähigkeit, Werkzeuge herzustellen und zu gebrauchen.

Die frühesten Spuren der Hominiden, der Familie der Menschenartigen, stammen aus Ostafrika. Diese Funde werden mehreren Arten der Gattung Australopithecus zugeordnet. Sie weisen Merkmale von Mensch und Menschenaffe auf.

Homo habilis konnte bereits Werkzeuge herstellen. Er zählt nach heutigem Erkenntnisstand zu den ersten Menschen.

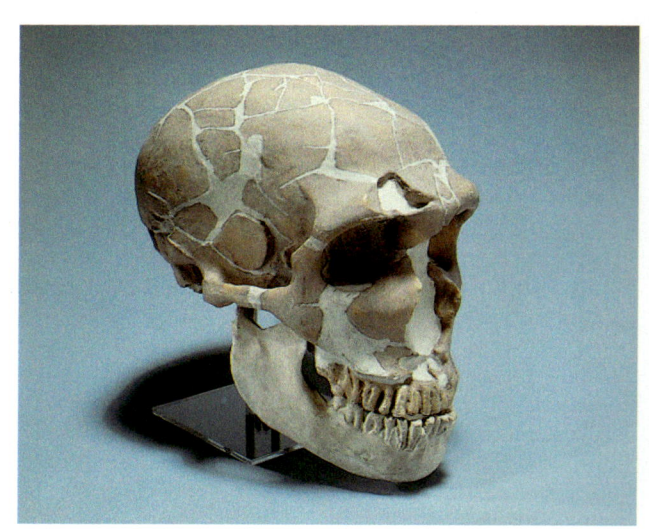

1 Was „sagt" dieser Schimpanse?

2 Schädel eines Hominiden

... Stammesgeschichte des Menschen

Homo ergaster verließ vor ca. 2 Millionen Jahren als erster Mensch Afrika. In einer zweiten Auswanderungswelle folgten vor rund 500 000 Jahren die Vorfahren des Neandertalers. Der Neandertaler besiedelte ganz Europa. Er wurde vermutlich vom modernen Menschen verdrängt.
Der moderne Mensch, Homo sapiens, entwickelte sich vor etwa 200 000 Jahren in Afrika. Von dort breitete er sich allmählich nach Europa, Australien und Amerika aus. Alle heutigen Menschen gehören derselben Art an.
Die Evolutionstheorie stand dem damaligen Dogma der Kirche von der Konstanz der Arten konträr gegenüber. Heute wird die Theorie Darwins von der Entstehung der Arten allgemein anerkannt.

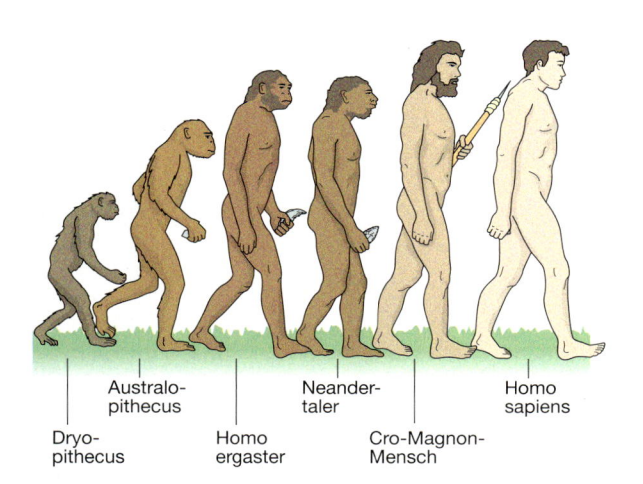

3 *Die menschliche Stammesgeschichte?*

3 Bild 2 zeigt den Schädel eines Hominiden.
a Erkläre den Begriff „Hominide".
b Beschreibe, woran man erkennen kann, dass es kein Affenschädel ist.
c Dennoch hat er Merkmale, die denen von Affen ähnlich sind. Nenne sie.
d Bestimme mithilfe des Buches, um welchen Hominiden es sich genau handelt.
e Begründe den Namen. Benutze dazu auch den Atlas.

4 Die Entwicklung des Menschen findet man beispielsweise in der Werbung häufig so oder ähnlich dargestellt, wie in Bild 3 zu sehen.
a Begründe, weshalb diese Form der Darstellung falsch ist und zu Fehldeutungen führen kann.
b Welche richtigen Aussagen enthält das Bild? Nenne sie.

5 Im Lauf von Jahrtausenden hat sich bei den Hominiden der aufrechte Gang entwickelt.
a Beschreibe den Verlauf dieser Entwicklung.
b Nenne die Vorteile, die mit dem aufrechten Gang verbunden sind.
c Welche Merkmale an einem fossilen Hominiden weisen darauf hin, dass er aufrecht ging?
d Zähle weitere „Meilensteine" in der Evolution der Hominiden auf und erläutere ihre Bedeutung.

6 Die bekanntesten Evolutionstheorien stammen von Lamarck und Darwin.
a Vergleiche die beiden Theorien. Nenne Gemeinsamkeiten und Unterschiede.
b Heute weiß man, dass Lamarcks Theorie falsch ist. Begründe, weshalb es so lange dauerte, bis man seine These wissenschaftlich widerlegen konnte.
c Wie deutete Cuvier die Verschiedenartigkeit von Fossilien aus verschiedenen Erdzeitaltern?

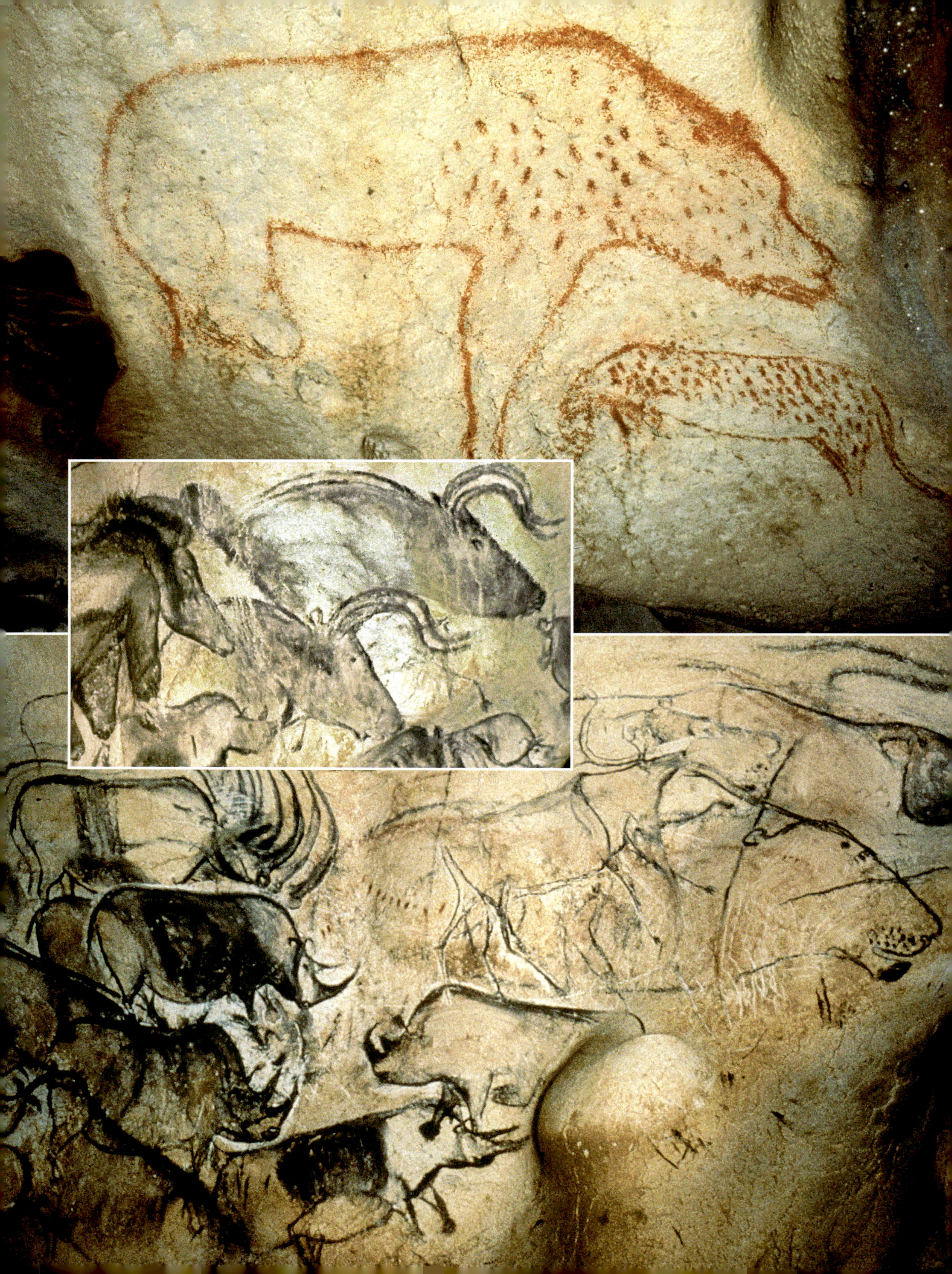

Die kulturelle Evolution

Am 18. Dezember 1994 machten drei französische Höhlenforscher die Entdeckung ihres Lebens. Als sie in einer Höhle das Geröll beiseite räumten, stießen sie auf den Eingang eines weit verzweigten Höhlensystems. Im Schein ihrer Lampen tauchten vor ihnen Höhlenmalereien von ungeahnter Schönheit auf. Die meisten waren mit roter Farbe auf den Fels gezeichnet oder in den vorher sorgsam aufgetragenen Lehm geritzt.

Das Besondere ihrer Entdeckung stellte sich aber erst später heraus. Die Felszeichnungen hatten ein Alter von bis zu 35 000 Jahren. Bisher war man davon ausgegangen, dass die Menschen zu dieser Zeit noch nicht in der Lage waren, solche Kunstwerke zu schaffen. Die bisher bekannten Höhlenmalereien sind mit höchstens 20 000 Jahren deutlich jünger.

Kulturelle Evolution. Die kulturelle Evolution – eigentlich sollte man hier als Abgrenzung zur biologischen Evolution eher von einer kulturellen Entwicklung sprechen – ist ein typisch menschliches Phänomen, bei dem Erlerntes sowohl innerhalb einer Population als auch auf nachfolgende Generationen weitergegeben wird. Im Gegensatz zur biologischen Evolution erfolgt die Weitergabe von Informationen zielgerichtet. Werden Erfahrungen durch Nachahmung an spätere Generationen weitergegeben, so spricht man von Traditionsbildung. Als Informationsträger diente ursprünglich die Sprache, später kam die Schrift hinzu. Der „Zufall", wie er in Form von Mutationen bei der biologischen Evolution vorkommt, spielt hier kaum eine Rolle.

Voraussetzung für jede kulturelle Entwicklung ist, dass das Gehirn, im Besonderen das Großhirn, entsprechend hoch entwickelt ist und über eine große Speicherkapazität verfügt.

Kunst. Eine typisch menschliche Erscheinung ist die Fähigkeit zur künstlerischen Betätigung. Im Verlauf der Evolution des Menschen tauchen plötzlich Gegenstände auf, die sich nicht durch Zweckmäßigkeit auszeichnen, sondern Ausdruck künstlerischen Schaffens sind. So entdeckte man im Jahr 1999 in der Höhle Hohle Fels auf der Schwäbischen Alb kleine Tierfiguren, die kunstvoll aus Mammutelfenbein geschnitzt worden waren. Sie sind mehr als 30 000 Jahre alt und gehören damit zu den ältesten Kunstwerken der Welt.

Werkzeuge. Werkzeuge werden zwar auch von einigen höher entwickelten Tieren benutzt, ihre gezielte Herstellung und die regelmäßige Verwendung ist aber etwas typisch Menschliches. Die vom Menschen entwickelten Werkzeuge stellen „künstliche Organe" dar, die es ihm ermöglichen, ganz spezielle Aufgaben zu erfüllen, ohne sich selbst spezialisieren zu müssen.

Dadurch ist der Mensch in der Lage, sich selbst der Umwelt anzupassen oder umgekehrt, die Umwelt gezielt seinen Bedürfnissen anzupassen. Das äußert sich im Kleinen etwa dadurch, dass er sich eine zweite, eine wärmende Haut in Form der Bekleidung schuf sowie in der Nutzung des Feuers. So gelang es dem Menschen, auch in unwirtlichen Gegenden Fuß zu fassen. Im Großen veränderte er bewusst seine Umwelt, indem er Flüsse aufstaute, Berghänge in Terrassen aufgliederte und Städte errichtete.

Mit dem Züchten von Haustieren und Kulturpflanzen griff der Mensch schon sehr früh bewusst in den Verlauf der biologischen Evolution ein.

Wohin führt die kulturelle Evolution? Der Fortschritt, die Zivilisation, ist mit ein Ergebnis der kulturellen Evolution. Aber wo viel Licht ist, ist auch viel Schatten. Dies gilt insbesondere für die kulturelle Evolution. Sie ist auch für viele Missstände verantwortlich: Zerstörung von Lebensräumen, Verarmung des Genpools, globale Erwärmung, Ozonloch … um nur einige zu nennen. Es gibt zahlreiche Probleme, die die Menschheit lösen muss, um ihr Überleben auch in der Zukunft zu sichern.

1 Diese Tierdarstellungen (oben Pferdekopf, unten Wasservogel) gehören mit einem Alter von über 30 000 Jahren zu den ältesten Kunstwerken.

Aufgaben

1 Liste auf, welche Tiere die Steinzeitkünstler in ihren Bildern links „verewigt" haben.
Diese Tiere kommen in Frankreich nicht vor. Trotzdem wussten die Höhlenmaler, wie diese Tiere aussehen. Begründe.

2 Auch von Tieren ist bekannt, dass sie Werkzeuge gebrauchen. Vergleiche mit dem Menschen.

Die kulturelle Evolution

Epoche: **Altsteinzeit**	**Altsteinzeit**	**Altsteinzeit**
Australopithecus, Homo habilis	Neandertaler, moderner Mensch	Neandertaler, moderner Mensch

1 *Geröllwerkzeuge*

2 *Faustkeil*

3 *Schaber* (links) *und Stichel*

Was ist „Kultur"? Kultur leitet sich vom lateinischen Wort „cultura" ab, das „Bearbeitung, Veredelung" bedeutet. Kultur äußert sich in Kunst, Wissenschaft und Religion ebenso wie in Kleidung, Werkzeugen oder Bauten. Sie umfasst auch Verhaltensweisen und Wertvorstellungen wie Sitten, Moral und Gesetze. Kultur wird von einer Generation zur nächsten weitergegeben und weiterentwickelt.

Die *kulturelle Evolution* beschreibt die Entwicklung der Menschen zu denkenden, sprechenden und Kultur schaffenden Wesen. „Kulturfossilien" wie Werkzeuge, Schmuck, Waffen, Höhlenmalereien, Grabbeigaben oder Mumien spiegeln den Ablauf der kulturellen Evolution wider. Je nach ihrem Alter und ihrer „Kompliziertheit" kann man sie verschiedenen Epochen zuordnen.

Altsteinzeit. Die Hominiden der Altsteinzeit benutzten neben Holz vor allem Stein zur Herstellung ihrer Werkzeuge und Waffen. Sehr frühe Werkzeuge aus Knochen und Holz haben sich jedoch nicht erhalten. Homo habilis und möglicherweise auch Australopithecus verwendeten vor etwa zwei Millionen Jahren *Geröllwerkzeuge* aus grob behauenen Steinen. Homo ergaster stellte bereits *einfache Faustkeile* her. Der Neandertaler produzierte *hoch entwickelte Faustkeile*, meist aus Feuerstein. Dieses sehr harte Material bildet beim Behauen scharfe Kanten.

Mit dem Cro-Magnon-Menschen wurde vor rund 35 000 Jahren die höchste Kulturstufe der Altsteinzeit erreicht. In kurzer Zeit entstanden bis dahin unbekannte Werkzeuge aus Stein, Knochen und Geweih: *Nadeln* mit feinen Ösen, *Harpunenspitzen* mit Widerhaken und *Bohrer*.

4 *Schon die Neandertaler begruben ihre Toten.*

Mit den modernen Menschen trat ein bis dahin unbekanntes Phänomen auf: die *Kunst*. Nun gibt es auch Gegenstände, bei denen nicht nur der praktische Nutzen im Vordergrund steht. Sie sollen dem Benutzer gefallen oder seine Persönlichkeit zum Ausdruck bringen: Werkzeuge und Gefäße werden verziert, einfache Figuren oder Schmuck aus Elfenbein hergestellt. Der Mensch beginnt sich selbst zu erkennen und Bilder von sich und seinen Jagdtieren an Höhlenwände zu malen.

Jungsteinzeit. In der Zeit zwischen 8000 und 2000 v. Chr. wurde der Mensch vom Jäger und Sammler zum sesshaften Bauern. Töpferei und Weberei entwickelten sich.

Während dieser Epoche entstanden die ersten Städte wie Babylon oder Jericho. Vermutlich legten die Sumerer mit der Erfindung des Rads, der künstlichen Bewässerung und der Metallverarbeitung die Grundpfeiler aller Hochkulturen.

Bronze- und Eisenzeit. Während dieser Epoche werden die Werkzeuge und Waffen hauptsächlich aus Metall hergestellt. Sie waren wesentlich widerstandsfähiger, spezialisierter und kunstvoller gestaltet als die früherer Zeiten.

Die kulturelle Evolution

Jungsteinzeit	Bronzezeit	Eisenzeit
Moderner Mensch	Moderner Mensch	Moderner Mensch

1 Vase (Keramik), Beil (Steinschliff)
2 Beil aus Bronze
3 Schere aus Eisen

Soziales Verhalten. In einer Höhle fand man mehrere Skelette von erwachsenen Neandertalern. Vier der Skelette weisen starke Deformierungen und Wucherungen auf. Sie lassen darauf schließen, dass diese Menschen zu Lebzeiten stark verkrüppelt waren. An anderen Stellen fand man die Reste von Neandertalern mit schweren Verletzungen, die aber wieder verheilt waren. Diese Funde sind Hinweise darauf, dass sich die mitfühlenden Menschen dauerhaft um Behinderte oder Verletzte kümmerten, sie pflegten, ernährten und beschützten.

Dass Menschen Schwache und Kranke versorgen, ist ebenfalls ein Ergebnis der kulturellen Evolution. Allerdings ist es schwierig, frühe Nachweise für solche *sozialen Verhaltensweisen* zu finden.

Bestattung. Gräberfunde belegen, dass die Neandertaler ihre Toten beerdigten. Diese Gräber sind die frühesten Nachweise für Erdbestattungen. Sie reichen etwa 100 000 Jahre zurück. Die Toten wurden entweder auf dem Rücken liegend, meist aber in Hockstellung mit angezogenen Beinen beigesetzt. In einem Grab fand man eine auffallend hohe Konzentration an Blütenpollen. Vermutlich war der Verstorbene auf Blumen gebettet worden.

Später gab man den Verstorbenen Lebensmittel, Waffen und Werkzeuge des täglichen Lebens als Beigaben mit ins Grab. Sie zeugen davon, dass sich diese Menschen Gedanken über das Leben nach dem Tod machten.

Biologische und kulturelle Evolution. Um aus einem Stein einen Faustkeil herauszuarbeiten, muss man vorher die Form festlegen. Diese Leistung erbringt das Großhirn. Seine Vergrößerung war die Voraussetzung für kulturelle Evolution. Es befähigt den Menschen zu einzigartigen Denk- und Lernleistungen.

Bei der biologischen wie bei der kulturellen Evolution werden Informationen weitergegeben. Genetische Information wird von Generation zu Generation *vererbt* und durch *Mutationen* verändert. Das ist ein sehr langer Prozess. Die kulturelle Informationsweitergabe erfolgt durch Tradition und Lernen innerhalb einer Gruppe. Da Menschen ein Leben lang lernfähig sind, kann das Erlernte ständig überprüft und verbessert werden. Daher verläuft die kulturelle Evolution viel schneller als die biologische. Die kulturelle Evolution greift in vielfältiger Weise in die biologische ein, z. B. durch Züchtung, Gentechnik, Naturzerstörung, aber auch durch die Schaffung neuer Lebensräume und -bedingungen.

Aufgaben

1 Die Entwicklung des Vogelflügels dauerte Jahrmillionen. Zwischen dem Bau des ersten Flugzeugs und der Mondlandung vergingen nur rund 80 Jahre. Begründe.

2 Erläutere mit den Beispielen in der Bildleiste oben, was man unter der kulturellen Evolution versteht.

3 Mit der Fähigkeit zu denken ist die Möglichkeit verbunden, sich zu irren. Nenne Beispiele für „Irrwege" der kulturellen Evolution.

In Kürze

Durch kulturelle Evolution entwickelte sich der Mensch zu einem denkenden, sprechenden und Kultur schaffenden Wesen. Anhand von Kulturfossilien wie Werkzeugen oder Höhlenmalereien kann man ihren Verlauf grob nachzeichnen. Sie verläuft deutlich schneller als die biologische.

Entwicklung von Sprache und Schrift

Sprache. Die Fähigkeit zu sprechen ist das Merkmal, das den Menschen von allen anderen Lebewesen unterscheidet. Durch die Sprache können Menschen sich über Vergangenes und Zukünftiges unterhalten. Sie können Erfahrungen und Meinungen austauschen und Dinge benennen, die nicht greifbar oder sichtbar sind. Eine Voraussetzung für das Sprechen ist die Ausbildung eines *Sprechapparats*. Dieser besteht aus Nase, Mund und Kehlkopf. Die schwingenden Stimmbänder im Kehlkopf bringen die Atemluft zum Schwingen. Damit die verschiedenen Laute auch deutlich ausgesprochen werden können, muss der Gaumen gebogen und möglichst weit vom Kehlkopf entfernt sein, um einen großen Resonanzraum zu schaffen. Zudem müssen bestimmte Zentren im Gehirn ausgebildet sein, damit Sprechen und Verständigung möglich werden.

Bei Homo ergaster waren diese Anpassungen nur teilweise ausgebildet. Die Jagd auf große Tiere setzt aber *Planung und gezielte Zusammenarbeit* mehrerer Menschen voraus. Dies spricht dafür, dass er eine einfache Sprache beherrschte. Der Neandertaler konnte vermutlich Laute erzeugen wie wir. Er besaß das zum Sprechen notwendige Zungenbein. Es gleicht fast dem unseren.

Schrift. Die Nachweise über Schrift und damit über die Fähigkeit zu lesen reichen nur etwa 5000 Jahre zurück. Vermutlich verfügte das Gehirn erst seit dieser Zeit über die notwendigen Strukturen, um aus bestimmten Zeichen Informationen herauszulesen. Eine Vorstufe des Lesens könnte das Entschlüsseln von Tierspuren gewesen sein. Allein aus der Fährte konnten die Menschen „lesen", von welchem Tier sie stammt, ob es jung oder alt, groß oder klein, verletzt oder erschöpft war.

Erste Ansätze von Schrift waren Kerben in Holz oder Striche an Wänden. So symbolisierte man z. B. Erntemengen. Durch konkrete Zeichen wie „Schaf" oder „Krug" konnte man Aufzeichnungen deutlicher machen. Mit der Zeit gewannen die Zeichen auch übertragene Bedeutungen. So verband man mit dem Symbol „Fuß" die Bedeutung „gehen" oder mit dem Zeichen „Auge" „sehen". Auf diese Weise entstanden die ersten *Bilderschriften*. Durch Kombination mehrerer Zeichen ließen sich neue Informationen vermitteln: Ein Mensch mit Stock z. B. symbolisiert „Alter".

Die Schrift führte zu einer rasanten Beschleunigung der kulturellen Evolution. Nun konnte man das *Wissen* auf Stein- oder Tontafeln, später in Büchern und heute mit Computern digital *speichern*. Das Rad musste also nur einmal erfunden werden …

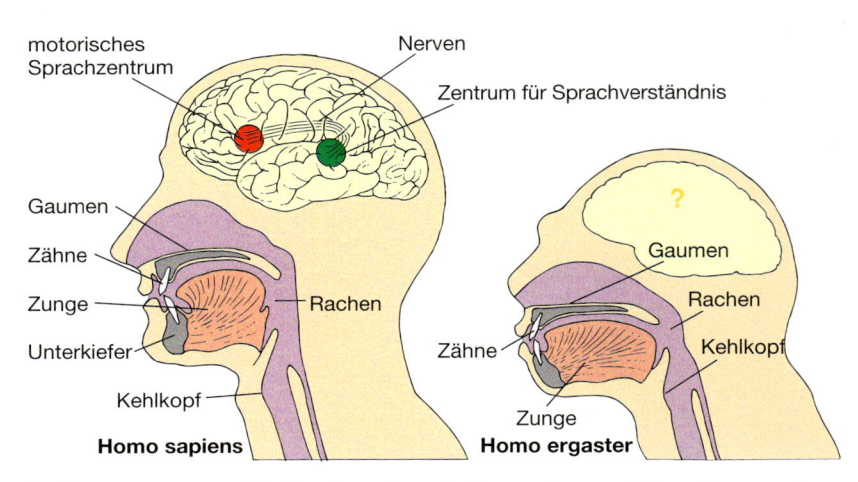

1 Voraussetzungen für das Sprechen: Gehirnzentren und Sprechapparat

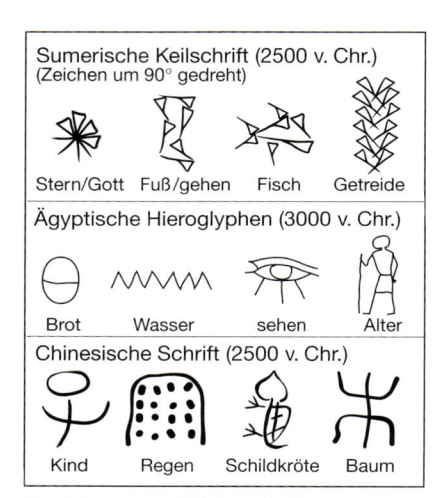

2 Die ersten Bilderschriften

Aufgaben

1 Homo ergaster konnte vermutlich nicht so wie wir sprechen. Begründe mithilfe von Bild 1.

2 In der schriftlosen Zeit nahmen alte Menschen vermutlich einen besonderen Platz in der Gruppe ein. Erkläre.

3 Versuche mit ägyptischen Hieroglyphen „weinen" zu schreiben. Erläutere dein Wortbild.

4 Wie begründen Anthropologen, dass die Menschen schon sehr lange, bevor die ersten Zeugnisse menschlicher Schrift gefunden wurden, lesen konnten?

5 Erläutere, welche Bedeutung die Schrift für den Verlauf der kulturellen Evolution hatte und immer noch hat.

In Kürze

Sprache eröffnet dem Menschen die Möglichkeit, sich mit anderen zu verständigen und gezielt zusammenzuarbeiten. Mit der Entwicklung der Schrift ist es möglich, das rasch wachsende Wissen zu speichern und an viele andere Menschen weiterzugeben.

Wohin geht die Menschheit?

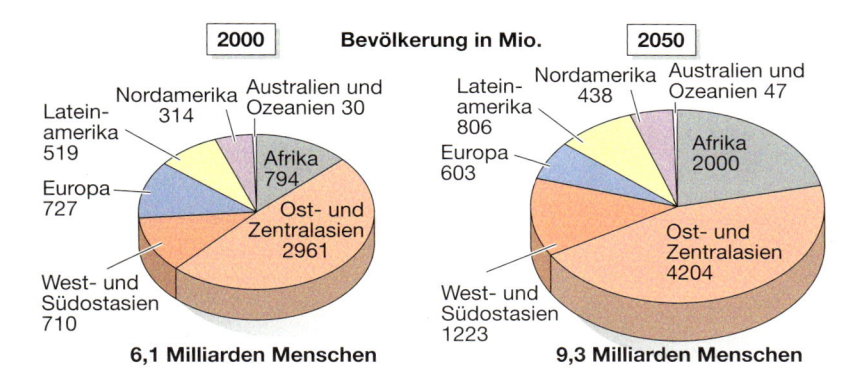

1 Voraussichtliche Entwicklung der Weltbevölkerung nach Regionen

Bevölkerung in Mio.

2000 – 6,1 Milliarden Menschen
- Nordamerika 314
- Australien und Ozeanien 30
- Lateinamerika 519
- Europa 727
- West- und Südostasien 710
- Ost- und Zentralasien 2961
- Afrika 794

2050 – 9,3 Milliarden Menschen
- Nordamerika 438
- Australien und Ozeanien 47
- Lateinamerika 806
- Europa 603
- West- und Südostasien 1223
- Ost- und Zentralasien 4204
- Afrika 2000

Evolutionsfaktor Mensch. Die kulturelle Evolution hat die Lebensbedingungen für die Menschen verbessert. Indem Menschen die Erde nach ihren Bedürfnissen veränderten, entstanden neue Lebensräume für Pflanzen und Tiere. Die Artenvielfalt nahm zunächst zu. Inzwischen führen Umweltverschmutzung und die Zerstörung von Ökosystemen dazu, dass immer mehr Arten aussterben. Durch gezielte Eingriffe in das Erbgut von Lebewesen schafft der Mensch gleichzeitig neue Organismen.

Natürliche Auslese? Mit der Herstellung von Werkzeugen und Kleidung schuf sich der Mensch schon früh „künstliche Organe". So wurde er unabhängiger von seiner Umwelt. Der technische und medizinische Fortschritt verringerten die Wirkung der natürlichen Selektion auf ein Minimum.

Zunehmend besteht jedoch die Gefahr einer *künstlichen Selektion*. Ein Beispiel dafür sind Samenbanken, in denen Sperma von besonderen Menschen, etwa Nobelpreisträgern, bereitgehalten wird. Für künstliche Befruchtungen könnte Erbgut gezielt daraus ausgewählt werden. Kritiker befürchten, dass auch die umstrittene Präimplantationsdiagnostik einen Schritt in diese Richtung darstellen könnte. George Orwell beschreibt in seinem Roman „1984" eine Zukunft, in der die Gesellschaft durch künstliche Selektion manipuliert wird: Nur Menschen mit bestimmten, gewünschten Eigenschaften dürfen sich fortpflanzen. Dadurch wird eine „Elite" gezüchtet.

Alle Formen der künstlichen Selektion müssen aus ethischen Gründen entschieden abgelehnt werden, da sie die Würde des Menschen verletzen.

Unterschiedliche Entwicklung – gleiche Zukunft? Eines der größten Probleme stellt die rasche Zunahme der Weltbevölkerung dar. Für uns ist das umso überraschender, da in vielen Industrieländern mehr Menschen sterben als geboren werden. Das bedeutet, dass bei uns die immer weniger werdenden jungen Menschen die Versorgung der immer mehr werdenden alten Menschen sicherstellen müssen.

Bevölkerungsexplosion ist also ein Kennzeichen der Entwicklungsländer. Hier bringen viele Frauen zehn und mehr Kinder zur Welt, die oft am Rande des Hungertodes leben müssen. Verbunden damit ist der niedrige Ausbildungsstand der Bevölkerung, insbesondere der Mädchen und Frauen. Viel zu jung werden viele von ihnen Mütter. Das Ergebnis einer Untersuchung der Vereinten Nationen in Zentralafrika zeigte, dass insbesondere Mädchen mindestens bis zum Alter von 16 Jahren die Schule besuchen sollten. Dadurch würde verhindert, dass sie zu früh und zu unerfahren heiraten.

Die Entwicklung der Menschheit

Einst haben die Kerls auf den Bäumen gehockt, / behaart und mit böser Visage./ Dann hat man sie aus dem Urwald gelockt / und die Welt asphaltiert und aufgestockt, / bis zur dreißigsten Etage.

Da saßen sie nun, den Flöhen entflohn, / in zentralgeheizten Räumen. / Da sitzen sie nun am Telefon. / Und es herrscht noch genau derselbe Ton/ wie seinerzeit auf den Bäumen.

Sie hören weit, sie sehen fern./ Sie sind mit dem Weltall in Fühlung. / Sie putzen die Zähne. Sie atmen modern. / Die Erde ist ein gebildeter Stern / mit sehr viel Wasserspülung. […]

Was ihre Verdauung übrig lässt, / das verarbeiten sie zu Watte./ Sie spalten Atome. Sie heilen Inzest. / Sie stellen durch Stiluntersuchungen fest, / dass Cäsar Plattfüße hatte.

So haben sie mit dem Kopf und dem Mund / den Fortschritt der Menschheit geschaffen. / Doch davon mal abgesehen und / bei Lichte betrachtet sind sie im Grund / noch immer die alten Affen.

Erich Kästner (1899–1974)

Viele Probleme gilt es zu lösen, um das Überleben der Menschheit zu sichern. Theoretisch haben wir noch fünf Milliarden Jahre Zeit – so lange wird die Sonne noch über der Erde aufgehen, ehe sie für immer verglüht.

Aufgaben

1 Stelle eine Liste der dringendsten Probleme der Menschheit zusammen.

2 Begründe, weshalb die kulturelle Evolution sich auch negativ auf die Menschheit auswirken könnte.

3 „Evolution ist nicht vorhersehbar." Beurteile, inwieweit die Aussage auch für die kulturelle Evolution gilt.

Vielfalt der Menschen heute

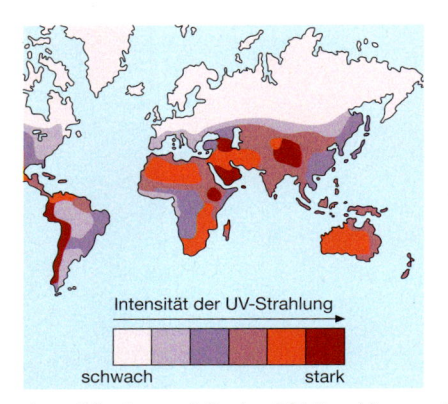

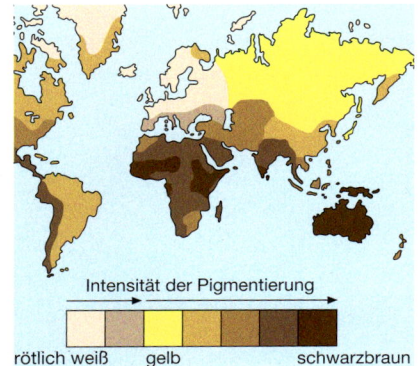

1 und 2 Intensität der UV-Strahlen und Verteilung der Hautfarbe auf der Erde

Alle heute lebenden Menschen gehören derselben biologischen Art *Homo sapiens* an. Dennoch kann man äußerliche Unterschiede zwischen Menschen feststellen, die aus geographisch weit voneinander getrennten Gebieten stammen. Sie unterscheiden sich in der Farbe und Struktur ihrer Haare, im Körperbau, in der Nasenform, der Hautfarbe sowie in bestimmten Stoffwechselmerkmalen. Trotz äußerer Unterschiede ist die Art Homo sapiens genetisch sehr einheitlich. Zwei beliebig ausgewählte, nicht verwandte Menschen, stimmen genetisch zu 99,9 % überein.

Dennoch gibt es immer wieder Vorurteile gegen Menschen anderer Herkunft oder Hautfarbe. Diese sind aber in keiner Weise gerechtfertigt.

Aussehen als Klimaanpassung. Die unterschiedlichen Lebensbedingungen in den Gebieten der Erde, in denen die frühen Menschen siedelten, führten im Lauf von Jahrtausenden zu Anpassungsmerkmalen, die innerhalb der Gruppen vererbt wurden. Zufällige Mutationen bewirkten Veränderungen, die in bestimmten Gebieten von Vorteil waren und sich deshalb durchsetzten. Eines der auffälligsten Anpassungsmerkmale ist die *Hautfarbe*. Sie hängt eng mit dem Anteil der UV-Strahlung im Sonnenlicht zusammen. Dunkle Haut enthält viele Pigmente, die die gefährlichen UV-Strahlen „abfangen" und so den Körper schützen. In äquatorfernen Gebieten ist die Intensität der UV-Strahlung geringer. Nordeuropäer haben deshalb meist eine helle Haut. Sie ist durchlässiger für UV-Strahlen, mit deren Hilfe der Körper das lebensnotwendige Vitamin D herstellt. Wie der menschliche Körper Wärme aufnimmt, speichert und abgibt, hängt von seiner Form und Größe ab. Ein eher kompakter, rundlich gebauter Körper begünstigt die Wärmespeicherung. Der Körper eines groß gewachsenen, schlanken Menschen gibt hingegen leichter Wärme ab.

Als die Chinesen die ersten Europäer sahen, nannten sie diese „Langnasen". Für Menschen aus kühleren Klimazonen, wie die damals aus dem kühlen Europa kommenden Engländer, bedeutet ein längere Nase einen Vorteil: Die stark durchbluteten Nasenschleimhäute erwärmen die Atemluft auf ihrem Weg zur Lunge.

Vielfalt. Innerhalb einer Bevölkerungsgruppe zeigt sich eine unvorstellbare Vielfalt von Merkmalskombinationen. Unter 14 Millionen Europäern finden sich beispielsweise nur zwei nicht verwandte Menschen mit derselben Kombination von 20 erblichen Blutfaktoren!

Alle Varianten eines Gens, also die verschiedenen Allele, gehen letztlich auf Mutationen zurück. Sie sind die Quelle, aus der die genetische Vielfalt aller Lebewesen gespeist wird. Die Mutation eines Gens ist allerdings ein verhältnismäßig seltenes Ereignis. Eine größere Rolle spielt daher die Neukombination des Erbguts, wie sie durch die zufallsgemäße Verteilung mütterlicher und väterlicher Chromosomen bei jeder Meiose bewirkt wird.

Vielfalt spiegelt sich nicht nur in körperlichen Merkmalen wider. Sie äußert sich auch in den Sitten und Gebräuchen verschiedener Kulturen.

3 Blutgruppenmerkmale in Europa

Aufgaben

1 Inuit und Nilote, die auf dieser Seite abgebildet sind, leben in klimatisch sehr unterschiedlichen Gebieten. Beschreibe und begründe, wie sich das in ihrem Körperbau ausdrückt. Zeige die beiden Lebensräume an der Wandkarte.

2 Suche eine Erklärung dafür, wie die große genetische Übereinstimmung aller Menschen entstanden sein könnte.

Zur Diskussion: „… gleich an Würde und Rechten …"

Artikel 1
Alle Menschen sind frei und gleich an Würde und Rechten geboren. Sie sind mit Vernunft und Wissen begabt und sollen einander im Geiste der Brüderlichkeit begegnen.

Allgemeine Erklärung der Menschenrechte der UNO, 1948

Artikel 1
(1) Die Würde des Menschen ist unantastbar. […]
Artikel 2
(1) Jeder hat das Recht auf freie Entfaltung seiner Persönlichkeit, soweit er nicht die Rechte anderer verletzt […].
(2) Jeder hat das Recht auf körperliche Unversehrtheit. […]
Artikel 3
(1) Alle Menschen sind vor dem Gesetz gleich.
(3) Niemand darf wegen seines Geschlechts, seiner Abstammung, seiner Rasse, seiner Sprache, seiner Heimat und Herkunft, seines Glaubens, seiner religiösen oder politischen Anschauungen benachteiligt oder bevorzugt werden. […]

Grundgesetz für die Bundesrepublik Deutschland, 1949

Neulich hatten wir ein Spiel in Offenbach. Der Torwart haut mich um, klarer Elfer. Doch der Schiri pfeift nicht. Da kommt er an und sagt: „Nummer 13, du nicht Schwalbe machen, sonst du fliegen vom Platz!" Ich sage: „Können Sie auch Deutsch?"

Gerald Asamoah, geboren in Ghana, deutscher Fußballnationalspieler

Kulturelle Unterschiede sind schwer zu begreifen und werden als bedrohlich empfunden. Deshalb flüchten sich manche in den Gedanken, dass ihre angebliche Rasse überlegen ist. Eine solche Haltung ist die bittere Frucht von Unwissenheit und Angst […].

Luigi Cavalli-Sforza, Humangenetiker, Stanford Universität, Kalifornien

Ich wünsche mir, dass ich mich als Deutscher unter Deutschen im Inland nicht als Fremder fühlen muss, nur weil ich es als selbstverständlich erachte, unsere ausländischen Mitbürger als Mitmenschen zu sehen.

Bruno Jonas, Kabarettist

---

1 Strand in Südafrika 1985: getrennte Bereiche für Schwarze und Weiße

2 Energie Cottbus: Spielführer Vasile Miriuta feiert mit seinem Teamkollegen Vilmös Sebök den Ausgleichstreffer.

Die weiteren Aussichten ...

> Es herrschte eine ungewöhnliche Stille. Wohin waren die Vögel verschwunden? Viele Menschen fragten es sich, sie sprachen darüber und waren beunruhigt. Die Futterstellen im Garten hinter dem Haus blieben leer. Die wenigen Vögel, die sich noch irgendwo blicken ließen, waren dem Tode nah; sie zitterten heftig und konnten nicht mehr fliegen. Es war ein Frühling ohne Stimmen. Einst hatte in der frühen Morgendämmerung die Luft widergehallt vom Chor der Wander- und Katzendrosseln, der Tauben, Häher Zaunkönige und unzähliger anderer Vogelstimmen, jetzt hörte man keinen Laut mehr; Schweigen lag über Feldern, Sumpf und Wald.
>
> *Rachel Carson, Der stumme Frühling (1963 Verlag C. H. Beck, München)*

1 Die Erde geht unter: Ist das Bild ein Symbol für unsere heutige Situation?

Mit der industriellen Revolution im 19. Jahrhundert hatte die intensive Nutzung natürlicher Ressourcen begonnen. Aber erst Mitte des letzten Jahrhunderts rückten deren Auswirkungen in das Interesse breiter Bevölkerungsschichten und der Politik. In ihrem Buch „Der stumme Frühling" hat die Amerikanerin Rachel Carson im Jahr 1962 erstmals auf menschlich verursachte Umweltbelastungen und deren Folgen hingewiesen.

Der Club of Rome, eine Vereinigung von Wissenschaftlern aus verschiedenen Bereichen, veröffentlichte 1971 den Bericht „Die Grenzen des Wachstums", der 1992 neu formuliert wurde. Mithilfe von Computersimulationen wurden verschiedene Entwicklungen berechnet und Empfehlungen für einen schonenden Umgang mit der Natur erarbeitet. Sie waren Anfang der 1970er Jahre der Anstoß für eine weltweite Umweltschutzbewegung.

Trotzdem kennen wir aus den Nachrichten ständig neue Meldungen über Umweltkatastrophen: Tankerunglücke, Waldsterben, Ozonloch und Überschwemmungen sind nur einige Beispiele. Im Jahr 2002 wurden bei fast 700 Naturkatastrophen rund 10 000 Menschen getötet.

Sind unsere Bemühungen zum Erhalt unserer Umwelt vergebens? Kommen sie zu spät oder steuern wir schon, ohne es zu wissen, auf die nächste Katastrophe zu? Was kann jeder Einzelne zum Erhalt der Umwelt beitragen, sodass sie auch für nachfolgende Generationen noch lebenswert bleibt? Fragen über Fragen!

Nur wer die notwendigen Fakten und Zusammenhänge kennt, weiß, wofür er sich einsetzen soll und wie er persönlich die Natur schützen kann.

Bevölkerungsentwicklung. Soweit Aufzeichnungen eine Rekonstruktion ermöglichen, bevölkerten um Christi Geburt vermutlich knapp 400 000 Menschen die Welt. Ungefähr tausend Jahre lang blieb die Bevölkerungszahl fast konstant. Das Wachstum begann zunächst sehr langsam. Um das Jahr 1804 bewohnte eine Milliarde Menschen die Erde. Nach weiteren 123 Jahren war 1927 die zweite Milliarde voll. Bereits 33 Jahre später, also 1960, lebten schon drei Milliarden Menschen. Die vierte Milliarde wurde 1974 nach nur 14 Jahren erreicht. 1987 wurden fünf und 1999 sechs Milliarden Menschen gezählt. Im Jahr 2012 wird der siebenmilliardste Mensch erwartet. Aktuell findet das Bevölkerungswachstum fast ausschließlich in den Entwicklungsländern statt, während in Europa die Einwohnerzahl sinkt.

Wie viele Menschen verträgt die Erde? Dass die Entwicklung so nicht weitergehen kann, liegt auf der Hand: Unser Planet ist ein begrenzter Raum, in dem lebensnotwendige Ressourcen wie Wasser oder Lebensmittel nicht unbegrenzt vorhanden sind.

Schätzungen gehen davon aus, dass die Weltbevölkerung noch 100 bis 200 Jahre steigen wird. Dann könnten zwischen 8 und 15 Milliarden Menschen auf der Erde gezählt werden.

Flächenverbrauch. Jährlich werden in den Tropen rund 13 Millionen Hektar Naturwald zerstört. Dies entspricht etwa der gemeinsamen Größe von Österreich und der Schweiz. In Europa sind lediglich noch 2 bis 3 % der Fläche echter Naturwald. In Deutschland wurden im Jahr 1999 täglich 129 Hektar natürliche Fläche in Siedlungs- bzw. Verkehrsfläche umgewandelt.

Weltweit besteht eine Tendenz zur Verstädterung, d. h., immer mehr

... sind ungewiss

1 Tiere in der Stadt: Marder

2 Mauerpfeffer

Menschen ziehen in Städte, die dadurch ständig wachsen.
Städtische Böden unterscheiden sich erheblich von denen des Umlands: Sie sind zu 75 % mit meist ortsfremden Materialien abgedeckt, oft hochgradig verdichtet und aufgrund von gezielten Entwässerungsmaßnahmen trockener.
Wegen der weitgehend fehlenden Pflanzendecke heizen die Sonnenstrahlen Häuserfassaden, Dächer und vor allem dunkle Asphaltflächen auf. Außerdem sinkt die Luftfeuchtigkeit, da das Wasser über versiegelten Flächen schnell abfließt und nicht über Blätter verdunstet.
Diese extremen Umweltfaktoren bewirken vor allem im Sommer wüstenähnliche Zustände. Außerdem produzieren Heizungen, Industrie und Straßenverkehr Lärm und hohe Konzentrationen an verschiedenen Abgasen. So erzeugt eine 100 000 Einwohner zählende Stadt über 1000 t Luftschadstoffe pro Tag.

Auswirkungen auf Tiere und Pflanzen. Welche Folgen hat die Zersiedelung für die Lebewesen? Tierarten, die einen großen Lebensraum benötigen, wie z. B. Greifvögel oder Rotwild, finden kein Revier. Andere Arten wiederum können sich mit den neu entstehenden Biotopen gut arrangieren: Kaninchen besiedeln kleinste Grünflächen, der Steinmarder findet in Siedlungsgebieten vielfältige Lebensräume, z. B. Dachstühle oder Motorräume von Autos. In München wurden 265 Vogelarten gezählt, darunter so seltene wie das Braunkehlchen oder der Baumfalke. Während für heimische Arten Lebensraum verloren geht, nutzen wärme- und lichtliebende Arten die extremen Klimaverhältnisse.
Pflanzen besiedeln jede Fläche, die Platz zum Wurzeln bietet: Pflasterritzen, Hausdächer oder Mauerspalten. Einige Pflanzen wie die Mäusegerste sind aus dem Mittelmeergebiet langsam eingewandert. Als Bewohner trockener Steppengebiete findet sie hier günstigere Bedingungen vor als in den feuchtkühlen Wäldern des Umlands.

Und die Menschen? Auch für uns gibt es erhebliche Auswirkungen. In den Nachrichten werden beispielsweise Ozonwerte durchgesagt. Sind sie sehr hoch, so können sie vor allem für Kleinkinder und ältere Menschen gesundheitsschädlich sein. Auch Gesunde sollten dann starke körperliche Anstrengungen vermeiden. Lärmbelästigungen führen zu Konzentrations- und Schlafstörungen. Langfristig kann auch das Immun- und Kreislaufsystem beeinträchtigt werden.

Umweltgifte. Seit Beginn der industriellen Revolution sind etwa 100 000 neue chemische Stoffe synthetisiert worden. Jährlich kommen durchschnittlich 1000 Produkte neu auf den Markt. Bei der Herstellung können weitere giftige Zwischenprodukte oder Abfallstoffe entstehen.
Zu den schädlichsten Chemikalien gehören Schwermetalle, schwer abbaubare organische Stoffe (engl. *p*ersistent *o*rganic *p*ollutants, abgekürzt POPs) und hormonell wirksame Substanzen (engl. *e*ndocrine *d*isrupting *c*hemicals, abgekürzt EDCs). Einmal in die Umwelt eingebracht, verteilen sie sich über die ganze Welt. Selbst im Eis der Antarktis sind sie nachweisbar.
Schwermetalle wie Cadmium, Quecksilber oder Blei sind Zellgifte. POPs reichern sich im Gewebe von Mensch und Tier an und können beispielsweise zu Fortpflanzungsstörungen oder Skelettdeformationen führen. EDCs stören aufgrund ihrer Ähnlichkeit mit natürlichen Hormonen Steuerungsvorgänge im Körper von Mensch und Tier.

Aufgaben

1 Zeichne eine Grafik zur Bevölkerungsentwicklung in dein Heft.

2 „Städte kosten Lebensraum, bieten aber auch neuen!" Erkläre diese Aussage.

3 Informiere dich über verschiedene Umweltgifte und begründe jeweils ihre Gefährlichkeit.

In Kürze

Unsere Umwelt ist in Gefahr, und damit unser Lebensraum: Immer mehr Menschen besiedeln unseren Planeten. Städte wachsen schnell und verschlingen große Flächen. Bei der industriellen Produktion entstehen giftige Stoffe, die langlebig und schwer abbaubar sind.

Wie verändert sich die Atmosphäre?

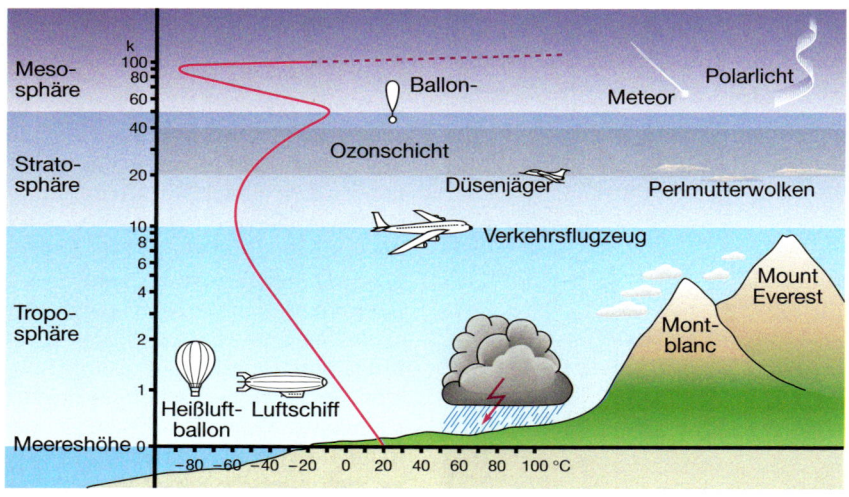

1 Aufbau der Atmosphäre

Was ist die Atmosphäre? Die Atmosphäre (von griech. *atmos:* Dampf, *sphaira:* Kugel) ist die etwa 1000 km mächtige, gasförmige Hülle unseres Planeten. Die unteren Schichten sind ökologisch besonders bedeutsam: In der *Troposphäre* spielt sich das Wettergeschehen ab. Die darüber liegende *Stratosphäre* enthält die wichtige *Ozonschicht*. Diese schützt die Lebewesen auf der Erde vor der UV-Strahlung der Sonne.

Die Zusammensetzung der Luft ist in allen Schichten etwa gleich: Sie besteht zu 78,09 % aus Stickstoff (N_2), zu 20,95 % aus Sauerstoff (O_2) und zu 0,93 % aus Argon (Ar). Weitere Gase sind als *Spurengase* nur in geringen Mengen vorhanden. Trotzdem besitzen sie großen Einfluss auf wesentliche Lebensbedingungen auf der Erde: das *Klima* und die *Sonneneinstrahlung*.

Klimaänderungen. Das Klima auf der Erde ist seit jeher natürlichen Schwankungen unterworfen: Ein natürlicher Klimawechsel zwischen Kalt- und Warmzeit dauert bis zu 100 000 Jahre. Die Temperaturschwankungen betragen dabei 4 bis 5 °C. Ohne Atmosphäre würde die Durchschnittstemperatur auf der Erde bei −18 °C liegen. Tatsächlich beträgt die mittlere Temperatur aber +15 °C. Dieser *natürliche Treibhauseffekt* von 33 °C wird dadurch erreicht, dass ein Teil der kurzwelligen *UV-Strahlung* von der Atmosphäre absorbiert wird. Die von der Erde reflektierte UV- und Infrarotstrahlung wird zum Teil ebenfalls aufgenommen oder zur Erde zurückgelenkt.

Als *Treibhausgase* tragen unterschiedlich stark zur Erwärmung bei:
- Wasserdampf (H_2O) um 20,6 °C
- Kohlenstoffdioxid (CO_2) um 7,2 °C
- Ozon (O_3) und Lachgas (N_2O) um je 2,4 °C
- Methan (CH_4) um 0,8 °C

In den letzten 200 Jahren wurde dieser Effekt durch menschliche Einflüsse verstärkt. Dabei spielt vor allem das CO_2 eine herausragende Rolle. Seine Konzentration in der Luft hat durch die Verbrennung von fossilen Brennstoffen um 30 % zugenommen. Auch der erhöhte Flächenverbrauch und die Abholzung von Wäldern, vor allem die Brandrodung in den Tropen, haben sehr viel *gebundenen Kohlenstoff* freigesetzt.

Die Folge ist eine *globale Erwärmung*. Seit 1860 ist die Durchschnittstemperatur weltweit um etwa 0,6 °C gestiegen. Die jährliche Vegetationsdauer hat sich in Europa um elf Tage erhöht. Prognosen gehen davon aus, dass sich die Erde bis zum Jahr 2100 um 1,4 bis 5,8 °C erwärmen könnte. Eine so schnelle Erwärmung gibt den Lebewesen nicht genügend Zeit für eine Anpassung an die veränderten Lebensbedingungen. Außerdem werden extreme Wetterereignisse wie Überflutungen oder Wirbelstürme vermutlich häufiger auftreten, da warme Luft mehr Wasser speichern kann.

Ozonloch. Als Forscher 1985 erstmals von einem Ozonloch über der Antarktis berichteten, wusste kaum jemand etwas mit dem Begriff anzufangen. Heute ist er in aller Munde. Was aber verbirgt sich dahinter?

Trifft in der Stratosphäre die sehr energiereiche UV-C-Strahlung auf ein Sauerstoffmolekül (O_2), so wird es in zwei Sauerstoffatome (O) gespalten. Sie sind sehr instabil und reagieren sofort mit einem O_2-Molekül zu Ozon (O_3). Diese Reaktion wird durch die etwas energieärmere UV-B-Strahlung umgekehrt: Sie spaltet Ozon wieder in ein Sauerstoffmolekül und ein Atom. Es herrscht ein Gleichgewicht zwischen Ozonaufbau und -abbau. Technisch hergestellte Fluorchlorkohlenwasserstoffe (FCKWs) und in der Landwirtschaft entstandenes Methan (CH_4) fördern den *Ozonabbau*. Sie können große Mengen Ozon zerstören.

Die Ozonkonzentration hat über der Antarktis zeitweise bereits um 70 % abgenommen. Für Deutschland sagt man einen Rückgang von 5 % pro Jahrzehnt voraus. Sinkt der Ozonwert um 1 %, steigt die Intensität der UV-Strahlung auf der Erde ungefähr um den Faktor 1,2 an. Dadurch kann die menschliche Haut geschädigt werden. Auch das Blattgewebe von Pflanzen kann so verändert werden, dass die Fotosyntheseleistung herabgesetzt ist.

In Kürze

Durch menschliche Einflüsse verändert sich die Gaszusammensetzung in unserer Atmosphäre. Folgen sind eine globale Erwärmung und eine erhöhte UV-Strahlungsintensität.

Ohne Energie läuft nichts

Was ist Energie? Energie ist die *Fähigkeit, Arbeit zu leisten.* Wir nutzen täglich Energie, z. B. für die Bereitstellung von Licht *(Strahlungsenergie),* Wärme *(thermische Energie)* oder den Betrieb von Maschinen *(mechanische Energie).*

Dabei, so sagen wir, wird Energie verbraucht. Energie kann jedoch weder verbraucht noch produziert werden. Energie wird *umgewandelt,* d. h., sie wird bei ihrer Umsetzung in eine andere Energieform überführt. Bei der Aufbereitung der Energie in eine für den Verbraucher nutzbare Form muss ein Teil der bereitgestellten Energie schon wieder aufgewendet werden. Ein weiterer Teil geht auf dem Weg zum Endverbraucher als Wärme verloren.

Wo wird Energie verwendet? Im Jahr 2002 wurden in Deutschland 488,7 Millionen Tonnen SKE umgesetzt (Steinkohleneinheiten; 1 SKE = Energie, die bei der Verbrennung von etwa 1 t Steinkohlenbriketts frei wird). Würde man diese Menge auf einen Zug verladen, wäre er über 400 000 km lang – eine Strecke, die fast zehnmal um die Erde reicht!

In Deutschland kann man die Energienutzer vier Bereichen zuordnen:
- *Industrie:* 25,2 %
- *Gewerbe, Dienstleistungen* und *Handel* (GDH): 16,2 %
- *Verkehr:* 28,4 %
- *private Haushalte:* 30,2 %

Zwischen den einzelnen Bereichen gab es in den letzten Jahrzehnten erhebliche Verschiebungen. Durch moderne Produktionsverfahren ging der Anteil der Industrie von 40 % im Jahr 1970 auf etwa 25 % im Jahr 2001 zurück. Im gleichen Zeitraum stieg der Verbrauch der privaten Haushalte von 25 auf 30 % und der des Verkehrs von 12 auf über 28 %. Vor allem für die beiden letztgenannten Bereiche ist jeder von uns *mitverantwortlich.*

Welche Perspektiven gibt es? Bei der Verwendung von fossilen Brennstoffen kommt es durch die Freisetzung großer Mengen an Kohlenstoffdioxid zu einer Verstärkung des *Treibhauseffekts.* Giftige Abgase schädigen zudem Menschen, Tiere und Pflanzen.

Daraus ergeben sich grundsätzlich zwei Möglichkeiten, wie in Zukunft mit Energie „umweltfreundlicher" umgegangen werden kann. Zum einen kann man durch *Energiesparen* die umgesetzte Energiemenge erheblich reduzieren. Zum anderen können Energieformen gewählt werden, die ohne fossile Rohstoffquellen auskommen. Diese Art von Energie wird als *erneuerbare Energie* bezeichnet. Folgende Techniken stehen bereits zur Verfügung: Solarenergie, Windenergie, Wasserkraft, Biomasse und Geothermie (Erdwärme).

Im Jahr 2001 lag der Anteil an erneuerbaren Energien am gesamten Stromverbrauch bei 7 %. Dadurch wurde die Atmosphäre um 44 Millionen Tonnen weniger mit Kohlenstoffdioxid belastet. Ziel der Bundesregierung ist es, den Anteil an erneuerbaren Energien bis zum Jahr 2010 zu verdoppeln.

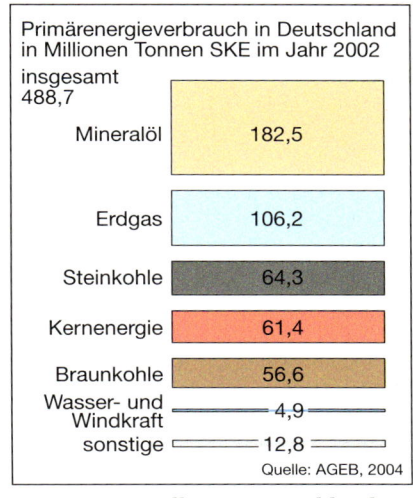

1 *Energiequellen in Deutschland*

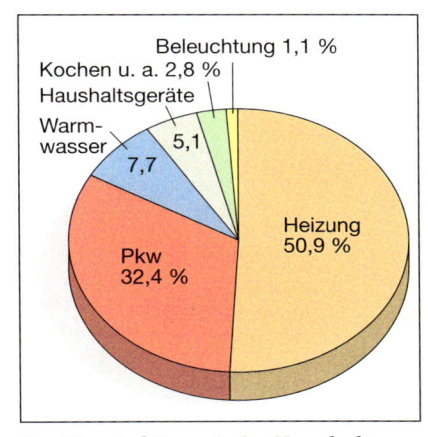

Primärenergieverbrauch in Deutschland in Millionen Tonnen SKE im Jahr 2002
insgesamt 488,7

Energieträger	Mio. t SKE
Mineralöl	182,5
Erdgas	106,2
Steinkohle	64,3
Kernenergie	61,4
Braunkohle	56,6
Wasser- und Windkraft	4,9
sonstige	12,8

Quelle: AGEB, 2004

2 *Wo wird Energie im Haushalt verwendet?*

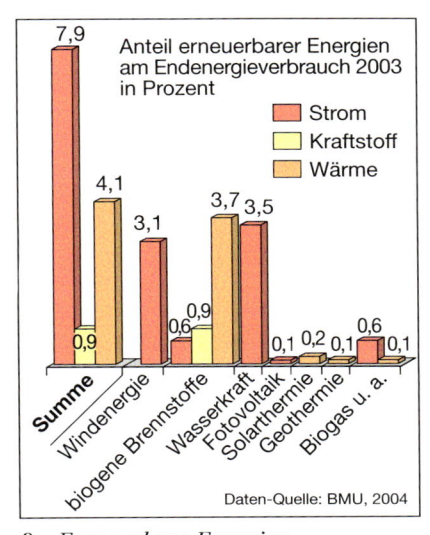

- Heizung 50,9 %
- Pkw 32,4 %
- Warmwasser 7,7
- Haushaltsgeräte 5,1
- Kochen u. a. 2,8 %
- Beleuchtung 1,1 %

3 *Erneuerbare Energien*

Anteil erneuerbarer Energien am Endenergieverbrauch 2003 in Prozent (Strom, Kraftstoff, Wärme)

- Summe: 7,9 / 0,9 / 4,1
- Windenergie: 3,1
- biogene Brennstoffe: 0,6 / 0,9
- Wasserkraft: 3,7 / 3,5
- Fotovoltaik: 0,1
- Solarthermie: 0,2
- Geothermie: 0,1
- Biogas u. a.: 0,6 / 0,1

Daten-Quelle: BMU, 2004

Aufgaben

1 Häufig spricht man vom „Energieverbrauch". Begründe, warum dieser Begriff eigentlich falsch ist.

2 Berechne mithilfe von Bild 1 den prozentualen Anteil der Energieträger und erstelle dazu eine Tabelle.

3 Überlegt in Gruppen, wie ihr zu Hause Energie einsparen könnt. Beachtet dabei Bild 2.

In Kürze

Ohne Energie ist unser modernes Leben undenkbar. In den Industrieländern werden riesige Mengen Energie benötigt, deren Bereitstellung die Natur schädigt. Energiesparen und der Einsatz erneuerbarer Energien können dazu beitragen, das Energieproblem der Zukunft zu lösen.

... bis zum letzten Tropfen?

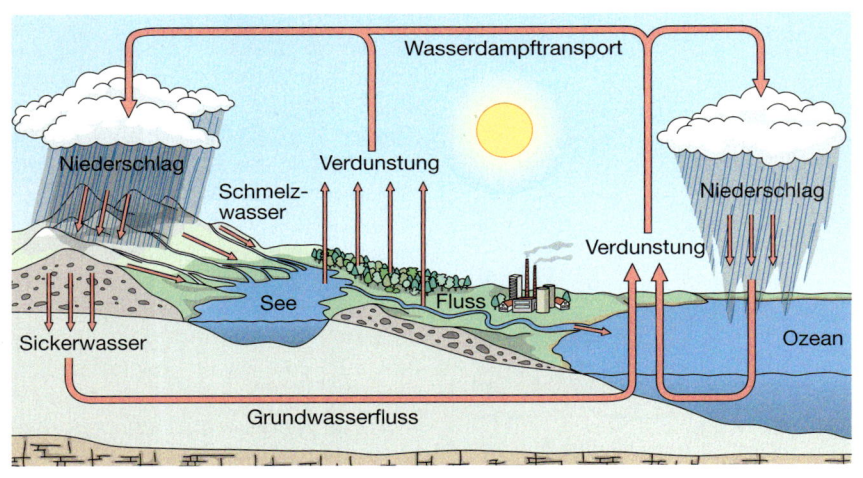

1 Der Wasserkreislauf

Wasserkreislauf. Die Erde ist zu 71 % von Wasser bedeckt. Da aus dem All weder frisches Wasser hinzukommt, noch etwas in den Kosmos abgegeben wird, ist die *Wassermenge* auf der Erde *konstant*.
Wasser ist aber nicht gleich Wasser: 97 % bilden als Salzwasser die Ozeane und Meere. Nur etwa 3 % des Wassers ist genießbares Süßwasser. Der weitaus größte Teil davon ist im Eis der Pole gebunden oder als Grundwasser nicht zugänglich. Der nutzbare Süßwasseranteil am gesamten Wasservorrat der Erde liegt bei nur 0,3 %.
Das Wasser auf der Erde befindet sich in einem ständigen *Kreislauf* von Verdunstung, Niederschlag und Abfluss. 21 % der von der Sonne eingestrahlten Energie wird aufgewendet, um den Kreislauf in Schwung zu halten. Riesige Mengen Wasser verdunsten über dem Meer, jährlich $454 \cdot 10^{12}$ t. Nur ein Viertel davon fällt als Niederschläge auf die Kontinente. Lediglich ein Drittel dieser Wassermenge wird über Flüsse und Bäche zum Meer zurückgeführt. Fast zwei Drittel verdunsten sofort wieder zu Wasserdampf in die Atmosphäre. Regnet dieses Wasser ab, ist der Kreislauf wieder geschlossen.
Wasserversorgung. Auch das vom Menschen entnommene Wasser entstammt diesem Kreislauf und wird ihm wieder zugeführt. Weniger kann das Wasser nicht werden, aber die *Wasserqualität* kann leiden.
Ein Mensch besteht zu 70 % aus Wasser. Während er ohne Essen wochenlang überleben kann, verdurstet er ohne Wasser bereits nach wenigen Tagen. Je nach Körpergewicht liegt der Wasserbedarf zwischen 2,5 und 3,5 Litern täglich.
Genießbares Süßwasser ist bei uns reichlich vorhanden. Deutschland gehört zu den mit Wasser sehr gut versorgten Regionen der Erde. Nur 4 bis 5 % des täglich verwendeten Wassers benötigen wir als Lebensmittel. Der Rest wird zur Körperhygiene, zum Abspülen, Waschen usw. genutzt. Viele Menschen sind sich der Bedeutung des Wassers kaum bewusst und verschwenden es.
Wasserverschmutzung. Oft wird Wasser aus Rücksichtslosigkeit oder aus Unwissenheit verschmutzt. Reinigungs- oder Reparaturarbeiten an Fahrzeugen belasten das Wasser mit ölhaltigen Rückständen. Auch übermäßiger Gebrauch von Reinigungsmitteln kann Gewässer verunreinigen. Sie werden außerdem durch *punktuelle Abwassereinleitungen* z. B. von der Industrie oder durch *diffuse Stoffeinträge,* etwa durch die Landwirtschaft, belastet.
Seit Mitte des letzten Jahrhunderts hat sich die Wasserqualität vieler Seen, Flüsse und Bäche verschlechtert, mit der Folge, dass viele Lebewesen verschwunden sind. So konnten von 105 im Jahr 1900 nachgewiesenen Wasserinsektenarten im Jahr 1971 nur noch fünf gefunden werden. Durch Abwasserreinigungsmaßnahmen und Veränderungen in der Produktion hat sich die Gewässergüte in den letzten Jahren wieder deutlich verbessert. Bestandserhebungen in der Donau erbrachten, dass hier 1997 über 300 Arten wirbelloser Kleintiere lebten.
Wassermangel. Nur einem Drittel der Menschheit steht genügend sauberes Trinkwasser zur Verfügung. Das Leben vieler Menschen in Trockengebieten ist ständig bedroht. Täglich sterben etwa 30 000 Menschen infolge unzureichender Wasserversorgung. Oft ist das Trinkwasser durch Abfälle verschmutzt. In Dürrejahren versiegen die Brunnen. Der Mangel an sauberem Waser ist in den Entwicklungsländern neben unzureichender Hygiene und Unterernährung der Hauptgrund für die hohe Kindersterblichkeit.

Aufgaben

1 Pro Person und Tag werden in Deutschland durchschnittlich 130 Liter Wasser benötigt. Notiere mithilfe der Wasseruhr, wie viel Wasser deine Familie in einer Woche benötigt. Wo könnte man einsparen?

2 Erkundige dich über die Wasserqualität der Gewässer in deinem Landkreis.

In Kürze

Die Wassermenge auf der Erde ist konstant. Das Wasser befindet sich in einem ständigen Kreislauf. Obwohl Wasser bei uns ausreichend vorhanden ist, sollte jeder sorgsam damit umgehen. In einigen Gebieten der Erde herrscht Wassermangel, der das Leben vieler Menschen bedroht.

Artenschutz

1 Die Gefleckte Schnarrschrecke (Bryodema tuberculata) ist vom Aussterben bedroht.

2 Das Bayerische Federgras (Stipa bavarica) kommt nur in Bayern vor und bedarf des besonderen Schutzes.

Artenschwund. Weltweit sind derzeit etwa 1,4 Millionen Tierarten und 415 000 Pflanzenarten bekannt. Manche Wissenschaftler schätzen, dass auf der Erde etwa 30 Millionen, vielleicht sogar 100 Millionen Tierarten beheimatet sind.
Zwar ist das Aussterben von Arten ein normaler und sich im Laufe der Erdgeschichte ständig wiederholender Vorgang, aber die *Geschwindigkeit* und der *Umfang* des Artensterbens sind neu. Die natürliche erdgeschichtliche Aussterberate liegt bei einer bis drei Arten pro Jahr. Schätzungen gehen davon aus, dass zurzeit jedoch 26 000 Tier- und Pflanzenarten pro Jahr aussterben, das sind umgerechnet täglich 71 Arten.

Ursachen. Seit Beginn der Evolution befindet sich die Natur in ständigem Wandel. Die Verantwortung für den aktuellen starken Artenschwund liegt aber beim Menschen.
Der Mensch wandelt Naturlandschaft zu Siedlungs- oder Landwirtschaftsflächen um. Monokulturen werden angelegt, um den Nutzpflanzenertrag zu erhöhen. Dadurch verlieren viele Tier- und Pflanzenarten ihre natürlichen Lebensräume.
Manche Tiere werden aufgrund ihres Fells oder anderer Körperteile gejagt, andere weil sie in Konkurrenz zum Menschen stehen.
Vor allem Lebewesen, die sich am Ende einer Nahrungskette befinden, leiden an Umweltgiften, da sich diese Stoffe in ihren Körpern anreichern.
Aufgrund der weltweiten Mobilität des Menschen können Tiere oder Pflanzen beabsichtigt, aber auch unbeabsichtigt in für sie fremde Lebensräume gelangen und dort heimische Arten verdrängen.
Fehlt aber eine Art im Nahrungsnetz eines Ökosystems, so können aufgrund der vielfältigen Wechselwirkungen zwischen den Lebewesen weitere Arten bedroht sein.

Rote Listen. Um einen Überblick über die Flora und Fauna zu erhalten, werden Pflanzen und Tiere in vielen Ländern systematisch gezählt. In Deutschland wurden rund 16 000 der 45 000 heimischen Tiere und die Hälfte der 28 000 heimischen Pflanzen untersucht. Nach ihrem Gefährdungsgrad werden sie in bestimmte Kategorien eingeteilt und in nationalen Roten Listen zusammengefasst.

Schutz. Um für Pflanzen und Tiere Rückzugsgebiete zu erschließen, werden Flächen als Natur-, Landschaftsschutzgebiete oder Nationalparks ausgewiesen. Organisationen wie der BUND, NABU oder WWF setzen sich für den Naturschutz ein. Manche Arten, die in Deutschland teilweise oder vollständig ausgestorben waren, wie der Biber, wurden in den letzten Jahren erfolgreich wieder eingebürgert.

Gefährdete Wirbeltiere und Pflanzen in Deutschland (Kategorie 1–R)

	Arten absolut	Anteil in Prozent
Säugetiere	100	38
Brutvögel	256	38
Süßwasserfische	70	69
Kriechtiere	14	79
Lurche	21	97
Farn- und Blütenpflanzen	896	30
Moose	459	41
Flechten	854	50

Quelle: Bundesamt für Naturschutz, 1996/1999

Kategorien der Gefährdung

Kategorie	Beschreibung
0	ausgestorben oder verschollen
1	vom Aussterben bedroht
2	stark gefährdet
3	gefährdet
G	Gefährdung anzunehmen
R	extrem selten
V	Arten der Vorwarnliste
D	Daten ungenügend

Quelle: Bundesamt für Naturschutz, 2002

Aufgaben

1 Recherchiere im Internet, ob es neuere Zahlen zur Gefährdungssituation von Tieren und Pflanzen gibt.

2 Informiere dich bei der örtlichen Naturschutzbehörde über Artenschutzprojekte in deiner Umgebung.

3 Überlege, wie jeder Einzelne Tiere und Pflanzen schützen kann.

In Kürze

In den letzten Jahrzehnten sind durch den Einfluss des Menschen viele Lebewesen unwiederbringlich verloren gegangen. In jüngster Zeit werden Maßnahmen zum Tier- und Pflanzenschutz ergriffen.

Teste dein Grundwissen ...

1 Höhlenmalerei

1 Der Mensch ist das einzige Lebewesen, das neben der biologischen auch eine kulturelle Evolution durchläuft.
a Definiere den Begriff „kulturelle Evolution". Berücksichtige dabei auch Bild 1.
b Vergleiche die biologische und die kulturelle Evolution miteinander. Worin unterscheiden sie sich?
c Suche nach Zusammenhängen zwischen der kulturellen Evolution und der in Bild 3 dargestellten Bevölkerungsentwicklung. Erläutere deine Antworten.
d Über das Internet kannst du herausfinden, wie viele Menschen zurzeit die Erde bewohnen. Vergleiche die Zahl mit Bild 3.

2 „Der Mensch ist darauf spezialisiert, dass er nicht spezialisiert ist."
a Erläutere die biologische Bedeutung dieses Satzes.
b Welche Vorteile bringt das Nichtspezialisiert-Sein für den Menschen – welche Gefahren birgt es in sich?

3 Bild 2 zeigt drei verschiedene Kulturfossilien.
a Was versteht man unter Kulturfossilien?
b Ordne sie nach ihrem Alter. Begründe deine Entscheidung.

Auf den Punkt gebracht

Neben der biologischen durchläuft der Mensch auch eine kulturelle Evolution, oder besser: kulturelle Entwicklung. Darunter versteht man seine Entwicklung zu einem denkenden, sprechenden und kulturschaffenden Wesen. Den Verlauf dieser Entwicklung kann man mithilfe von so genannten Kulturfossilien – Waffen, Werkzeugen und vor allem Felszeichnungen – verfolgen. Kennzeichnend ist, dass die kulturelle Evolution wesentlich schneller verläuft als die biologische. Voraussetzung für die kulturelle Evolution ist die Entwicklung eines lernfähigen Nervensystems, das im Gehirn des Menschen seine höchste Ausprägung erfährt. Sprache und Schrift sind die „Motoren" der kulturellen Evolution.

4 Die Zunahme der Zahl der Menschen hat Folgen für die Natur.
a Zeige die negativen Folgen einer zunehmenden Verstädterung auf.
b Welche Lebensbedingungen sind für Städte typisch? Nenne Beispiele für Lebewesen, für die sie einen gut geeigneten Lebensraum darstellen.
c Nenne die Stoffgruppen der wichtigsten Umweltgifte. Warum sind sie so gefährlich?

2 Kulturfossilien

3 Entwicklung der Weltbevölkerung in den letzten 10 000 Jahren

8000   7000   6000   5000   4

... die kulturelle Evolution

Doch die kulturelle Entwicklung besitzt auch ihre Schattenseiten. Die Zahl der Menschen steigt exponentiell an, was unmittelbar dazu führt, dass große natürliche Flächen zu Kulturlandschaft werden. Der hohe Energiebedarf des Menschen kann gegenwärtig nur durch die Verbrennung von fossilen Brennstoffen gedeckt werden. Dadurch steigt die CO_2-Konzentration und verändert das Klima. Wasser, bei uns noch im Überfluss vorhanden, ist in manchen Regionen knapp oder verschmutzt. In den letzten Jahren werden bei uns verstärkt Maßnahmen zur Vermeidung der Umweltverschmutzung ergriffen. Gefährdete Arten werden in Roten Listen erfasst, um gezielte Schutzmaßnahmen ergreifen zu können.

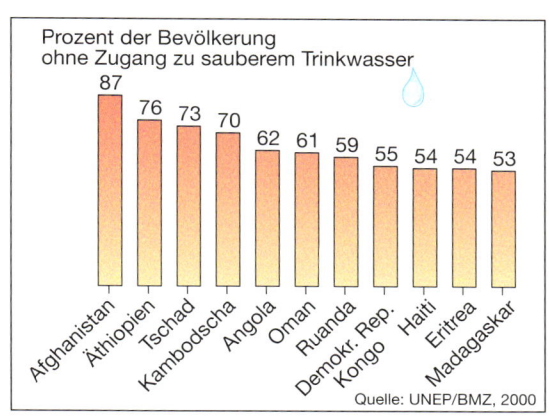

4 Trinkwasserknappheit auf der Erde

5 Durch die Atmosphäre wird die Erde zu einem bewohnbaren Planeten.
a Begründe diese Aussage.
b Nenne die wichtigsten Aufgaben der umweltrelevanten Schichten der Atmosphäre.
c Diskutiere die Bedeutung der „erneuerbaren Energien" für den Schutz der Atmosphäre.
d Nenne weitere Möglichkeiten, wie über die technischen Maßnahmen hinaus die Atmosphäre durch jeden Einzelnen geschützt werden kann.

6 Wasser ist Leben.
a In Deutschland haben wir einen Überfluss an sauberem Trinkwasser. Zeige anhand der Grafik (Bild 4) auf, dass dies weltweit die Ausnahme ist.
b Nenne Maßnahmen, die jede Schülerin/jeder Schüler zum Wasserschutz ergreifen kann.

7 „In der Erdgeschichte ist das Aussterben von Arten und das Entstehen von neuen Arten ein völlig normaler Vorgang."
a Begründe diese Aussage anhand von Beispielen.
b Zeige auf, worin das Besondere am derzeitigen Artensterben besteht.
c Die Nachtigall (Bild 5) gehört in Deutschland zu den gefährdeten Vogelarten. Welche konkreten Gefahren lauern auf die Nachtigall?
d Was ist eine Rote Liste?
e Begründe, warum gerade Kriechtiere und Lurche besonders stark gefährdet sind.

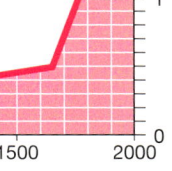

5 Nachtigall

Projekt: Nachhaltige Tage

1 Erste Überlegungen

So, nun hatten wir die Unterrichtseinheit „Einfluss des Menschen auf die Biosphäre" also abgeschlossen. Über einige Themen hatten wir auch in den Pausen und nach der Schule gesprochen. Wir fühlten uns dabei jedoch stets unwohl, denn durch Reden allein verändert sich nichts. Bald würden wir die Schule verlassen. Aber bei so großen, durch den Menschen verursachten Problemen wollten wir gemeinsam etwas tun. Da kam uns die Idee, unsere Mitschüler und Mitschülerinnen über Probleme sowie mögliche Maßnahmen zu informieren und so vielleicht zu einem umweltgerechteren Verhalten anzuregen.

Unsere Lehrerin Frau Strauss war begeistert. Gemeinsam mit ihr überlegten wir, wie wir das Vorhaben am besten in die Tat umsetzen könnten.

Ein Projekt? Frau Strauss schlug vor, dass wir unsere Pläne in Form eines Projekts in den letzten Schulwochen verwirklichen könnten. Wir waren sofort einverstanden. Die bisherigen Projekte hatten uns immer viel Spaß gemacht. Außerdem könnten wir so die Zeit nach den Abschlussprüfungen sinnvoll nutzen.

Ideenbörse. Zunächst bildeten wir Arbeitsgruppen aus vier bis fünf Personen und überlegten, was wir machen könnten. So hatten alle die Möglichkeit, ihre Ideen vorzutragen. Jede Gruppe schrieb die besten Vorschläge auf. Anschließend erstellten wir gemeinsam mit der ganzen Klasse eine Gedankenkarte.

… Ach ja, wir hatten ja noch gar keinen Namen für unser Projekt! Nach einiger Diskussion einigten wir uns auf die Formulierung „Nachhaltige Tage". Besonders gut gefiel uns die Zweideutigkeit des Titels. Zum einen wollten wir mit diesem Projekt als Abschlussklasse einen *nachhaltigen* Eindruck hinterlassen. Zum anderen ist der Ausdruck *Nachhaltigkeit* ein feststehender Begriff der Agenda 21. In diesem Vertrag erklären sich 179 Staaten bereit, den Umweltschutz stärker zu berücksichtigen. Nachhaltig heißt also, die Umwelt zu schonen und die natürlichen Ressourcen nicht rücksichtslos auszubeuten. Ziel der Agenda 21 ist es, die Lebensbedingungen für die künftigen Generationen zu erhalten.

Projektskizze. Es war gar nicht schwer, die anderen Abschlussklassen für die Teilnahme an dem Projekt zu gewinnen. Auch viele Lehrkräfte, die in den Wochen nach den Abschlussprüfungen die 10. Klassen unterrichteten, wollten uns in ihren Stunden unterstützen.

Natürlich war uns klar, dass wir nicht alle gesammelten Ideen umsetzen konnten. In einer klassenübergreifenden Diskussionsrunde, die von den Deutschlehrkräften geleitet wurde, legten wir mithilfe unserer Gedankenkarte fest, welche Aktionen wir durchführen wollten. Außerdem überlegten wir uns, welchen Beitrag die einzelnen Unterrichtsfächer beisteuern könnten. So entstand eine Projektskizze, in der wir uns auf fünf Arbeitsschwerpunkte einigten:

- *Bereich Müll:* Werken, Deutsch, Hauswirtschaft & Ernährung, Biologie
- *Bereich Energie:* Physik, Mathematik, Deutsch, Biologie
- *Bereich Wasser:* Hauswirtschaft & Ernährung, Biologie, Chemie
- *Bereich Artenschutz:* Werken, Biologie
- *Bereich Schutz der Atmosphäre:* Chemie, Physik, Biologie

2 Gedankenkarte zum Projekt „Nachhaltige Tage"

Projekt: Nachhaltige Tage

Arbeitsgruppen. Passend zu den fünf Arbeitsschwerpunkten bildeten wir zunächst fünf Großgruppen. Jede dieser Gruppen legte nun genauer fest, welche Themen innerhalb ihres Bereichs bearbeitet werden sollten.

Es stellte sich sehr schnell heraus, dass mehr Aufgaben zu bewältigen waren, wenn wir die Großgruppen in kleinere Arbeitsgruppen unterteilten. So könnte sich jedes Team auf ein spezielles Thema konzentrieren. Jeder durfte sich seine Arbeitsgruppe aussuchen. Dabei war es besonders schön, dass sich auch Schüler und Schülerinnen aus unterschiedlichen Klassen zusammenfanden.

Als Hilfestellung erhielt jede Arbeitsgruppe eine Checkliste mit allen Fragen, die für die Durchführung der gestellten Aufgaben wichtig waren. Nach den ersten Treffen der Gruppen war jedem klar,
- was gemacht werden soll,
- wer innerhalb der Gruppe wofür zuständig ist,
- in welcher Reihenfolge die einzelnen Arbeiten durchzuführen sind,
- wie die Ergebnisse gesammelt und präsentiert werden sollen.

Checkliste für alle Arbeitsgruppen

- Woher bekommen wir notwendige Informationen?
- Welche Materialien werden benötigt?
- Brauchen wir eine Genehmigung?
- Brauchen wir einen Raum?
- Welche Kosten entstehen?
- Wer sind mögliche Ansprechpartner?
- Wie viel Zeit nimmt die Arbeit in Anspruch? Wann wollen wir fertig sein?
- Wie können wir unsere Ergebnisse festhalten?
- Wo und bei welcher Gelegenheit stellen wir unsere Ergebnisse vor?

Damit es nicht zu Überschneidungen kam, wählten wir für jede Großgruppe einen Sprecher. Dieser koordinierte die Aufgaben innerhalb seiner Gruppe. Außerdem informierte er die anderen vier Sprecher regelmäßig über den Stand der Arbeiten.

Planung. Nach den ersten Treffen der einzelnen Gremien hatten wir auch einen Zeitplan erarbeitet: Für die Vorbereitung der konkreten Arbeiten, ihre Durchführung und die Präsentation der Ergebnisse sollte jeweils eine Woche zur Verfügung stehen.

Außerdem einigten wir uns darauf, dass jede Großgruppe mit dem Ziel arbeiten sollte, in der dritten Woche einen Schwerpunkttag zu ihrem Bereich gestalten zu können. So entstanden unsere „Nachhaltigen Tage", die jeweils einen anderen Themenschwerpunkt besaßen. Zudem wollte jede Großgruppe zu unserem Projektthema etwas schaffen, das auch nach unserem Schulabgang bleibt.

Kosten. Am Anfang machten wir uns Sorgen, weil uns klar war, dass einige Teilprojekte Geld kosten würden. Schließlich gelang es aber den einzelnen Gruppen, Geld- und Sachmittel zu organisieren: Mehrere Firmen, Banken und Sparkassen im Ort stellten uns Geld und Material zur Verfügung. Im Gegenzug erwähnten wir ihre Unterstützung in Presseinformationen und brachten Schilder an den gespendeten Objekten an.

Der örtliche Bauhof stand uns ebenfalls mit Rat und Tat zur Seite.

Auch einige Eltern konnten zur Mitarbeit gewonnen werden. Unter ihnen gab es richtige Experten. Außer einer Frage hat diese Unterstützung gar nichts gekostet!

Projektdurchführung. Wir möchten euch jetzt einige Teilaspekte unseres Abschlussprojekts vorstellen. Habt ihr Lust ein ähnliches Projekt an eurer Schule durchzuführen? Dann könnt ihr diese Beschreibung als Ideenbörse verstehen, die euch zeigt, was man machen kann und welche Dinge man beachten sollte.

Wir wünschen euch für euer Projekt viel Erfolg und vor allem viel Spaß!

Bereich Müll. „Wohin mit dem Müll an unserer Schule?" Diese Frage fiel uns sofort ein.

Zunächst wollten wir aber wissen, woraus der Müll besteht und woher er stammt. Danach könnten wir besser entscheiden, wie sich die Müllmenge verringern lässt. Bei der Untersuchung der Mülleimer stellte sich heraus, dass es vor allem zwei Quellen gibt: Zum einen wird in der Schule viel Papier verbraucht, zum anderen befinden sich die Pausenbrote und Getränke meist in aufwändigen Verpackungen, die nach einmaligem Gebrauch weggeworfen werden.

Für den Aktionstag planten wir deshalb einen müllfreien Schultag. Zuvor mussten wir alle Schüler, Schülerinnen und Lehrkräfte informieren. Dazu entwarfen wir ein großes Plakat mit unseren Ideen zu einem müllfreien Pausenbrot, das durch Tipps für eine gesunde Ernährung ergänzt wurde. Dieses platzierten wir so hinter die Eingangstür der Schule, dass niemand sagen konnte, er hätte es nicht gelesen.

In der Schule wird viel Papier für Fotokopien verwendet. An diesem Aktionstag sollten Kopien aber nur für die Verwaltung erlaubt sein. Dadurch wurden alle daran erinnert, dass Unterricht auch ohne Papierflut möglich ist.

Als nachhaltiges Vorhaben haben wir zusammen mit den Kunst- und Werklehrern Pläne für Abfalleimerhalter aus Holz entworfen, die eine leichte Mülltrennung ermöglichen.

1 „Müll trennen und vermeiden" – zuerst wurde sortiert und gewogen.

Projekt: Nachhaltige Tage

Checkliste fürs Energiesparen:

- Raumtemperatur der Nutzung anpassen: Bad 23 °C, Wohnräume 20 °C, Schlafzimmer 18 °C, Flur 15 °C, nachts bis zu 5 °C niedriger
- Heizkörper nicht abdecken oder zustellen
- Heizung regelmäßig warten lassen
- Lieber duschen als baden
- Fernseher und Stereoanlagen mit Fernbedienung haben einen Stand-by-Modus, der viel Strom verbraucht. Besser ganz abschalten!
- Schwache Raumbeleuchtung wählen, nur den Arbeitsplatz gut ausleuchten
- Halogenlampen, Leuchtstoffröhren und Energiesparlampen einsetzen

Sie werden nach den Ferien von verschiedenen Klassen gebaut. Außerdem wurde neben allen Kopierern eine Schachtel für Fehlkopien aufgestellt, die als Schmierpapier dienen können. Jetzt werfen wir Papier erst weg, wenn es von beiden Seiten beschrieben ist.

Bereich Energie. Auch hier stand zunächst die Frage im Mittelpunkt, wie die Situation an unserer Schule ist. Also nahmen wir jedes Klassenzimmer unter die Lupe: Beleuchtung, Temperatur und Dichte der Fenster. Als wir einen Überblick über den Energieverbrauch hatten, überlegten wir uns Möglichkeiten, Energie einzusparen. Dazu entwickelten wir die links gezeigte Checkliste.

Für unsere Aktionstage haben wir einen *Null-Energie-Tag* organisiert. Alle Schüler, Schülerinnen und Lehrkräfte sollten an diesem Tag (möglichst) keine elektrische Energie verwenden: Lichter und Overheadprojektoren sollten genauso ausgeschaltet bleiben wie Diaprojektoren, Computer, Filmapparate und Kopierer. Nur unseren Sekretärinnen war es erlaubt, die für die Verwaltung wichtigen Geräte zu verwenden.

Außerdem hatten wir noch große Pläne für die Zukunft. Zusammen mit den Physiklehrkräften, interessierten Eltern sowie Schülerinnen und Schülern haben wir eine Arbeitsgruppe ins Leben gerufen, die die Möglichkeit prüfen soll, auf unserem Schuldach eine Fotovoltaikanlage zu installieren. Wenn unsere Idee weitergeführt wird, kann vielleicht eines Tages ein Teil des in der Schule benötigten Stroms mithilfe der Anlage aus Sonnenenergie gewonnen werden. Die Anregung dazu haben wir aus einer Broschüre des Bundesumweltministeriums erhalten. Eine Schule in Norddeutschland hatte so eine Anlage bereits installiert.

Bereich Wasser. Im Unterricht wurde uns immer wieder bewusst, wie kostbar Wasser ist. Besonders deutlich wurde dies, als wir uns mit dem Leben in den Gebieten der Welt beschäftigten, in denen Wasserknappheit herrscht. Deshalb stellten wir unseren Aktionstag unter das Motto „Die Wasserknappheit auf der Welt". Wir gestalteten z. B. eine Ausstellung mit Bildern und Infotafeln. In der Kreisbildstelle konnten wir Dias ausleihen und damit Vorträge über das Leben (fast) ohne Wasser halten. Zusammen mit unserem Hausmeister erkundigten wir uns bei einer Installationsfirma, wie wir in der Schule Wasser sparen könnten. Daraufhin wurden als nachhaltige Maßnahme in den Toiletten Sparspülungen und in die Wasserhähne Sparventile eingebaut. Die Installationsfirma hat uns dabei großzügig unterstützt.

Bereich Schutz der Atmosphäre. Für den *Tag der sauberen Luft* haben wir alle Schüler, Schülerinnen und Lehrkräfte aufgefordert, auf dem Schulweg keine Abgase zu erzeugen. Schüler sollten nicht von den Eltern gebracht oder abgeholt werden. Wir wollten den Schulbus für einen Tag abbestellen. Schüler und Lehrer, die einen weiteren Anfahrtsweg hatten, sollten entweder früh aufstehen und das Fahrrad benutzen oder die Schule mit öffentlichen Verkehrsmitteln erreichen. Da der Einzugsbereich für unsere Schule nicht zu groß ist, war es für kaum ein Mitglied der Schulgemeinschaft ein Problem, einen Tag auf das private Kraftfahrzeug zu verzichten.

Die Mitglieder der „Atmosphäregruppen" unterstützten auch die Energiegruppen bei der Planung der Solaranlage.

Bereich Artenschutz. Die Artenschutzgruppen haben zunächst die auf dem Schulgelände lebenden Tiere und Pflanzen bestimmt. Für den *Tag des Artenschutzes* wurde dann eine Ausstellung mit dem Titel „Lebensraum Schulgelände" ausgearbeitet. Zudem wurden für verschiedene Jahrgangsstufen Führungen zu interessanten Stellen auf dem Schulgelände durchgeführt.

Gemeinsam mit den Biologielehrkräften haben wir, ausgehend von den Kenntnissen der bei uns vorkommenden Arten, mithilfe von Fachliteratur verschiedene passende Nisthilfen ausgesucht. In Zusammenarbeit mit den Werklehrkräften wurden Materialbedarfspläne zusammengestellt. Dann begann die handwerkliche Arbeit. Das Holz wurde zurechtgeschnitten und dann zusammengenagelt.

Wir haben beschlossen, neben zwei verschiedenen Vogelnistkästen auch Fledermauskästen und Bienennistkästen zu bauen und im Schulgelände aufzuhängen.

1 Schüler mit Fotovoltaikanlage

Projekt: Nachhaltige Tage

Präsentation. Damit unsere Arbeit nicht nur für uns selbst war und tatsächlich nachhaltig wirkt, haben wir von Anfang an eine Gruppe gehabt, die sich mit Fragen der *Dokumentation* und *Präsentation* unseres Projekts beschäftigte.

Vorarbeiten. Ihre Aufgabe bestand zunächst darin, die anderen Schüler und Schülerinnen von der Notwendigkeit der „Nachhaltigen Tage" zu überzeugen und zum Mitmachen zu gewinnen. Das war gar nicht so einfach, denn einige wollten nicht einsehen, mit dem Fahrrad in die Schule zu fahren oder einen öffentlichen Bus statt des bequemen Schulbusses zu nehmen. Ebenso schwer war es, den Hausmeister für ein gesundes, müllfreies Pausenbrot zu begeistern. Andere wollten dagegen nicht auf ihre Schokoriegel in der Pause verzichten. Nicht verschweigen dürfen wir auch, dass einige Lehrkräfte gar nicht einsehen wollten, dass sie einen Tag lang auf ihr Auto bzw. die elektrischen Geräte verzichten sollten.

Aus den Präsentationsgruppen sind jeweils drei Schüler von Klasse zu Klasse gegangen und haben, ausgerüstet mit Informationen und Präsentationsmaterial, Überzeugungsarbeit geleistet. In zwei Pausen wurden die Lehrkräfte für unsere Ideen eingenommen.

Ein anderer Teil der Gruppe erstellte Infotafeln und Präsentationen zu den einzelnen Themen. Dabei war eine enge Zusammenarbeit aller Gruppen nötig. Ergebnis waren mehrere Infotafeln mit selbst gestalteten Plakaten sowie eine Diapräsentation zum Thema Wasser und eine Computerpräsentation zum Thema Luft. Zum Thema Artenschutz wurde eine Ausstellung mit Bildern und Modellen von gefährdeten Pflanzen und Tieren unseres Landkreises gezeigt.

Projekttage. In einer der letzten Schulwochen war es dann so weit: Unsere Realschule präsentierte die „Nachhaltigen Tage".

Einen Überblick über unsere Aktivitäten könnt ihr aus der Tabelle oben ablesen. Am Samstag dieser Woche fand ein Tag der offenen Tür statt, bei dem die Eltern und die interessierte Öffentlichkeit über unser Projekt informiert wurden.

Montag	Dienstag	Mittwoch	Donnerstag	Freitag	Samstag
Müllfreier Tag	Tag des Wassers	Null-Energie-Tag	Tag der sauberen Luft	Tag des Artenschutzes	Tag der offenen Tür
Infotafel: Müll	Infotafel: Wasser	Infotafel: Energie	Infotafel: Luft	Infotafel: Artenschutz	
Müllsammel- und Wiegeaktion	Diapräsentation: Wasser	Präsentation: Fotovoltaikanlage	Computerpräsentation: Luft	Ausstellung: Gefährdete Tiere	
Info: Mülltrennungskonzept der Schule	Info: Wassersparen	Info: Energiesparen		Info: Nisthilfen	

1 Gemeinsam überlegen wir, wie unser Projekt aussehen soll.

Und unsere Zukunft? 1992 wurde auf der UN-Konferenz für Umwelt und Entwicklung in Rio de Janeiro die Agenda 21 beschlossen. Mit ihr verpflichten sich die Politiker zu einer „nachhaltigen Entwicklung" ihrer Länder. Durch unser Projekt sind wir in Kontakt mit einigen lokalen Arbeitskreisen der Agenda gekommen. Wir hoffen, dass die nachfolgenden Klassen durch unsere Projekttage zum Nachdenken angeregt wurden und deshalb diese geknüpften Kontakte weiter pflegen bzw. ausbauen werden. Mit unseren langfristigen Projekten haben wir Grundsteine gelegt, auf die nun aufgebaut werden kann. Vielleicht erfährt unsere Schule so auch eine *nachhaltige Entwicklung*. Dann hat sich unser Projekt nicht nur für uns gelohnt!

2 Überzeugungsarbeit leisten

3 Auf Infotafeln werden Schüler in den Pausen informiert.

Verzeichnis wichtiger Fachbegriffe

Affenplatte: plattenförmig verbreiterter Kieferboden bei Affen.

Allel: Variante oder Zustandsform eines Gens.

Amniozentese: Untersuchung im Rahmen der → pränatalen Diagnostik, wobei der Schwangeren Fruchtwasser entnommen und dieses auf Veränderungen untersucht wird.

Antibiotika-Resistenz: Unempfindlichkeit von Mikroorganismen oder anderen Zellen gegenüber einem Antibiotikum (Wirkstoff gegen bakterielle Krankheitserreger), entweder natürlich vorhanden, durch Mutation oder gezielte Übertragung eines Resistenzgens erworben.

Atmosphäre: allgemein ein Gemisch von Gasen, das einen Himmelskörper umgibt, dessen Anziehungskraft groß genug ist.

Australopithecus: „Südaffe"; bisher ältester, anhand von Fossilien nachgewiesener Hominide; lebte vor etwa 4 Millionen Jahren.

Befruchtung: Verschmelzen der Zellkerne von Eizelle und Spermium.

Bioreaktor: Fermenter; Behälter, in dem Rohstoffe durch lebende Organismen, Zellen oder Enzyme in erwünschte Produkte umgewandelt werden.

Biotechnologie: Verfahren zur industriellen Herstellung von Produkten (z. B. Lebensmittel, Medikamente) auf der Grundlage biologischer Vorgänge, d. h. mithilfe von Organismen, Zellen oder Enzymen.

Blastozyste: frühes Embryonalstadium der Säugetiere, bestehend aus einer Art Blase, dem → Trophoblast und einem innen liegenden Zellhaufen, dem → Embryoblast.

Chorionzottenbiopsie: Untersuchung im Rahmen der → pränatalen Diagnostik, wobei der Schwangeren Zellen des embryonalen Chorionzottengewebes entnommen und auf Veränderungen untersucht werden.

Chromatid: stark gewundenes und verkürztes DNA-Molekül. Die DNA-Moleküle der beiden Chromatiden eines Chromosoms tragen die gleichen Erbinformationen.

Cro-Magnon-Mensch: fossiler Vertreter des modernen Menschen; benannt nach dem Hauptfundort in Frankreich; lebte vor etwa 35 000 Jahren.

Cuvier, Georges B. de: französischer Naturforscher (1769–1832); glaubte an die Unveränderlichkeit (Konstanz) der Arten; Veränderungen der Lebewesen erklärte er mithilfe seiner → Katastrophentheorie.

Darwin, Charles: britischer Naturforscher (1809–1882); begründete die → Evolutionstheorie.

diploid: mit doppeltem Chromosomensatz ausgestattet. Die Chromosomen liegen paarweise vor.

DNA: Abkürzung für engl. *desoxyribonucleic acid* = Desoxyribonucleinsäure (DNS); Molekül aus zwei gleichartigen, schraubenförmig umeinander gewundenen Strängen; Träger der Erbinformation.

Dogma: verbindlicher Glaubensgrundsatz; z. B. über die Unveränderlichkeit der Arten.

dominant: von latein. *dominare*: herrschen über; → Allel, das sich gegen → rezessive Allele bei der Ausprägung eines Merkmals durchsetzt.

Embryoblast: Teil der → Blastozyste, aus dem sich der Embryo entwickelt.

Embryotransfer: Übertragung eines Embryos aus der biologischen Mutter in eine Empfängermutter (Leihmutter).

Energie: die Fähigkeit, Arbeit zu verrichten.

Enzym: Biokatalysator; Protein, das chemische Reaktionen im lebenden Organismus ermöglicht und kontrolliert, wobei es unverändert aus der Reaktion hervorgeht.

Euthanasie: beabsichtigte Herbeiführung des Todes bei unheilbar Kranken, deren Leben in der eigenen Beurteilung oder aufgrund der ärztlichen Diagnose auf Leiden beschränkt ist.

Evolution, biologische: Stammesgeschichte; Entwicklung der Organismen im Lauf der Erdgeschichte von den einfachsten Organisationsstufen bis zu den heute lebenden Formen.

Evolution, kulturelle: Entwicklung des Menschen zu einem denkenden, sprechenden und Kultur schaffenden Wesen.

Evolutionsfaktoren: Faktoren, die durch ihr Zusammenwirken den Verlauf der Evolution beeinflussen: Mutation – Selektion – Isolation.

Evolutionstheorie: Theorie von der gemeinsamen Abstammung der Lebewesen und den Ursachen dieser Entwicklung.

Fehlgeburt: Absterben des menschlichen Embryos oder Fetus vor Ende der 28. Schwangerschaftswoche, d. h. vor seiner Lebensfähigkeit außerhalb des Mutterleibs; führt zum Abgang (Ausstoßen) des Keims.

Fossilien: Überreste oder Spuren von Lebewesen früherer Erdzeitalter; oft Versteinerungen.

Gen: Erbanlage; Abschnitt der DNA, der die Erbinformation enthält. Ein oder mehrere Gene bestimmen die Ausbildung eines Merkmals.

Genbank: Sammlung von Pflanzensamen und Keimzellen von Tieren zur Erhaltung und züchterischen Nutzung des wertvollen, aber bedrohten Genbestands von Nutztieren und -pflanzen oder allgemein als Beitrag zum Artenschutz.

Genotyp: Gesamtheit der → Gene eines Lebewesens; bezogen auf einzelne Gene auch Genkombination.

Gentechnik: Verfahren, mit denen die Erbinformation von Lebewesen gezielt verändert wird.

Hämophilie: Bluterkrankheit, verursacht durch das Fehlen eines Blutgerinnungsfaktors; X-chromosomal-rezessiv vererbte Krankheit; bei den Betroffenen ist die Blutgerinnung gestört, d. h. schon geringe Verletzungen lösen unstillbare Blutungen aus.

haploid: mit nur einem Chromosomensatz ausgestattet.

hemizygot: ein Gen, das in einem diploiden Organismus nur in einer Kopie vorliegt, ist hemizygot; z. B. Gene auf dem X-Chromosom bei einem Mann.

Herrentiere: altertümliche Bezeichnung für → Primaten.

Verzeichnis wichtiger Fachbegriffe

Heterosiseffekt: Erscheinung, dass weitgehend → heterozygote Individuen eine gegenüber → homozygoten Individuen gesteigerte Wüchsigkeit und höhere Ertragsleistung sowie bessere Vitalität aufweisen.

heterozygot: mischerbig; unterschiedliche Allele eines Gens liegen vor.

Hominiden: Familie der Menschenartigen.

Homo erectus: „aufgerichteter Mensch"; entwickelte sich vermutlich aus dem → Homo ergaster; Funde nur außerhalb Afrikas (Java, Peking); lebte vor etwa 1,8 Millionen Jahren.

Homo ergaster: „arbeitender Mensch"; verließ als erster Mensch Afrika; lebte vor etwa 1,8–2 Millionen Jahren.

Homo habilis: „geschickter Mensch"; bisher ältester echter Menschenfund; benutzte bereits Werkzeuge; lebte vor etwa 2,5 Millionen Jahren.

Homo heidelbergensis: entwickelte sich vermutlich aus dem → Homo ergaster; Fund: Unterkiefer von Mauer (bei Heidelberg); lebte vor etwa 600 000 Jahren.

Homo neanderthalensis: Neandertaler; benannt nach dem Hauptfundort im Neandertal bei Düsseldorf; lebte vor etwa 60 000 Jahren.

Homo sapiens: „weiser Mensch"; moderner Mensch; vor etwa 100 000 Jahren entstanden.

homozygot: reinerbig; identische Allele eines Gens liegen vor.

Hybride: von latein. *hybrida*: Mischling, Bastard; durch Kreuzung zweier genetisch verschiedener Eltern entstandenes Individuum.

Insulin: in den Langerhans'schen Inseln der Bauchspeicheldrüse gebildetes Hormon, das den Blutzuckerspiegel senkt; Diabetiker leiden an Insulinmangel, bei Ihnen muss das Hormon von außen zugeführt werden.

intermediär: von latein. *intermedius*: in der Mitte; beide Allele eines Gens sind zu gleichen Anteilen an der Ausbildung des Merkmals beteiligt.

In-vitro-Fertilisation: abgekürzt IVF; → Befruchtung im Reagenzglas.

Inzucht: sexuelle Fortpflanzung nahe verwandter Individuen.

Isolation: „Trennung"; Unterbindung des Genaustauschs, also der sexuellen Fortpflanzung zwischen Individuen einer Art durch räumliche Trennung.

Kallus: Gewebeklumpen aus nicht spezialisierten Pflanzenzellen; tritt bei der Regeneration von Pflanzen aus → Protoplasten oder Gewebestücken als Zwischenform auf.

Katastrophentheorie: besagt, dass Naturkatastrophen während der Erdgeschichte wiederholt alle Lebewesen vernichteten und dass durch neue Schöpfungsakte anschließend immer wieder andere Formen erschaffen wurden.

Keimbahnmutation: → Mutation im Erbgut der Keimzellen eines Lebewesens, die folglich an die Nachkommen weitergegeben wird.

Klima: Gesamtheit aller Erscheinungen, die mit dem Wetter in Zusammenhang stehen.

Klon: erbgleicher Nachkomme eines Individuums oder einer Zelle.

Klonen: auch Klonierung; Erzeugung eines → Klons.

Klonen, reproduktives: Klonen mit dem Ziel einen kompletten, identischen biologischen Organismus zu schaffen.

Klonen, therapeutisches: auch Forschungsklonen genannt; dient der Gewinnung von Ersatzgeweben, z. B. aus geklonten → Stammzellen.

kodominant: volle Ausprägung unterschiedlicher Allele bei heterozygoten Organismen.

Konduktorin: heterozygote Überträgerin einer rezessiv vererbten Krankheit; üblicherweise gebraucht bei X-chromosomal-rezessiver Vererbung.

Kreationismus: „Erschaffung", „Schöpfung"; Lehre, dass die Welt und alle Lebewesen entsprechend der Bibel vor etwa 6000–10 000 Jahren von Gott erschaffen wurden; besonders in den USA verbreitet.

Kreuzungsexperiment: gezielte Paarung zweier genetisch verschiedener, aber nah verwandter Individuen; gibt Aufschluss über den Erbgang bestimmter Merkmale und den Genotyp der Individuen.

Kulturfossilien: von Menschen früherer Zeitalter geschaffene Gegenstände wie Werkzeuge, Waffen, Schmuck, Höhlenmalereien; spiegeln den Verlauf der kulturellen Entwicklung wider.

Laetoli: Fundort versteinerter Fußspuren von → Australopithecinen in Ostafrika.

Lamarck, Jean. B. de: französischer Naturforscher (1744–1829); Begründer der Abstammungslehre, die sich deutlich von → Darwins Evolutionstheorie unterscheidet; Vererbung erworbener Eigenschaften.

Linné, Carl von: schwedischer Naturforscher (1707–1778); erstellte die erste wissenschaftliche Nomenklatur und Klassifikation der Lebewesen.

Luft: Gasgemisch der Erdatmosphäre. Hauptbestandteile sind Stickstoff (78 %), Sauerstoff (21 %), Argon (0,9 %) und Spurengase (Wasserstoff, Ozon, Methan, Kohlenstoffmonooxid, Helium, Neon, Krypton, Xenon).

Luftschadstoffe: luftfremde gasförmige, flüssige oder feste Abfallstoffe oder Nebenprodukte, durch die Luft verunreinigt wird.

Mikroinjektion: das Einspritzen gelöster Stoffe in Zellen; speziell von DNA in Zellkerne mithilfe extrem feiner Glaskapillaren.

mischerbig: → heterozygot.

Modifikation: umweltbedingte, nicht erbliche Variabilität im → Phänotyp.

Monosomie: nur einfach (→ haploid) vorhandenes Chromosom in einem doppelten (→ diploiden) Chromosomensatz.

Mutagene: Umwelteinflüsse oder Stoffe, die → Mutationen auslösen können, z. B. Chemikalien, UV- oder radioaktive Strahlung.

Mutation: ungerichtete, zufällige Veränderungen der Erbinformation eines Lebewesens.

Verzeichnis wichtiger Fachbegriffe

N ondisjunction: engl.; Nichttrennung von Chromatiden oder homologen Chromosomen während der Mitose oder Meiose.

Nucleotid: Grundbaustein der DNA, bestehend aus einem Zuckermolekül, einer Base (A, T, C oder G) und einem Phosphatrest.

O ut-of-Afrika-Modell: besagt, dass der Mensch afrikanischen Ursprungs ist und sich über mehrere Auswanderungswellen über die Erde verbreitet hat.

Ozonloch: Bereich der Atmosphäre, in dem die Ozonschicht zerstört ist.

P aläoanthropologie: Wissenschaft vom fossilen, prähistorischen Menschen, insbesondere seiner → Evolution.

Phänotyp: Erscheinungsbild; Gesamtheit der erkennbaren Merkmale eines Lebewesens, auch Ausprägung eines einzelnen Merkmals.

Pharming: Züchtung von genetisch veränderten Tieren zur Gewinnung von Arzneimitteln oder Zusatzstoffen für Lebensmittel, z. B. aus deren Blut oder Milch.

polyploid: mit mehr als zwei Chromosomensätzen ausgestattet.

Präimplantationsdiagnostik: abgekürzt PID; Verfahren zur genetischen Untersuchung von im Reagenzglas erzeugten Embryonen, mit dem Ziel genetische Defekte zu erkennen und den Embryo gegebenenfalls nicht in die Gebärmutter einzusetzen.

pränatale Diagnostik: Untersuchungen des ungeborenen Kindes; einige Verfahren wie die Ultraschalluntersuchung werden routinemäßig bei jeder Schwangerschaft durchgeführt, andere wie → Amniozentese oder → Chorionzottenbiopsie nur bei erhöhtem Risiko.

Primaten: Ordnung der Säugetiere, zu der neben den Menschenaffen, Affen und Halbaffen auch der Mensch gehört.

Protoplast: Zelle einer Pflanze, eines Pilzes oder Bakteriums, deren Zellwand durch Behandlung mit speziellen → Enzymen entfernt wurde.

R einerbig: → homozygot.

Reproduktionsmedizin: Zweig der biologisch-medizinischen Forschung, der sich mit → In-vitro-Fertilisation und den daraus erwachsenden Möglichkeiten beschäftigt.

Restriktionsenzyme: → Enzyme, gewonnen aus Bakterienzellen, die DNA an ganz bestimmten Basensequenzen schneiden.

rezessiv: von latein. *recedere*: zurückweichen; → Allel, das gegenüber einem → dominanten Allel zurücktritt; prägt sich phänotypisch nur aus, wenn kein dominantes Allel desselben Gens vorhanden ist.

Rote Liste: Verzeichnis gefährdeter Tier- und Pflanzenarten.

S elektion: „Auslese"; in der Evolution: Wirkmechanismus, der dazu führt, dass besser an die Umwelt angepasste Lebewesen einen höheren Fortpflanzungserfolg haben als weniger gut angepasste; in der Genetik: künstliche Auslese; die vom Menschen bei der Züchtung von Pflanzen und Tieren gezielt vorgenommene Auslese.

Serumreaktion: Methode, mithilfe von Blutseren den Verwandtschaftsgrad von Lebewesen zu ermitteln.

Sexualität: Geschlechtlichkeit; alle mit der Existenz zweier unterschiedlicher Geschlechter verbundenen Erscheinungen; im engeren Sinne die mit der sexuellen Fortpflanzung verknüpften Vorgänge.

somatische Mutation: → Mutation im Erbgut von Körperzellen eines Lebewesens; wird nicht an die Nachkommen weitergegeben.

Stammbaumanalyse: Erstellung und Interpretation von Stammbäumen über mehrere Generationen zur Erforschung von Erbkrankheiten beim Menschen; erlaubt Vorhersagen, mit welcher Wahrscheinlichkeit Nachkommen betroffen sind.

Stammesgeschichte: → Evolution.

Stammzellen: nicht oder wenig spezialisierte Zellen, welche die Fähigkeit zur Selbst-Vermehrung besitzen und unter bestimmten Bedingungen spezialisierte Zellen oder Gewebe bilden können.

Stammzellen, adulte: Stamm- bzw. Vorläuferzellen in verschiedenen Organen des Menschen; aus ihnen bilden sich meist nur Zellen derselben Gewebeart.

Stammzellen, embryonale: werden aus Zellen der → Blastozyste (beim Menschen 4.–7. Entwicklungstag, 100–150 Zellen) gewonnen; aus ihnen lassen sich theoretisch alle Zell- und Gewebetypen weiterentwickeln.

T otipotent: von latein. *totum*: alles, *potentia*: Fähigkeit; eine Zelle, aus der sich alle möglichen Zelltypen entwickeln können, ist totipotent.

transgener Organismus: gentechnisch veränderter Organismus; Lebewesen mit einem durch → Gentechnik übertragenen fremden Gen (Transgen) im Genom.

Treibhausgase: gasförmige chemische Verbindungen wie Wasserdampf, Kohlenstoffdioxid, Ozon oder Methan, die zu einer Erwärmung der Erdatmosphäre beitragen.

Trisomie: dreifaches Vorhandensein eines Chromosoms in einem → diploiden Chromosomensatz.

Trophoblast: der äußere Teil der → Blastozyste; umgibt den innen liegenden → Embryoblast; entwickelt die Strukturen, die später den Embryo ernähren; spielt eine wichtige Rolle bei der Einnistung des Keims in die Gebärmutter.

U mweltfaktoren: Alle der auf einen Organismus einwirkenden Faktoren aus der Umwelt. Einflüsse der unbelebten Umwelt heißen abiotische, Einflüsse aus der belebten Natur biotische Umweltfaktoren.

Urvertrauen: von einem Kind in den ersten Lebensmonaten erworbenes Grundgefühl; Gegenteil: Urmisstrauen; Urvertrauen oder Urmisstrauen bilden die Grundlage für alle späteren Beziehungen eines Menschen zu seiner sozialen Umwelt.

UV-Strahlung: kurzwelliger, energiereicher Teil des Strahlungsspektrums des Lichtes.

Z ygote: befruchtete Eizelle; durch Vereinigung von Keimzellen entstandene diploide Zelle.

Register

A

ABO-System 43
Abgase 127
Abstammungslehre 114
Adenin 22 f., 26, 33
Affen 104, 107
Affenlücke 105
Affenplatte 105, 138
Aflatoxine 45
Agenda 21 134, 137
Aids 25, 81
Albinismus 49
Allel 39, 43, 138
Alpha-Anti-Trypsin (AAT) 69
Alpha-Glucosidase 69
Altern 94
Altsteinzeit 120
Aminosäure 26
Ammenmutter 61 f., 64
Amniozentese 52, 138
Amylopektin 68
Amylose 68
angeboren 95
Antibabypille 81
Antibiotika-Resistenz 65, 70, 73, 138
Antigene 43
Antikörper 43, 89
Antimatsch-Tomate 70
Antisense-Gen 70
Antithrombin 69
Arbeitsform 11, 15
Artenschutz 131, 136
Artenvielfalt 123
Atmosphäre 128, 136, 138
aufrechter Gang 105, 108, 113, 116
Augenfarbe 42
Ausläufer 59, 62
Auslese 115
Auslesezüchtung 60, 74
Australopithecus 108, 116, 120, 138
Australopithecus afarensis 108, 113
Australopithecus africanus 108, 113
Australopithecus anamensis 108, 113
Autosomen 19
Avery, Oswald 21
Azidothymidin (AZT) 25

B

Baby 96
Bacillus thuringiensis 64
Bakterienkolonie 67
Bakterium 21, 59, 66
Bandenmuster 12, 71
Basenabfolge 33
Basenpaar 22
Basenpaarung 26
Basentriplett 26
Becken 104 f., 108
Befruchtung 80, 138
Bekleidung 119
Bestattung 121
Bevölkerungsentwicklung 126
Bevölkerungsexplosion 123
Bewässerung 120
Beziehungsmuster 96
Bezugsperson 77
Binde-Enzyme 66
Biokatalysator 23
Biologisch-technischer Assistent 7
Bioreaktor 68 f., 75, 138
Biotechnologie 59, 74, 138
Bläschenkeim 82, 84
Blastocyste 93, 138
Blotting 71
Bluterkrankheit 44, 50 f.
Blutgerinnungsfaktor 69
Blutgruppe 43, 124
Blutkörperchen, rote 43
Brennstoff 133
Bronzezeit 120 f.
Brutzwiebel 62
Bt-Mais 70, 73

C

Cellulase 60
Centromer 11, 15
Chimäre 64
Chorea Huntington 48
Chorionzottenbiopsie 52, 138
Chromatid 11, 15, 138
Chromatin 10 f.
Chromosom 10 f., 15, 32, 56
Chromosomenmutation 44, 56
Chromosomentheorie der Vererbung 38
Chromosomenzahl 11
Colchizin 12, 64
Colibakterien 66
Correns, Carl 39
Crick, Francis Harry Compton 24, 33
Cro-Magnon-Mensch 112, 120, 138
Crossing-over 18, 32
Cuvier, George B. de 114, 138
Cytosin 22 f., 26, 33

D

Darwin, Charles 103, 115, 138
Deletion 44
Denaturierung 30
Desoxyribonukleinsäure 22
Desoxyribose 22
diploid 12, 16, 32, 138
DNA 21 f., 24, 26, 33, 138
DNA-Chip 72, 75
DNA-Fingerprinting 71
Dogma 117, 138
dominant 38, 43, 48, 57, 138
Doppelhelix 22
Downsyndrom 44, 47, 56
Duplikation 44

E

Ehe 77, 79, 100
Eierstöcke 90
Eileiter 80, 82, 90
Eimutterzelle 17
eineiige Zwillinge 62
Einnistung 80, 82
Eisenzeit 120 f.
Eiweißmolekül 22
Eizelle 10, 80
Elterngeneration (P) 36 ff.
Eltern-Kind-Beziehung 96
Embryo 82 f.
Embryoblast 82, 84, 138
Embryonalphase 82
Embryonenschutzgesetz 52, 63, 84
Embryonensplitting 62
Embryotransfer 61, 74, 138
Empfängnisverhütung 81
Energie 129, 133, 136, 138
Entwicklung 94, 99, 100
Entwicklungsalter 94
Enzym 23, 138
Erbanlage 9 ff., 35, 38, 56, 98
Erbgut 16, 56
Erbinformation 10, 12, 21, 56
Erbkrankheit 48 f.
Erbschema 38
Erfahrung 95
erworbene Eigenschaften 114
Euthanasie 55, 138
Evolution, biologische 111, 132, 138
Evolution, kulturelle 103, 119 ff. 132, 138
Evolutionsfaktor 138
Evolutionstheorie 114, 115, 117, 138

F

Familie 77, 100
Familienplanung 81
Faustkeil 109, 120
Fehlgeburt 138
Fetalphase 82 f.
Fetus 83
Feuer 109, 113, 119
Flächenverbrauch 126
Fluorchlorkohlenwasserstoffe 128
Fossilien 103, 138
Frauschema 78 f.
Fruchtbarkeitsbehandlung 92
Fruchtfliege 12
Fruchtwasseruntersuchung 52
Fungizid 45
Fürsorgebedürfnis 89

G

Gärung 59
Gebärmutter 80, 82
Gebärmuttermund 88
Gebärmutterschleimhaut 82
Gebiss 116
Geborgenheit 89
Geburt 88
Gehirn 113
Gehirnschädel 105, 116
Gehirnvolumen 108, 112
Gelelektrophorese 71
Gen 10, 22, 26, 95, 101, 138
Genbalance 46
Genbank 65, 138
Generationsrate 61
genetische Beratung 53
genetische Vielfalt 18
genetischer Code 26
genetischer Fingerabdruck 71, 75
Genfähre 67
Genmutation 44, 56
Genom 31, 33, 44
Genommutation 44, 56
Genotyp 38, 48, 138
Gentechnik 9, 59, 66, 73 f., 138
Gentest 53, 57
Gentomate 68
Genübertragung 67
Geröllwerkzeug 109, 120
Geschlechtsbestimmung 19
Geschlechtschromosom 19
Gesichtsschädel 105
Gestik 106
Gewebekultur 60
globale Erwärmung 128
Gonosom 19
Grabbeigaben 112, 121
Greifreflex 89, 106
Greisenalter 94
Griffith, Frederick 21
Großhirn 104
Guanin 22 f., 26, 33

H

Haarfarbe 42
Haeckel, Ernst 114 f.
Halbaffen 104, 107
Hämophilie 50 f., 59, 69, 138
haploid 16, 32, 138
Hautfarbe 124
Hefepilz 59
hemizygot 50, 138
Herbizid 68, 75
Herrentiere 104, 114, 138
Heterosiseffekt 60 f., 74, 139
heterozygot 39, 50, 139
Hinterhauptsloch 105
HI-Virus 25
Höhlenmalerei 121
Hominiden 103, 116, 139
Hominidenstammbaum 113

Register

Homo erectus 108 f., 112 f., 139
Homo ergaster 108 f., 111 ff., 117, 122, 139
Homo habilis 108 f., 113, 116, 120, 139
Homo heidelbergensis 108 f., 111, 113, 139
Homo neanderthalensis 111, 113, 139
Homo sapiens 112 ff., 117, 122, 139
homolog 12
homozygot 39, 139
Hormontherapie 90
Human-Genom-Projekt (HGP) 31
Hybride 40, 139
Hybridisierung 30, 71
Hybridzüchtung 60 f., 74

I

identische Verdopplung 23
Insektizid 45
Insemination 90
Insulin 66, 139
intermediär 39, 139
intracytoplasmatische Spermieninjektion (ICSI) 91 f.
intratubarer Gametentransfer (GIFT) 91
Inversion 44
In-vitro-Fertilisation (IVF) 52, 91, 139
Inzucht 139
Inzuchtdepression 61, 65
Inzuchtkreuzung 60
Isolation 139

J

Jagd 112, 120
Johanson, Donald 110
Jungsteinzeit 120 f.

K

Kallus 60, 139
Karyogramm 12, 19, 53
Katastrophentheorie 114, 139
Katzenschrei-Syndrom 44
Keimbahnmutation 44, 139
Keimblatt 82
Keimphase 82
Keimzellen 10, 16, 32, 80
Kernhülle 10, 14
Kernkörperchen 10, 14
Kernplasma 10
Kernporen 10
Kernteilung 14
Kerntransplantation 62
Kernverschmelzung 80
Kindchenschema 89
klassische Genetik 35
Kleidung 120
Kleinhirn 104
Kleinwüchsigkeit 48
Klima 133, 139
Klimaveränderung 108, 128
Klinefelter-Syndrom 47
Klon 67, 139
Klonen 59, 74, 139
Klonierung 59
Knolle 59, 62
kodominant 43, 139
Kombination 16
Kombinationszüchtung 60 f., 74
komplementärer RNA-Strang 26
Konduktorin 50 f., 139
Konstanz der Arten 117
Körperbau 124
Körperbehaarung 42
Körperschwerpunkt 104
Körperzelle 32
Krankheitserreger 75
Kreationismus 115, 139
Krebs 45
Krebsdiagnostik 72
Kreuzung 36
Kreuzungsexperiment 35, 38, 41, 56, 139
kriminologische Indikation 85
Kultur 109, 120
Kulturfossilien 120 f., 132, 139
Kulturlandschaft 133
Kulturpflanzen 119
Kunst 112, 119 f.
künstliche Befruchtung 52
künstliche Selektion 123
Kurzfingrigkeit 42, 48

L

Laetoli 108, 139
Lamarck, Jean B. de 114, 139
Lärm 127
Leakey, Louis 109
Lebensmitteltechnischer Assistent 7
Leistungsalter 94
Lernen 95
Lernleistung 121
Linné, Carl von 114, 139
Lucy 110
Luft 139
Luftschadstoff 127, 139
Lungenemphysem 69

M

Maispflanze 59
Maiszünsler 59, 64
Mannschema 78 f.
Maulbeerkeim 82
mechanische Energie 129
medizinische Indikation 85
Meiose 16 f., 32
Mendel, Gregor 36, 40, 56
mendelsche Regeln 37 f., 40, 56
Mensch 107
Menschenaffen 104, 106 f., 116
Menschenrechte 125
Merkmal 35, 38, 42
Metallverarbeitung 120
Mikroinjektion 64, 69, 139
Milchdrüse 89
Mimik 196
Minderwuchs 48
mischerbig 38, 39, 139
Missbildung 42
Missense-Mutation 45
Mitose 14, 32
Modifikation 28 f., 44, 56, 139
Monosomie 46 f., 139
mRNA 26 f.
Mukoviszidose 49, 54
Müll 135
Mullis, Kary Banks 30
Muskeldystrophie 51
Mutagene 45, 139
Mutation 44, 56, 115, 139
Mutationsrate 45
Mutterpass 86
Mutterzelle 15

N

Nabelschnur 82 f.
Nachahmung 119
Nachhaltigkeit 134
natürliche Selektion 123
Naturschutz 131
Naturwald 126
Neandertaler 111 f., 117, 120
Nondisjunction 46, 140
Nonsense-Mutation 45
Novel-Food-Verordnung 70, 75
Nucleosid-Analoga 25
Nucleosid 25
Nucleotid 22, 30, 140
Nukleus 10

O

Organbildung 82
Out-of-Africa-Modell 112, 140
Oxytocin 89
Ozon 127 f.
Ozonloch 126, 128, 140

P

Paläoanthropologie 103, 111, 140
Partnerfindung 78
PCR 30, 33, 71
Pektinase 60
Pflanzen-Hybride 40
Pflanzenschutz 131
Pflanzenzüchtung 74
Pflegeverhalten 89
Phänotyp 38, 140
Pharming 59, 140
Phenylalanin 49
Phenylketonurie 49
Phosphat 22, 33
Plasmid 66
Plazenta 52, 82 f.
Plazentaschranke 83, 87
pluripotente Stammzellen 93
Polkörper 17
Polydaktylie 48
Polymerase 30
Polymerase-Kettenreaktion 30, 71
Polymerisation 30
polyploid 64, 140
Pompe-Krankheit 69
Präformationslehre 9
Präimplantationsdiagnostik (PID) 52, 55, 123, 140
pränatale Diagnostik 52 ff., 57, 140
Primaten 104, 107, 114, 140
Primer 30
Prolactin 89
Protein 26 f., 33
Proteinsynthese 26
Protoplast 60, 140
Protoplastenkultur 60, 74
Punktmutation 45

R

radioaktive Strahlung 45
räumliches Sehen 104
Reaktionsnorm 28
Reduktionsteilung 16
Reifeteilung 16
reinerbig 36, 39, 140
Religion 120
Reproduktionsmedizin 90 ff., 140
reproduktives Klonen 63
Restriktionsenzym 66, 71, 140
Restriktionsfragment 71
Retrovirus 25
rezessiv 38, 43, 49, 57, 140
Rhesusfaktor 43
Ribonukleinsäure 25 f.
Ribose 26
Ribosom 10, 26 f., 33
Riesenchromosom 12
RNA 25 f.
Röntgenstrahlung 45
Rote Liste 131, 133, 140

Register

Röteln 87
Rot-Grün-Schwäche 50 f.
Rückbildungsalter 94

S

Samenübertragung 90
Saugreflex 89
Schädel 105, 108
Scheitelkamm 105
Schimpanse 104, 108
Schöpfung 103, 114
Schreien 89
Schrift 119, 122, 132
Schwangerschaft 80, 86
Schwangerschaftsabbruch 85
Schwangerschaftsverhütung 100
Schwerhörigkeit 48
Schwermetall 127
selbstbestäubt 36
Selbstdarstellung 78
Selbstständigkeit 98
Selbstwertgefühl 98
Selektion 65, 115, 140
Serumreaktion 106, 140
Sexualität 80, 140
Siedlungsfläche 126
somatische Mutation 45, 140
Sonde 71
Sonneneinstrahlung 128
Sozialdarwinismus 115
soziales Verhalten 121
Spaltungsregel 36 f.
Spermienmutterzelle 17
Spermium 9 f., 80
Spore 62
Sprache 119, 122, 132
Sprachregel 98
Sprechapparat 122
Sprechen 98
Stammbaum 113
Stammbaumanalyse 35, 42, 53, 57, 140
Stammesgeschichte 140
Stammzellen 93, 140
Stammzellen, adulte 93, 140

Stammzellen, embryonale 55, 93, 140
statistische Auswertung 36
Steckling 59, 62
Sterbehilfe 55
Steuerung 10
Stillen 89
Stoffwechselkrankheit 44
Strahlungsenergie 129
Stratosphäre 128
Streptococcus pneumoniae 21
Superovulation 61
Syphilis 81

T

Taubstummheit 42, 49
Teilungskörperchen 15
Teilungsphase 14
Teilungsspindel 15
Temperaturzyklus 30
therapeutisches Klonen 63, 93
thermische Energie 129
Thymin 22 f., 26, 33
Tierschutz 131
Tierzüchtung 74
Tochtergeneration (F) 36 ff.
Tochterzelle 15, 32
totipotent 84, 93, 140
Toxoplasmose 87
Traditionsbildung 119
transgene Pflanzen 64, 68, 72
transgene Tiere 64, 69
transgener Organismus 140
Transkription 26
Translation 26
Transportform 11, 15
Treibhauseffekt 128 f.
Treibhausgas 128, 140
Tripper 81
Trisomie 46 f., 140
tRNA 26 f., 33
Trophoblast 84, 140
Troposphäre 128
Tumor 45
Tumordiagnostik 12
Tumorzelle 10

U

Überaugenwülste 105, 111
Ullrich-Turner-Syndrom 47
Ultraschalluntersuchung 52, 86
Umwelteinfluss 95, 100
Umweltfaktor 140
Umweltgift 127
umweltlabile Merkmale 28
Umweltschutzbewegung 126
Umweltschutztechnischer Assistent 7
umweltstabile Merkmale 28
Umweltverschmutzung 123, 133
Unabhängigkeitsregel 36 f., 39
ungeschlechtliche Vermehrung 62
Uniformitätsregel 36 f.
unipotente Stammzellen 93
Unveränderlichkeit der Arten 103, 114
Uracil 26
Urkeimzellen 16 f.
Urmensch 113
Urvertrauen 89, 96 ff., 100, 140
UV-Absorption 20
UV-Strahlung 45, 124, 128, 140

V

Variabilität 115
Venter, Craig 31
Vererbung 9, 10, 35
Verhütungsmittel 81
Verkehrsfläche 126
Verstädterung 126
Vielfingrigkeit 42, 48
Viren 67
Vorbild 95

W

Waffen 120
Waldsterben 126
Wallace, Alfred Russel 115
Wasser 130, 133, 136
Wasserkreislauf 130
Wasserverschmutzung 130
Watson, James Dewey 24, 33
Wehen 88
Weibchenwahl 79
Weltbevölkerung 123
Werbeverhalten 79
Werkzeug 108 f., 112 f., 116, 119 f.
Wirbelsäule 105
Wurzelbärtigkeit 68

X

X-Chromosom 19, 32, 50
X-chromosomaler Erbgang 50
Xenotransplantation 69, 73

Y

Y-Chromosom 19, 32, 50

Z

Zellkern 10
Zellkultur 60
Zellplasma 10, 15
Zellteilung 14, 62
Zeugung 80
Zottenhaut 83
Zucht 60
Züchtungstechnik 64
Zuwendung 100
Zwiebel 59
Zygote 80, 140

Verzeichnis der Bildquellen

Fotos:
Acaluso International: 28.1; action press, Hamburg: 70.3; Agentur Focus: 64.3, /W. Hübbel/Camp: 94.1, /J.C. Key: 67.2; /Reader/SPL: 102; akg-images, Berlin: 35.1 (Hintergrund), 121.1, 40.1, 51.1, 112.1, 114.1, 114.2, 114.3, 115.1, 132.2 u.r.; Arco Digital Images/Wothe: 133.5; Ardea: 103.1; Arteria Photography: 87.3; aus Jahn, Ilse: Grundzüge der Biologiegeschichte, UTB G. Fischer Jena 1990: 115.2; BASF: 64.5; Berwanger, M./Tausendblauwerk: 59.1 r.; Bräuer G., Institut für Humanbiologie, Hamburg: 110 u.l., r.; Breslawsky H., Potsdam: 13.1; Bulls Press, Frankfurt am Main: 51.2; Campbell G.: 103.2; Carl Zeiss Jena GmbH, Jena: 53.3; Cellmark, Abingdon, UK: 74.3; Corbis/Arthus-Bertrand: 61.2, /C/B Productions: 95.3, /Ph. Lewis/Edifice: 34, /St. Prezant: 79.1, /N. Schaefer: 99.1, Sygma/T. Shaffer: 31.1; Cornelsen Verlag: 12.3, 33.3, 41.2; Cornelsen/Corel: 126.1; Das Fotoarchiv/K. Mueller: 92.2; DHM, Berlin: 55.1; Döring, V., Hohen Neuendorf: 34 o., 34 u.l./u.r., 46.1, 54.1-3; dpa: 74.2, /AFP: 132.1, /Agence France: 125.1, /Hirschberger: 125.2, /Hoffmann: 44.3, 57.4; f1online: 79.2, /Schuster/Explorer: 99.3; Feist, J.: 132.2 l.; Fisher D.: 45.2; Geißler: 131.2; GEN-AU: 72.1; Getty Images/H. Ibrahim: 76.1, /J. Nelsen: 58; Greenpeace/A. Kirchhof: 72.2; Gronau E., Anzing: 7.2; Gruyter Verlag, W. de, Berlin: 48.2, 48.3; Haitzinger H., München: 73.1; Hausmann K., Berlin: 10.3; Hollatz J., Heidelberg: 135.1; 29.2, 36.1, 36.2, 36.3, 42.2 l./r., 86.1; Huber O., Marly CH: 63.1; IFA-Bilderteam: 74.1, 87.1, 100.1, /Chromosohm Media Inc.: 94.3, /IPP: 96.1; Institut für Humangenetik und Anthropologie, Erlangen: 12.1, 12.2; IPK, Gatersleben: 65.1; Jensen, Hilde, Institut für Ur- und Frühgeschichte und Archäologie des Mittelalters, Eberhard-Karls-Universität, Tübingen: 119.1 o./u.; Johnson L.: 92.1; JOKER/C. Ruehmekorf: 88.2; Kage M., Lauterstein (Rudolph): 11.1; Knoblauch M., Universität Gießen/www.bioSicherheit.de: 64.6; Kurpfälzisches Museum, Heidelberg: 121.2, 121.3; Lade H./TPH: 106.1; Lavendelfoto: 127.2; Lawick H. van: 106.2; Lieder J., Ludwigsburg: 14.1, 14.3, 14.5, 15.1, 15.3, 15.5, 18.2, 32.1, 32.2, 46.2; Mallig, H.-D., Merzhausen: Screenshot 41.3; Mathar, Reiner, Weilburg: 137.3; Mauritius/age: 78.1, /Cupak: 39 u. alle, /Grasser: 42.1, /Haag + Kropp: 101.1, /J. Müller: 54.2, 99.4, /Lacz: 95.2, /Phototake: 80.1, 84a, 84b, 84c, 84d, 84e, 100.2, 100.3, 100.4, 100.5, /Pöhlmann: 98.2, /Raith: 101.2, 95.1, 98.1, /Reik: 98.3, /Stock Image: 77.2, 77.3, /Workbookstock.com: 78.2, 89.1; Monsanto Agrar Deutschland GmbH, Düsseldorf: 64.1, 68.2; Mukoviszidose e.V., Fachkliniken, Wangen: 49.1; Murti G./Science Photo Library/focus: 67.1; Nilsson L., Stockholm: 8.1, 10.1, 83.1, 83.3; Nilsson L., Stockholm/CV: 83.2; Okapia/K. Bengtsson: 61.1, /Biophoto Ass./Science Sov.: 8.2, 11.2, /Jacobi: 131.1, /NAS/D.M. Phillips: 12.4, /NAS/Tim Davis: 116.1, /Reinhard: 44.1; Paulmichl, Erich, Augsburg: 55.2; Photopool/St. Kiefer: 99.2; picture-alliance/dpa: 118 M., 118 o., 118 u., 62.1, 68.1, 68.3, 70.2, 72.3, 73.3, 74.4, 86.3; picture-alliance/obs: 64.2; picture-alliance/Okapia/Hubacher: 107.2, /Neufried: 45.1, /Uselmann: 65.2, /Wothe: 107.1; picture-alliance/ZB: Titelfoto; Pieper & Co. Verlag, München: 110 o.l.; Pöche H., FU Berlin: 71.2; Pondorf P., Pellheim: 134.1, 136.1, 137.2; Premium, Düsseldorf: 86.2; Project Photos, Augsburg: 53.1, 59.1 l., 70.1, 77.1, 89.3; Reinhard, Heiligkreuzsteinach: 28.2, 28.3, 28.4, 28.5, 44.2, 64.4, 106.3, 127.1; Roselins, R.: 61.3; Royalty-Free/Corbis: 34; © Schnaubelt/Kieser, Wildlife Art, Breitenau: 111.2; Schweitzer, M. (Rooke): 91.2; Seidel, Jörg, Gera: 87.2; Silvestris/Lindenberger: 19.4, /Lochstampfer: 19.5; Simon P., Nürnberg: 7.1; Sisse Brimberg/National Geographic Society, Washington: 132.2 o.; Studio-TV-Film, Schriesheim: 108.3; 109.2, 111.1, 116.2, 120.1, 120.2, 120.3; Tariverdian G.: 19.1, 19.2; ullstein/Camera Press: 24.1, /Reuters: 69.1; vario-press/B. Classen: 7.3; Weber U., Süßen: 29.3; Wirtz P., Dormagen: 41.1
Einbandfoto: picture-alliance/ZB

Grafiken/Illustrationen:
Biste G., Schwäbisch-Gmünd und Krischke K., Marbach: 82.4; Breslawski H., Potsdam: 13.2; Hackeland, Ralph, Mannheim: 120.4; Kipper U., Hanau: 122.2; Koglin Y., Berlin: 128.1; Krischke K., Marbach: 11.3, 14.2, 14.4, 14.6, 15.2, 15.4, 15.6, 16.1, 16.2, 17.1, 17.2, 17.3, 19.3, 37, 38.1, 39.1, 40 re.,46.3, 50.2, 51.4, 53.2, 56.1, 66.2, 82.1, 82.2, 82.3, 88.1, 89.2; 91.3, 105.1, 108.1, 112.2, 122.1; Krischke, K. und Mackensen, U.: 104.1; Mackensen U., Berlin: 60.1, 62.2; Mair J., Herrsching: 6, 10.2, 21.1, 21.2, 43.1, 47.1, 47.2, 50.4, 60.2, 69.2, 71.1, 73.2, 85.1, 91.1, 93.1, 94.2, 104.2, 108.2, 113.1, 117.3, 123.1, 124.1, 124.2, 129.1, 129.2, 129.3, 130.1, 132.3, 133.4, 134.2; Mall K., Berlin: 14.7, 20.1, 20.2, 20.3, 22.1, 22.2, 23.1, 25.1, 26.1 (nach Krischke), 27.1, 27.2, 30.1, 33.5, 44.4, 48.1, 49.2, 50.3 (nach Krischke); 52.1, 57.2, 57.3, 80.2, 92.3, 96.2;Otto L., Leipzig: 125 o. l.; Schrörs M., Bad Dürkheim: 29.1, 43.3, 66.1, 124. Mi. l., Mi. r., 124.3; Spazier E., Heidelberg: 43.2; Touche©TOM/Achterbahn AG, Kiel, 2002: 125 o. l.; 46.4; aus Jahn, Löther und Senglaub, „Geschichte der Biologie": 9.1; aus: Ishikara's Tests for Colour-Blindness. Kenehara Shuppon Co. LTD, Tokyo, 1972: 50.1